AF107519

www.ingramcontent.com/pod-product-compliance
Lightning Source LLC
LaVergne TN
LVHW010203070526
838199LV00062B/4475
9789358728712

آل احمد سرور کے مضامین

آل احمد سرور

© Taemeer Publications LLC
Aale-Ahmad Suroor ke Mazameen (Essays)
by: Aale-Ahmad Suroor
Edition: May '2024
Publisher :
Taemeer Publications LLC (Michigan, USA / Hyderabad, India)

ISBN 978-93-5872-871-2

مصنف یا ناشر کی پیشگی اجازت کے بغیر اس کتاب کا کوئی بھی حصہ کسی بھی شکل میں بشمول ویب سائٹ پر
اَپ لوڈنگ کے لیے استعمال نہ کیا جائے۔ نیز اس کتاب پر کسی بھی قسم کے تنازع کو نمٹانے کا اختیار
صرف حیدرآباد (تلنگانہ) کی عدلیہ کو ہو گا۔

© تعمیر پبلی کیشنز

کتاب	:	**آل احمد سرور کے مضامین**
مصنف	:	**آل احمد سرور**
جمع و ترتیب	:	سید حیدرآبادی
صنف	:	غیر افسانوی نثر
ناشر	:	تعمیر پبلی کیشنز (حیدرآباد، انڈیا)
سالِ اشاعت	:	۲۰۲۴ء
صفحات	:	۲۳۰
سرورق ڈیزائن	:	تعمیر ویب ڈیزائن

فہرست

(۱)	اردو اور ہندوستانی تہذیب	6
(۲)	ہندوستان کی جنگ آزادی میں اردو کا حصہ	36
(۳)	غزل کا فن	54
(۴)	ہماری مشترک تہذیب اور اردو غزل	64
(۵)	اردو شاعری میں تصوف کی روایت	79
(۶)	شاعری اور نثر کا فرق	97
(۷)	فکشن کیا؟ کیوں؟ اور کیسے؟	108
(۸)	تنقید کیا ہے؟	124
(۹)	اردو تنقید ایک جائزہ	145
(۱۰)	ترقی پسند تحریک پر ایک نظر	165
(۱۱)	ادب میں جدیدیت کا مفہوم	185
(۱۲)	لکھنؤ اور اردو ادب	204

اردو اور ہندوستانی تہذیب

بظاہر اردو اور ہندوستانی تہذیب کے موضوع پر کچھ کہنے کی ضرورت نہیں ہونی چاہیے تھی کیونکہ اردو ایک جدید ہندوستانی زبان ہے اور ہماری مشترک تہذیب کی ایک شاندار مظہر۔ لیکن ہوا یہ ہے کہ کچھ حلقوں کی طرف سے ایسے خیالات ظاہر کئے گئے ہیں جن کا اثر اب بھی بہت ہے، اور اس وجہ سے آزاد ہندوستان میں اب بھی نہ تو اردو کی ہندوستانیت کو پوری طرح تسلیم کیا گیا ہے نہ وہ جس مشترک تہذیب کی نمائندہ ہے اس تہذیب کے سارے سرمائے کو اپنانے کا جذبہ عام ہے۔

اس کے ساتھ ملک کی آزادی کے ساتھ چونکہ اس کی تقسیم بھی عمل میں آئی، اس لیے اس تقسیم کی وجہ سے ہر مسئلے کو ایک محدود سیاسی نقطۂ نظر سے دیکھا جانے لگا اور اردو بھی اس محدود سیاسی نقطۂ نظر کا شکار ہوئی۔ اگرچہ آزادی کو اب ۳۷ سال سے زیادہ ہونے کو آئے، مگر ابھی تک اس زبان کی تعلیم اور چلن میں رکاوٹیں ہیں۔ دستور نے اسے حقوق دیے ہیں، ان کی پاسداری ابھی بہت کم ہے۔ آزادی کے بعد ہندوستانی ادبیات کو جو فروغ ہوا ہے، اس کی وجہ سے اردو ادب کی مقبولیت ضرور بڑھی ہے۔ اعلیٰ تعلیم کی منزل پر خاصی سہولتیں بھی ہیں۔ ساہتیہ اکاڈمی اور ریاستی اکیڈمیوں کے ذریعہ سے اردو ادب کے سرمائے میں اضافہ بھی ہوا ہے۔ فلموں اور مشاعروں کے ذریعہ سے اردو زبان اور اردو شاعری کی مقبولیت بھی پہلے سے زیادہ ہے مگر نہ تو ابتدائی منزل اور ثانوی منزل پر

اردو کے ذریعہ سے تعلیم کا انتظام ہے، نہ اردو پڑھانے کے لیے اساتذہ کی تربیت کا کما حقہ بندوبست ہے۔ نہ لسانی فارمولے کو دیانت سے چلایا گیا ہے۔ نہ ان ریاستوں میں جہاں ہندی سرکاری زبان ہے، اردو کے جائز حقوق کی پاسداری ملتی ہے۔

بات یہ ہے کہ ہندوستانی جمہوریت، باوجود جواہر لال نہرو کی قیادت کے، اس احیا پرستی سے بلند نہیں ہو سکی ہے، جس کے نزدیک ہندوستان کے معنی صرف قدیم ہندوستان کے ہیں اور جس کا نعرہ ہندی، ہندو اور ہندوستان سے آگے نہیں جاتا۔ جمہوریت میں رائے عامہ کی بڑی اہمیت ہے۔ اس لیے ضروری ہے کہ رائے عامہ کو اس انحراف سے بچایا جائے جس کا وہ سستی سیاست کی وجہ سے شکار ہو رہی ہے۔

آزاد ہندوستان اور جمہوریت میں یقین رکھنے والا ہندوستان، ہندوستان کی ساری تاریخ، اس کے سارے سرمائے، اس کی کثرت نما اور وحدت اساس تہذیب، کشمیر سے کنیا کماری اور گجرات سے گوہاٹی تک اس کی بساط رنگین اور اس کے سارے نقش اور آثار، اس کی زبانوں، اس کے کھیت اور کھلیان، اس کے صنعتی اداروں اور کارخانوں، اس کے پہاڑ، دریا، جنگل اور میدان، اس کے اونچے ابرو والے شہری اور اس کے بھولے بھالے عوام، اس کے پنڈت اور ودوان اور اس کے اَن پڑھ دیہاتی، سبھی کو اپناتا ہے، سب پر نظر رکھتا ہے اور اس کے دل کی دھڑکن میں سبھی کے دل کی دھڑکن شامل ہے۔ بقول غالب،

ہے رنگ لالہ و گل و نسریں جدا جدا
ہر رنگ میں بہار کا اثبات چاہیے
سر پائے خم پہ چاہیے ہنگام مے کشی
رو سوئے قبلہ وقت مناجات چاہیے

یعنی بحسب گردش پیمانۂ صفات

عارف ہمیشہ مست مے ذات چاہیے

ذات اور صفات کے مفہوم کی اس توسیع پر نظر رہنی چاہیے۔

یہ برصغیر جسے جنوبی ایشیا بھی کہتے ہیں دراصل تین تہذیبی دھاروں کا گہوارہ ہے۔ ایک جنوبی ایشیا کی تہذیب ہے جسے سہولت کے لیے دراوڑی تہذیب کا حامل کہہ سکتے ہیں۔ دوسری جنوبی مشرقی ایشیا کی تہذیب ہے جس کا سلسلہ بنگال سے ملایا اور انڈونیشیا تک پھیلا ہوا ہے، اور تیسری وسط ایشیائی اور مغربی ایشیائی تہذیب ہے۔ یہ واقعہ ہے کہ ہندوستانی تاریخ اور تہذیب ان تینوں عناصر کا مرکب ہے اور ہم ان میں سے کسی ایک کو نظر انداز نہیں کر سکتے۔ ہندوستان کے اصلی باشندے سے پروٹونیگر واپڈ (Protonegroed) تھے، جن کے جانشین آج بھی انڈمان اور نکوبار میں ملتے ہیں۔ پھر دراوڑی تہذیب ملک پر چھاگئی اور اسے آریوں کی آمد نے وندھیاچل سے جنوب میں دھکیل دیا۔

سنیتی کمار چٹرجی نے کہا ہے کہ دراوڑی تہذیب کے اثرات آریاؤں کے غلبے کے باوجود اس تہذیب میں بکثرت دیکھے جاسکتے ہیں جو آریوں کے شمالی ہند میں پھیل جانے کے بعد وجود میں آئی۔ یعنی فاتح قبائل کے اثرات کے ساتھ مفتوح قبائل کے اثرات بھی اپنا کام کرتے رہے۔ ساتویں صدی میں اول اول عرب تاجروں کے ذریعہ سے اسلامی اثرات مالابار تک پہنچے اور مالابار کی زندگی پر غیر فانی نقوش بھی چھوڑے، مگر یہ اثرات پہلے سندھ اور پھر پنجاب پر زیادہ ہوئے۔ پھر بھی حقیقت یہ ہے کہ مغربی ایشیا کے تہذیبی اثرات محمود غزنوی اور پھر غوریوں کے حملوں کے بعد زیادہ گہرے اور دیرپا ہوئے۔

وسط ایشیا تک بدھ مت پھیل چکا تھا اور اسلامی اثرات کے ساتھ بدھ مت کے

اثرات بھی اس تہذیب میں مل گئے تھے جو مغل اور ترک پھر ہندوستان لائے۔ کشمیر میں اثرات زیادہ واضح ہیں جہاں کی تعمیرات میں بدھ مذہب کے اثرات واضح ہیں۔ ان علاقوں کے لوگ ترکی بولتے تھے، مگر ان کی ادبی زبان فارسی تھی۔ یہ واقعہ ہے کہ عربی اثرات براہ راست بہت کم ہندوستان آئے ہیں، یہ فارسی کے اثر سے زیادہ آئے ہیں۔ آج ہم جسے اسلامی تہذیب کے نام سے یاد کرتے ہیں، وہ دراصل بقول اقبال "عرب کے سوزدروں اور عجم کے حسن طبیعت" کا دوسرا نام ہے، اور عجم میں ایران، توران اور ترکی سبھی آجاتے ہیں۔

تہذیب پر مذہب کے اثرات کی اہمیت سے انکار نہیں کیا جاسکتا، مگر ہر تہذیب جغرافیائی، تاریخی اور نفسیاتی عناصر کی حامل ہوتی ہے۔ ہندوستانی تہذیب شروع سے اس خصوصیت کی حامل رہی ہے کہ اس میں بیرونی اثرات برابر شامل رہے ہیں مگر جذب وانجذاب کے ایک عمل کی وجہ سے مقامی اور بیرونی دونوں نقوش نے ایک ملے جلے رنگ کی صورت اختیار کی ہے جو تمام اثرات کو ایک منفرد اور مخصوص رنگ سے ظاہر کرتا ہے۔ اس لیے اسے مشترک تہذیب کہنا زیادہ مناسب ہوگا۔

ہندوستان کو ایک جغرافیائی وحدت ہمالہ پہاڑ اور خلیج بنگال اور بحر عرب نے عطا کی ہے لیکن اس جغرافیائی وحدت کے ساتھ تاریخ نے اسے ایک رنگارنگی، ایک بوقلمونی اور ایک گنگا جمنی کیفیت عطا کی ہے۔ سیاسی تبدیلیاں برابر ہوتی رہیں، مگر ہندوستان کا دیہی نظام اپنے ڈھرے پر چلتا ہی رہا۔ اشوک کے زمانے میں گپتا دور اور اکبر کے عہد میں ملک کا بڑا حصہ ایک سیاسی طاقت کے زیر نگیں رہا۔ اس کے باوجود مختلف علاقوں میں تہذیبی جزیرے بھی رہے۔ انگریزوں کے اثر سے پھر ملک کو ایک سیاسی وحدت ملی اور آزادی کے بعد اس کا احساس بھی بڑھا، مگر ہندوستانی تہذیب میں کثرت کی رنگارنگی اور اس

کثرت میں ایک وحدت، دونوں پر اصرار ضروری ہے کیونکہ یہی اس تہذیب کی سب سے نمایاں خصوصیت ہے۔

یوں تو نسل کی طرح کوئی تہذیب بھی بالکل خالص نہیں ہوتی، تاریخ کے موڑ اور اس کی کروٹیں، نئے میلانات اور رجحانات، نئی ٹیکنالوجی، ان سب کے اثرات پڑتے رہتے ہیں، پھر بھی جغرافیائی بساط، یعنی پہاڑوں، دریاؤں، میدانوں، دشت وصحرا، پہاڑوں کے دروں ان سب کے ذریعہ سے تہذیبی قدروں کی حد بندی ہوتی رہتی ہے۔ یہی جغرافیہ آب و ہوا، موسموں، جنگلوں، لباس، اطوار، میلوں، تیوہاروں سب پر اثر ڈالتا ہے۔ مذاہب، عقائد، عبادت اور رسوم، سب تہذیب پر اثر انداز ہوتے ہیں۔ اس لیے ہندوستانی تہذیب کے ہر تصور میں پورے ہندوستان کی تاریخ اور اس کی ہر کروٹ اور اس کروٹ کے نتائج کو ذہن میں رکھنا ضروری ہے۔

ہوا یہ ہے کہ نو آبادیاتی دور، یعنی انگریزوں کے اقتدار کے دور میں، انگریز مؤرخوں اور افسروں، اسکالروں اور مشنریوں کے ذریعہ، ہندوستانی تہذیب کا ایک رخا، ناقص اور سطحی تصور عام ہوا جسے بد قسمتی سے ہندوستانیوں نے بھی قبول کر لیا۔ سرسید جیسا عظیم انسان بھی مغربی تہذیب کی ظاہری چمک دمک سے اتنا خیرہ ہوا کہ لندن سے خطوط میں اس نے انگلستان کی ایک معمولی خادمہ کو ہندوستان کی ایک بیگم سے زیادہ مہذب قرار دیا۔ ہمیں اس سے انکار نہیں کہ مغربی تہذیب کے عناصر نہایت ترقی یافتہ ہیں مگر اس سے یہ لازم نہیں آتا کہ ہم مشرقی یا ہندوستانی تہذیب کو ادنیٰ درجے اور مشرقی تہذیب کو اعلیٰ درجے کا قرار دیں۔ بعض عناصر کی ترقی، بعض عناصر میں کمی بھی رکھتی ہے۔ اس لیے تہذیب کے مطالعے میں (Cultural Relativism) یا تہذیبی اضافیت کا نظریہ اب زیادہ صحت مند اور جامع نظریہ کہا جاتا ہے۔

دوسرا اہم نکتہ یہ ہے کہ آزادی کے بعد ہمارے یہاں احیا پرستی کی تحریک بہت زور شور سے ابھری ہے۔ مجھے اچھی طرح یاد ہے کہ ۱۹۴۷ء میں جواہر لال نہرو نے تو یہ کہا تھا کہ ہم تقریباً دو سو سال کی غلامی سے آزاد ہوئے ہیں، مگر گووند بلبھ پنت وزیر اعلیٰ اتر پردیش نے لکھنؤ میں یہ ارشاد کیا تھا کہ ہم ہزار سال کی غلامی سے آزاد ہوئے ہیں۔ تاریخ کے ساتھ یہ بہت بڑی ناانصافی تھی، مگر اس وقت اس کے خلاف کوئی آواز بلند نہیں کی گئی۔ جواہر لال نہرو ملک کے وزیر اعظم تھے۔ پنت جی ایک ریاست کے وزیر اعلیٰ۔ مگر اکثریت کو پنت جی کی بات زیادہ پسند تھی۔ ۱۹۶۲ء میں ہم لوگوں نے لال قلعے میں جشن بہادر شاہ ظفر منایا تھا جس کی صدارت جواہر لال نہرو نے کی تھی۔ انہوں نے دیوان عام میں کھڑے ہو کر یہ اعلان کیا تھا کہ مغل ہمارے تھے اور اس طرح مغل تہذیب کی ہندوستانیت پر زور دیا تھا مگر پنڈت جی کی بات سن لی جاتی تھی۔

ہندوستان کے قدیم دور میں کئی زبانوں کا عروج ہوا۔ ان میں پالی اور سنسکرت کو زیادہ اہمیت حاصل ہے۔ بلکہ میں تو یہ بھی تسلیم کرنے کو تیار ہوں کہ قدیم ہندوستان کے افکار، ذہنی نشو و نما اور نظریات کو سمجھنے کے لیے سنسکرت کو کنجی سمجھنا چاہیے۔ اس بات سے علاقائی زبانوں کی اپنی اہمیت کم نہیں ہوتی۔ اسی طرح وسطی دور کی کنجی فارسی ہے جو آریائی زبان ہے اور جس نے علاقائی زبانوں پر گہرے اثرات ڈالے۔ سنیتی کمار چٹرجی نے تو یہاں تک کہا ہے کہ اگر مسلمانوں کی ایک مرکزی حکومت دہلی میں نہ ہوتی تو جدید ہندوستانی زبانیں تو پھر بھی ترقی کرتیں، مگر اس ترقی میں بہت دیر لگتی۔

بہر حال یہ ایک ناقابل تردید حقیقت ہے کہ ہماری تاریخ کے وسطی دور میں ایک طرف فارسی سرکاری کاموں کے لیے استعمال ہوئی اور اس کا اثر زندگی کے تمام شعبوں پر پڑا، دوسرے اسی زمانے میں جدید ہندوستانی زبانیں بول چال کی زبان کی حد سے آگے

بڑھ کر ادب پیدا کرنے لگیں۔ یہاں یہ بات بھی ملحوظ رکھنی چاہیے کہ جو فارسی ہندوستان میں پھلی پھولی وہ اگرچہ ایک خاص طبقے تک محدود رہی، یعنی علما، سرکاری کارکن اور اشراف مگر اس میں علمی، مذہبی، ادبی، تاریخی ہر قسم کا سرمایہ فراہم ہوا۔ یہ فارسی ایرانی فارسی سے مختلف تھی، اور بالآخر سبک ہندی کہلائی۔ وسط ایشیا، افغانستان اور برصغیر میں اس کا بہت فروغ ہوا اور ان سارے علاقوں میں لہجے کی مماثلت اسے ایرانی فارسی سے ممتاز کرتی ہے۔

جدید دور کی کنجی بلاشبہ انگریزی ہے۔ انگریزی کا اثر ہندوستان کی سبھی زبانوں پر دیکھا جاسکتا ہے۔ یہ اثر خاصا ہمہ گیر ہے۔ اور اب تو یہاں تک کہا جانے لگا ہے کہ ہندوستان کی ایک زبان انگریزی یا انڈین انگلش بھی ہے جس میں نثر کے علاوہ شاعری کے بھی قابل قدر نمونے ملتے ہیں۔ انگریزی تہذیب نے ہندوستانی تہذیب کو بھی خاصا متاثر کیا ہے اور دوسری ہندوستانی زبانوں کی طرح اردو زبان وادب پر بھی گہرا اثر ڈالا ہے جس کی نشاندہی آگے چل کر کی جائے گی۔

تہذیب سے کیا مراد ہے؟ اور اس کے مطالعے میں کن عناصر پر توجہ ضروری ہے؟ اس سوال کا جواب دینے کے لیے پہلے ہمیں تہذیب کی ایک جامع تعریف کو سامنے رکھنا چاہیے۔ ڈاکٹر عابد حسین نے اپنی کتاب "قومی تہذیب کا مسئلہ" میں تہذیب کی یہ تعریف کی ہے،

"تہذیب نام ہے اقدار کے ہم آہنگ شعور کا جو ایک انسانی جماعت رکھتی ہے۔ جسے وہ اپنے اجتماعی ادارات میں ایک معروضی شکل دیتی ہے، جسے افراد اپنے جذبات و رجحانات، اپنے سبھاؤ اور برتاؤ میں، اور ان اثرات میں ظاہر کرتے ہیں جو وہ مادی اشیا پر ڈالتے ہیں۔"

اس تعریف کی وضاحت میں انہوں نے تہذیب کو مذہب اور تمدن سے ممیز کیا ہے۔ روح مذہب کو یعنی اس واردات کو جو ہم پر حیات و کائنات کی حقیقت اور اس کے مقصد کو منکشف کرتی ہے اور اس اعتبار سے اقدار کو سند قبول بخشتی ہے، اسے تہذیب کا حقیقی جوہر کہتے ہیں اور ساری تہذیب کو اس کا ظہور، لیکن جہاں مذہب اس ہیئت معروضی کے معنی میں آئے جس میں واردات حقیقت مشخص ہوتی ہے تو وہ مذہب کو تہذیب کا محض ایک جز سمجھتے ہیں۔ خواہ یہ کتنا ہی اہم جز کیوں نہ ہو۔ تمدن اور تہذیب اکثر ہم معنی سمجھے جاتے ہیں لیکن عابد حسین کے نزدیک تمدن تہذیب کے مادی پہلو کی ایک ترقی یافتہ حالت کا نام ہے۔ ان کے الفاظ میں اگر تمدنی زندگی کے تکلفات قوموں کو مذہب اور اخلاق سے بے پروا کر دیں یا انہیں اتنا آرام طلب بنا دیں کہ وہ اپنی حفاظت کے قابل نہ رہیں تو تہذیب کو نئی زندگی بخشنے کے لیے ایک کھوکھلے اور فرسودہ تمدن کو مٹانے کی ضرورت ہوتی ہے۔

ہندوستان ایک قدیم سماج ہے مگر یہ ایک نئی قوم ہے۔ قومیت کا یہ تصور مغرب سے آیا ہے۔ محبت وطن شروع سے رہی ہے اور انسان کی فطرت ہے، مگر ہندوستانی قومیت جدید دور کی پیداوار ہے اور ابھی یہ ساری زندگی کا دستور العمل اور ہر دل کی دھڑکن نہیں بنی ہے۔ پھر ہندوستانی قومیت میں مختلف علاقوں کی قومیتیں اپنا اپنا تشخص بھی رکھتی ہیں، جنھیں ہم امتیازی خصوصیات کہہ سکتے ہیں۔ پھر بھی یہ ساری قومیتیں مل کر ہندوستانی قومیت اور اس کی تہذیب کی تکمیل کرتی ہیں۔ اس لیے ہندوستانی تہذیب کی کوئی جامع تعریف ہندوستان کے جلوہ صد رنگ، اس کی ہمہ گیری اور اس کے باوجود اس کی وحدت کو نظر انداز نہیں کر سکتی۔

ٹائلر (Tylor) نے ۱۸۷۱ء میں کہا تھا،

"Culture is that Complex, whole which includes knowledge, belief, art, morals, law, custom, and any other capabilities and habits acquired by man as a member of society ".

"کلچر یا تہذیب وہ پیچیدہ کل ہے جس میں علم، عقیدہ، آرٹ، اخلاق، قانون، رسم و رواج اور وہ تمام صلاحیتیں اور عادتیں شامل ہیں جو آدمی نے سماج کے ایک فرد کی حیثیت سے اکتساب کی ہیں۔"

اس تعریف کی اہمیت کو تسلیم کرتے ہوئے اسکالروں کے دو اسکول ہو گئے۔ ایک نے کروبر (Krolber) کی قیادت میں کلچر یا تہذیب کے سانچوں کا نظریہ پیش کیا، دوسرے نے سماجی ساخت پر زیادہ زور دیا۔ کروبر کی کلچر کی تعریف یہ ہے،

"Culture consists of patterns, explicit or implicit, of and for, behavior acquired and transmitted by symbols, constituting the dissolutive achievements of human groups, including their embrodiments in artifact the essential come of culture consists of traditional (i,e, historically devised and selected) ideas and especially their attached values, culture systems, may on the hand, be considered as products of action, on the other as conditioning elements of further action, (Kroeber and Kluckhatony 1952)

"تہذیب، سبھاؤ اور برتاؤ کے ان سانچوں سے عبارت ہے جو ظاہر یا پوشیدہ ہوں اور جو علامات کے ذریعہ سے حاصل کئے گئے ہوں یا دوسروں تک پہنچائے گئے ہوں، یہ علامات انسانی گروہوں کے مخصوص کارناموں پر مشتمل ہوتی ہیں اور ان میں آرٹی فیکٹس (Artifacts) متشکل ہوتے ہیں، تہذیب کی روح روایت، (یعنی تاریخ کے عمل سے وجود میں آنے والے اور منتخب) افکار ہوتے ہیں، خصوصاً ان سے منسلک قدریں، تہذیب کے نظام ایک طرف عمل کی پیداوار کہے جا سکتے ہیں اور دوسری طرف عمل کو متاثر کرنے والے۔ تہذیب گویا ایک طور پر اکتسابی بیوہار ہے، مگر اس میں صرف بیوہار پر نہیں بیوہار کے معیاروں پر توجہ ہوتی ہے، جن میں ایک آیڈیالوجی سے اخذ کئے ہوئے سبھاؤ اور برتاؤ

شامل ہیں۔ گویا تہذیب زندگی کے فن اور تفریح کے آداب سے عبارت ہے جس کے پیچھے کچھ سماجی قدریں ہیں۔ یہ قدریں کچھ تو آفاقی اخلاقی قدریں ہیں اور کچھ سماج کی ایک مخصوص منزل کی ضرورت کی آئینہ دار۔ اس لیے اب یہ مان لیا گیا ہے کہ کوئی تہذیب کسی دوسری تہذیب سے اعلیٰ یا اسفل نہیں ہوتی۔ ہاں بعض تہذیبوں میں آگے بڑھنے کی صلاحیت زیادہ ہو جاتی ہے۔"

قدیم ہندوستانی تہذیب کے متعلق کہا گیا ہے کہ اس نے Civilization (تمدن) پر زیادہ زور دیا۔ Progress (ترقی) پر کم۔ یہ تمدن مستی اندیشہ ہائے افلاک سے سروکار زیادہ رکھتا تھا۔ زمین کے ہنگاموں کو سہل کرنے کا عزم اس میں کم تھا۔ اسی لیے اسے ہماری تاریخ کے وسطی دور میں نئی ٹیکنالوجی کی مدد سے نئے خون کی ضرورت ہوئی اور ایک عرصے کی کشمکش کے بعد اسے (Poles) یا وقار نصیب ہوا جو مغل دور کی خصوصیت ہے۔

اس تہذیب پر مذہب کا سایہ تھا مگر اس نے دنیا کے کاروبار شوق کی اہمیت کو سمجھ لیا تھا۔ یا دوسرے الفاظ میں جینے کا سلیقہ سیکھ لیا تھا۔ اس کی فکر پر تصوف کا اثر تھا جو ہمہ اوست کے فلسفے کا مظہر تھا۔ اس میں صوفیوں کے ارشادات اور بھگتی تحریک کی تعلیمات کے اثرات نے ایک رواداری پیدا کر دی تھی جو مذہبی کٹرپن سے گریز کرتا تھا، اور سچائی کا جلوہ ہر رنگ میں دیکھنے پر اصرار کرتا تھا۔ اس میں مذہبیت کے ساتھ رندی، عقیدے کی پختگی کے ساتھ برتاؤ میں وسیع الخیالی اور رواداری، شہریت کے لوازمات کے ساتھ فطرت سے قرب، دھرتی سے تعلق کے ساتھ ذہن کی آزاد پرواز، سبھی کچھ تھا۔

ظاہر ہے کہ وسطی ایشیا اور مغربی ایشیا کے اثرات کی وجہ سے اس میں ہندوستان کے مسلمانوں کے خون جگر کے نقوش جمیل زیادہ نمایاں تھے، اور فارسی کا اثر حاوی، مگر جیسا

کہ پروفیسر مجیب نے اپنی کتاب "ہندوستانی مسلمان"(Indian Muslims) میں کہا ہے، یہ امر قدرتی تھا، کیونکہ تخیل کو غذا چاہیے اور یہ غذا اسے فارسی ادب سے ملی۔

اردو زبان جدید ہندوستانی زبان ہے۔ یہ کھڑی بولی کا ادبی روپ ہے۔ کھڑی بولی کا علاقہ دہلی، میرٹھ اور روہیل کھنڈ ڈویژن پر مشتمل ہے۔ دھریندر ورما نے بھی یہ تسلیم کیا ہے "تاریخی نقطۂ نظر سے کھڑی بولی ہندی کی بہ نسبت۔۔۔ کھڑی بولی اردو کا چلن بہت پہلے ہونے لگا تھا۔" اردو کے قدیم ترین نمونے صوفیہ کے جستہ جستہ فقروں یا جملوں کے علاوہ صرف منظوم شکل میں ملتے ہیں۔ ان دستیاب نمونوں کی بحر عموماً ہندی ہے۔ ہندی کا مخصوص چھند دوہا ہے۔ ہندی کے مسلمان صوفی شعرا کے یہاں دوہا اور اور چوپائی بے حد مقبول چھند ہیں۔ اردو نظم کے قدیم ترین نمونے دوہے کی بحر میں ملتے ہیں۔ بابا فرید کا وہ کلام جو گرنتھ صاحب میں محفوظ ہے، دوہا چھند ہی میں ملتا ہے۔ امیر خسرو کی ہندوی یا ہندی شاعری کا پہلا مستند نمونہ دوہے کی شکل میں ملتا ہے۔ سوداؔ، حاتمؔ، انشاؔ، جرأتؔ، نظیرؔ سب کے یہاں دوہے ملتے ہیں۔

چوپائی کی بحر دکنی شعرا کے یہاں ملتی ہے۔ بعض دکنی شعرا نے غزلوں تک میں ہندی بحریں استعمال کی ہیں۔ ولیؔ سے پہلے دکنی ادب پر ہندی اور ہندو دیومالا کا گہرا اثر ہے۔ سترہویں صدی میں دکن میں اردو کا خاصا ادبی سرمایہ ملتا ہے، جس پر ہندوستانی مزاج کی چھاپ مسلم ہے، یہاں تک کہ قدیم اردو کے اس سرمایے کو تمام تر ہندی کہنے کا میلان ہندی والوں میں ملنے لگا ہے۔

ولیؔ سے ہمارے ادب میں عجمی لے شروع ہوئی، لیکن اس کے معنی مقامی رنگ کو ترک کرنے کے نہیں تھے۔ اس میں وہ ایشیائی عناصر جذب کرنے کے تھے جن سے زبان کو زیادہ تہہ داری، رنگینی اور نفاست عطا کرنا مقصود تھا۔ ایسے دور، مغرب میں

انگریزی، فرانسیسی، جرمن اور روسی زبانوں پر بھی آئے ہیں۔ شمالی ہند میں اردو ادب اٹھارہویں صدی سے ملتا ہے اور جدید تحقیق کے مطابق نثر میں بھی ایسے کئی نمونے ہیں جن کی بنا پر کہا جا سکتا ہے کہ فورٹ ولیم کالج سے پہلے اردو نثر فارسی کے اثر سے آزاد ہونے کی کوشش کر رہی تھی۔

ہمارے بعض نقادوں نے شمالی ہند میں صرف نوطرز مرصع کے اسلوب کو پیش نظر رکھا۔ حالانکہ قصہ مہر افروز دلبر، تفسیر مرادیہ، موضح القرآن، نو آئین ہندی، رسم علی کی قصہ و احوال روہیلہ اور شاہ عالم ثانی کی عجائب القصص کچھ اور کہتی ہے۔ ان معلومات کی روشنی میں یہ کہنا غلط نہ ہو گا کہ فورٹ ولیم کالج سے پہلے اردو نثر اپنا راستہ تلاش کر چکی تھی۔ اور جملوں کی ترکیب فارسی کے اثر سے آزاد ہو چکی تھی۔ تنقید و علمی نثر، تاریخی نثر، مذہبی نثر، افسانوی نثر سب کے نمونے سامنے آ چکے تھے۔

مولوی عبدالحق نے جب قواعد اردو لکھی تو ببانگ دہل کہا کہ "اُردو خالص ہندی زبان ہے۔ اس کی قواعد عربی کیوں ہونی چاہیے۔" انہوں نے یہاں تک کہہ دیا کہ اردو کا عروض ہندی ہونا چاہیے، اور اس کے علاوہ اس خیال کا بھی اظہار کیا کہ 'عربی کی مخصوص آوازیں ترک کرنے سے کوئی التباس نہ ہو گا۔' مسعود حسین خاں نے ان آوازوں کو مردہ لاشیں تک کہا ہے۔ فرہنگ آصفیہ کی لفظ شماری کے مطابق اردو کے چوّن ہزار الفاظ میں پچاس فی صدی ہندی الاصل اور ۱/۴ ۲۳ فی صدی، ہندی اور فارسی کے میل سے بنے ہوئے الفاظ ہیں۔ اس طرح ہندوستانی الفاظ ۱/۲ ۷۳ فی صدی ہو جاتے ہیں۔ یقین سے کہا جا سکتا ہے کہ آج کی اردو زبان میں یہ تناسب تین چوتھائی سے زیادہ ہی ہے۔ کیونکہ آزادی کے بعد ہندی الفاظ کثرت سے لیے گئے ہیں۔

تہذیب کے دو تصورات میں فرق کرنا چاہیے۔ ایک تہذیب کا وہ تصور تھا جسے عام

طور پر لکھنؤ اور دہلی کے شرفا کی تہذیب کے نام سے پہچانا جاتا ہے۔ اس پر بازار اور خانقاہ کے اثرات کے مقابلے میں دربار کے اثرات زیادہ تھے۔ اس کی زبان بھی خواص پسند (Elitist) تھی، مگر یہ نہ بھولنا چاہیے کہ اس کا معیار بھی، دہلی کی جامع مسجد کی سیڑھیاں تھیں۔ جیسا کہ میرؔ نے کہا ہے۔ شاعری اور ادبی نثر کا ادب بہر حال بول چال کی زبان کے مقابلے میں زیادہ حفظ مراتب رکھتا ہے، مگر جس طرح ادب کا ایک وسیع مفہوم ہے جس میں سارا سرمایۂ تحریر آجاتا ہے۔ اسی طرح تہذیب کے حقیقی مفہوم میں عوام وخواص سبھی کی تہذیب اور معاشرت، رہن سہن، شادی بیاہ کے مراسم، میلوں، تیوہاروں کے جشن، گیت، فنون لطیفہ، سبھی کچھ آجاتا ہے۔

اگر اردو ادب کے اس سارے سرمایے پر نظر رکھی جائے جو تحریر میں آیا ہے، اور جس کے ذریعہ سے زندگی کے سبھی پہلوؤں پر اظہار خیال ہوا ہے، تو اردو ادب کی ہندوستانیت اور مسلم ہوتی ہے۔ جعفر زٹلی کے کلام کو ثقہ حضرات نے فحش کہہ کر نظر انداز کر دیا مگر اس کی تاریخی اور لسانی اہمیت سے کیسے انکار کیا جاسکتا ہے۔ جعفر زٹلی ۱۷۱۳ء میں فوت ہوا۔ اس کے یہ اشعار دیکھیے،

گیا اخلاص عالم سے عجب یہ دور آیا ہے
ڈرے سب خلق ظالم سے عجب یہ دور آیا ہے
نہ یاروں میں رہی یاری نہ بھیّوں میں وفاداری
محبت اٹھ گئی ساری، عجب یہ دور آیا ہے
نہ بوئی راستی کوئی، عمر سب جھوٹ میں کھوئی
اتاری شرم کی لوئی، عجب یہ دور آیا ہے

اس کے یہاں بہت سے محاورات بھی استعمال ہوئے ہیں جس کی لاٹھی اس کی

بھینس، دوبی (دھوبی) کا کتّا گھر کا نہ گھاٹ کا، دُبدھا میں دونوں گئے مایا ملی نہ رام، تتّے توے پر بوند، بھرے سمندر، کھو کھا ہاتھ کی مثال دی جاسکتی ہے۔

برکت اللہ عشقی (م۱۷۲۹ء) کی عوارف ہندی میں چوہتّر (۷۴) محاورے ملتے ہیں۔ شمس البیان مصطلحات ہندوستان میں بھی اس پہلو پر توجہ ہے۔ خان آرزو سے فارسی کے مقابلے میں ہندوستانیت کو سند مانا جانے لگا۔ ناجی نے کہا ہے،

بلندی سن کے ناجی ریختے کی
ہوا ہے پست شہرہ فارسی کا

سودا فرماتے ہیں،

جو چاہے یہ کہ کہے ہند کا زباں داں شعر
تو بہتر اس کے لیے ریختے کا ہے آئیں
وگرنہ کہہ کے وہ کیوں شعر فارسی ناحق
ہمیشہ فارسی داں کا ہو موردِ نفریں
کوئی زبان ہو لازم ہے خوبیِ مضموں
زبانِ فرس پہ کچھ منحصر سخن تو نہیں
کہاں تک ان کی زباں کو درست بولے گا
زبان اپنی میں تو باندھ معنی رنگیں

مصحفیؔ نے کہا، ریختہ ہمارے زمانے میں فارسی کے اعلیٰ مرتبے کو پہنچ چکا ہے بلکہ اس سے بہتر ہو گیا ہے۔

اٹھارہویں صدی میں اردو میں تمام اصناف سخن ملنے لگتے ہیں اور نثر بھی اپنا راستہ پانے لگتی ہے۔ غزل، قصیدہ، مسمط، ترکیب بند، ترجیع بند، مثنوی، قطعہ، رباعی، مستزاد،

فرد، تو فارسی کے اثر سے آئے۔ ڈاکٹر گیان چند نے اپنے ایک مضمون "اردو نظم اور اس کے اصناف" میں جو اقبال انسٹی ٹیوٹ کے ایک سمینار کے لیے لکھا گیا اور عنقریب شائع ہونے والا ہے، قدیم اردو یعنی دکنی میں ان اصناف کا ذکر کیا ہے۔

عارفانہ گیت، چکری، حقیقت، سہلا، سی حرفی۔

سماجی نظمیں، آنکھ مچولی، سورن نامہ، ناری نامہ، لگن نامہ، شادی نامہ، سہاگن نامہ، چکّی نامہ۔

مذہبی، نور نامہ، میلاد نامہ، شمائل نامہ، معراج نامہ، وفات نامہ۔

متفرق، دو لسانی ریختہ۔ منظوم لغت، معمّا، پہیلی۔

ان میں بہت سی شمالی ہند میں بھی ملتی ہیں۔

اردو کی دیگر اصناف، مرثیہ، شہادت نامہ، سلام، نوحہ، شہر آشوب، واسوخت، ریختی، ساقی نامہ، سہرا اس کے علاوہ ہیں۔ اردو میں گیتوں کی تعداد بہت ہے اور شروع سے ملتی ہے۔ اول تو لوک گیت ہیں۔ ان میں بچّے کی پیدائش کے موقع کے گیت، شادی کے گیت یا سہاگ، موسموں اور تیوہاروں کے گیت اور پیشہ وروں کے گیت سبھی آجاتے ہیں۔ قیصر جہاں نے "اُردو گیت" میں اظہر علی فاروقی نے "اتر پردیش کے لوک گیت" میں ان کی مثالیں دی ہیں۔

میرے وطن بدایوں میں رام گنگا کے کنارے گاؤں دیوریا میں جو بارہ ماسے گائے جاتے ہیں وہ کھڑی بولی کے اس اردو ادب کے آئینہ دار ہیں جس میں عربی فارسی اصوات کا لحاظ نہیں۔ ویسے بھی دیہات میں ان اصوات کو ادا کرنا خال خال ہی ملتا ہے۔ میں نے اپنے بچپن میں گھر کی عورتوں کو جو گیت گاتے سنا ہے ان میں سے چند کی نشان دہی سے یہ بات واضح ہو جائے گی کہ یہ لوک گیت ہیں۔ ان کے مصنف کا کسی کو علم نہیں مگر ان کی

مقبولیت مسلم ہے۔ اب فلمی گیتوں کا رواج بھی ہو گیا ہے۔

ہُڑ دنگی نند میرے پالے پڑی

سروتا کہاں بھول آئے پیارے نندویا

چڑھی کوٹھے گری آنگن، اُٹھالیتے تو کیا ہوتا

بالا لایاری کالی گاجر کا حلوا

نیم کو نمکولی پکّی، ساون بھی کبھی آوے گا

یوں تو اردو میں واجد علی شاہ اور امانتؔ کے وقت سے گیتوں کی روایت ملتی ہے۔ مگر اس پر برج کی زبان کا اثر بہت نمایاں ہے۔ ایک دلچسپ بات یہ ہے کہ کرشن بھگتی کی روایت کے اثر سے ایسے گیت بھی ملتے ہیں جو نعت یا منقبت میں ہیں اور یہ سلسلہ حسرتؔ موہانی تک چلتا ہے۔ مگر عظمت اللہ خاں کے بعد سے اردو میں ادبی گیتوں کا خاصا سرمایہ فراہم ہو گیا ہے۔ اس سلسلے میں قابل ذکر کارنامے اندر جیت شرما، ساغرؔ، حامد اللہ افسر، حفیظ جالندھری، میراجی، ناصر شہزاد، زبیر رضوی کے ہیں۔ ادھر کوئی اہم ادبی رسالہ ایسے گیتوں سے خالی نہیں ہوتا۔

اردو مثنویوں اور قصائد کی تشبیب میں ہماری ہندوستانی تہذیب کے ہر پہلو کی مصوری ملتی ہے۔ ہندو مذہب کی مقدس کتابوں، بودھ مذہب کی کتابوں، سکھ دھرم کی مقدس کتابوں کے تراجم کی فہرست ڈاکٹر محمد عزیز نے اپنی کتاب "اردو میں اسلام کے علاوہ دوسرے مذاہب کا حصہ" میں دی ہے۔ حسرت موہانی نے لکھا ہے کہ بنواری لال شعلہ کی نظمیں مذہبی مواقع پر عرصے تک علی گڑھ اور آگرے میں پڑھی جاتی تھیں۔ نعتیہ قصائد کی تشبیب میں ہندوستانی فضا نہایت حسن کے ساتھ محسن کے مشہور نعتیہ قصیدے میں ملتی ہے۔ اس کے یہ اشعار ملاحظہ ہوں،

سمتِ کاشی سے چلا جانب متھرا بادل
برق کے کاندھے پہ لاتی ہے صبا گنگا جَل
گھر میں اشنان کریں سرو قدانِ گوکُل
جائے جمنا پہ نہانا بھی ہے اک طول عمل
کالے کوسوں نظر آتی ہیں گھٹائیں کالی
ہند کی ساری خدائی میں بتوں کا ہے عمل
ڈوبنے جاتے ہیں گنگا میں بنارس والے
نوجوانوں کا سنیچر ہے یہ بڑھوا منگل
نہ کھلا آٹھ پہر کو کبھی دو چار گھڑی
پندرہ روز ہوئے پانی کو منگل منگل

نظیر اکبر آبادی کو میں نے ہندوستانی تہذیب کا عاشق کہا ہے۔ ان کی نظموں میں نہ صرف اس دور کی ساری تہذیبی زندگی کا عکس نظر آتا ہے بلکہ آدمی نامہ، ہنس نامہ اور بنجارہ نامہ جیسی نظموں میں اس تہذیب کی انسان دوستی، اخلاقی نقطہ نظر اور رواداری کا بھرپور عکس بھی۔ آدمی نامہ تو ایک طور پر انسان دوستی کی ایسی دستاویز ہے جو یورپی ہیومنزم کے چارٹر سے پہلے وجود میں آئی۔ اٹھارہویں صدی کے آخر میں مغربی اثرات تیزی سے یہاں گھر کرنے لگے۔ لیکن قدرت کے ایک عجوبے کے مطابق انیسویں صدی کے آغاز سے ہی ہندوستانی نشاۃ الثانیہ کی تحریک بھی شروع ہوئی جس کے نتیجہ میں اپنی بنیادوں، اپنی دھرتی، اپنی فضا اور ماحول، اپنی تاریخ اور تہذیب کا احساس بھی بڑھا۔

جدید اردو نظم نے حالی اور آزاد کی قیادت میں ارضیت، واقعیت، وطنیت کا رنگ گہرا کیا۔ اسماعیل میرٹھی، شاد عظیم آبادی، اکبر، چکبست، وحید الدین سلیم، صفی لکھنوی،

سرور جہاں آبادی، محروم، اقبالؔ، جوشؔ، ساغر، اختر شیرانی، فراق، ملّا اور پھر ترقی پسند شعرا نے اس ہندوستانی فضا اور تہذیب کی نقش گری کو آگے بڑھایا۔ اکبر کے یہاں تو مشرقی تہذیب اور اس پر مغربی اثرات کے ایسے نقوش ملتے ہیں جن کی وجہ سے اسے ایک تہذیبی ماخذ کہا جاسکتا ہے۔ جدیدیت کی رو نے اگرچہ ترقی پسندی کی مقصدیت سے انحراف کیا مگر اس میں ہندوستانی تہذیب کی نقش گری اور بھی گہری ہوگئی۔ حال کی چند نظموں کے عنوان سے ہی یہ بات واضح ہو جائے گی جن کا ذکر مظفر حنفی نے اپنے مضمون اردو شاعری اور ہندوستانیت میں کیا ہے۔

اندھیری نگری۔ دسہرہ، ہولی، دیوالی، گنگا اشنان، مندر جانے والی۔ شاد عارفی

اماوس کا جادو، حرمت الاکرام۔

شگون، مخمور سعیدی۔

سرسوتی کنگال۔ اداس، مظہر امام۔

کال کوٹھری۔ گوتم کا خط، قصّہ طوطا مینا جدید۔ لچھمن ریکھا۔

ایک سہاگن جھولے پر۔ آم کا پیڑ مرے آنگن میں، بدیع الزماں خاور۔

ناچ رے نرتکی۔ روپ رہن، امر صہبائی۔

نیل کنٹھ۔ روح بولی پھر گوتم کی، راج نرائن رازؔ

دیو داس، صلاح الدین پرویز۔

تانترک نظم، کرشن موہن۔

گرد۔ آواگمن۔ گاؤں۔ تالاب رہٹ، عادل منصوری۔

کاگا، محمد علوی۔

میں گوتم نہیں ہوں، خلیل الرحمن اعظمی۔

یاتری۔ پریت آتما۔ شیام نگری۔ آکاش میں سیر۔ دوپر ارتھنائیں، کمار پاشی۔
سنجوگ۔ مکتی، قاضی سلیم۔

اردو غزل کو فارسی غزل کا چربہ کہا جاتا ہے حالانکہ اس سے زیادہ گمراہ کن کوئی حقیقت نہ ہوگی۔ اگرچہ اردو شاعری کا زیادہ حصہ مثنوی، مرثیے اور دیگر اصناف میں ہے مگر غزل سب سے مقبول رہی ہے۔ یہ اشاروں کا آرٹ ہے۔ بقول فراقؔ "انتہاؤں کا سلسلہ" ہے۔ گنجینۂ معنی کا طلسم ہے۔ حدیث دلبری بھی ہے اور صحیفہ کائنات بھی۔ اس میں صرف عبادت کی شاعری نہیں، زندگی کی خوشیوں اور نامرادیوں، فتح وشکست، ولولوں اور مایوسیوں، محبت اور نفرت، رشک، خدمت، وفا، جفا، رہبری اور رہزنی، ساحل وطوفاں، مر مر کر جینے اور جیتے جی مر رہنے کی داستان بھی ہے۔ غزل ہماری ساری شاعری نہیں ہے، مگر یہ ہماری شاعری کا عطر ضرور ہے۔ صرف غزل پر نظر مرکوز رکھنا یا غزل کو ٹاٹ باہر قرار دینا، دونوں آداب سخن فہمی کے منافی ہیں۔

دنیا کی ہر شاعری میں مذہبی شاعری کا حصہ بہت نمایاں رہا ہے۔ مذہبی شاعری برابر ہوتی رہے گی۔ مگر جیسے جیسے زندگی سادگی سے پیچیدگی کی طرف نظر، تحیر سے تفکر کی طرف اور سماجی اکہرے پن سے تہ داری اور پہلوداری کی طرف بڑھے گی اور شہر زندگی کی رنگارنگی کے مرکز بنتے جائیں گے، دنیوی شاعری کی لے بھی بڑھے گی۔ اردو شاعری شاید دوسری ہم عصر ہندوستانی زبانوں سے زیادہ دنیا اور امور دنیا یا تہذیب انسانی کے سارے اسرار ورموز کی اداشناس ہے۔ اردو سماج نے ایک مجلسی زندگی پیدا کرلی تھی۔ نفاست اور شائستگی کے آداب سیکھ لیے تھے۔ یہ خلوت پسند نہ تھا۔ اس کا شہر فطرت سے کٹا ہوا نہ تھا۔

ڈاکٹر تاراچند نے ایک جگہ لکھا ہے کہ اکبر کے زمانے میں ہندوستان کا ایک تہائی

حصہ جنگل تھا اور ملک کی آبادی نو کروڑ تھی۔ اٹھارہویں اور انیسویں صدی کے شہر آج کل کے شہروں کی طرح غدار اور ڈھنڈار نہ تھے۔ زندگی کی رفتار اتنی تیز نہ تھی۔ مذہبیت کے ساتھ رندی بھی تھی۔ گانو صدیوں سے ایک ڈھرے پر چل رہے تھے، اور آئے دن کی سیاسی تبدیلیوں کا عارضی اثر ہوتا تھا۔ مکتب اور پاٹ شالے ایک تعلیمی بنیاد کے ساتھ کچھ اخلاقی قدریں بھی رکھتے تھے۔ توہم پرستی تھی، کٹّرپن نہ تھا۔ اشراف عوام سے اتنے دور نہ تھے جتنے آج ہیں۔ دہلی اور لکھنؤ جیسے مرکزوں کے علاوہ اور بھی تہذیبی جزیرے وجود میں آگئے تھے۔

شرر نے "گزشتہ لکھنؤ" میں بڑی خوبی سے اس تہذیب کے نقش و نگار اجاگر کئے ہیں جو لکھنؤ میں پروان چڑھی، اور جس کی وجہ سے شام اودھ کی شفق اور اس کی رنگینی جاوداں بن گئی ہے۔ آزادی کے بعد ہندوستان کے دیہات پر توجہ بجاہے اور دیہات سدھار کی مہم درست، مگر اس ہندوستانی تہذیب کو، جو اردو ادب اور غزل میں جلوہ گر ہوئی، جس کے پیچھے شہروں کی رنگینی، جذبات کی رنگارنگی، جینے کی طرح داری، رسم ورواج، شادی بیاہ، میلوں اور تیوہاروں کی ہماہمی ہے، جس میں لذت کام ودہن بھی ہے اور روح کی چارہ گری بھی، جس میں زخم بھی لگتے ہیں اور مرہم بھی ملتا ہے، جس میں دل ٹوٹتے بھی ہیں اور پھر جوڑے بھی جاتے ہیں، مصنوعی، مستعار، محدود کہہ کر اس پر خندہ زن ہونا کسی طرح قرین انصاف نہیں۔

میرے استاد خواجہ منظور حسین نے "غزل کا روپ بہروپ" کے نام سے ایک کتاب لکھی ہے جس میں واضح کیا گیا ہے کہ اردو غزل میں ستم گر، رقیب، قفس، آشیاں، موج، گرداب، طوفان، ساحل، زنجیر، زنداں کی اصطلاحات ایک سیاسی پس منظر رکھتی ہیں۔ چنانچہ انہوں نے داغ جیسے عشق پیشہ شعرا کے کلام سے اس کی بکثرت مثالیں دی

ہیں۔ حالیؔ کے بعد سے تو جدید اردو غزل ہیں یہ لے اور بھی اونچی ہوگئی ہے۔ اور اقبالؔ کے یہاں اس کی بلندی واضح ہے۔

ہمارے نظم کے سرمائے اور داستانوں اور ناولوں میں ہماری مشترک تہذیب کے سارے پہلوؤں کی عکاسی مل جائے گی، مگر اس کی روح ہماری غزل میں ملے گی۔ یہ اس تہذیب کا عطر پیش کرتی ہے۔ اس کی میانہ روی، اس کا اعتدال، اس کی انسان دوستی، اس کا رجز اور اس کی شائستگی، اس کی درد مندی، اس کا درد و داغ اور سوز و ساز، اس کی محبت اور اس کی ہوس، اور خاص طور سے اس کی NON CONFORNISM اور انسان دوستی۔ میرؔ کہتے ہیں،

اے آہوان کعبہ نہ اینڈو حرم کے گرد
کھاؤ کسی کا تیر کسی کے شکار ہو

ہم نہ کہتے تھے کہ مت دیر و حرم کی راہ چل
اب یہ جھگڑا حشر تک شیخ و برہمن میں رہا

آہ تا چند رہے خانقہ و مسجد میں
ایک تو صبح گلستاں میں بھی شام کرو

مسجد ایسی بھری بھری کب تھی
میکدہ اِک جہاں ہے گویا

مت سہل ہمیں جانو، پھرتا ہے فلک برسوں
تب خاک کے پردے سے انسان نکلتے ہیں

آدم خاکی سے عالم کو جلا ہے ورنہ
آئینہ تھا یہ مگر قابلِ دیدار نہ تھا

غالبؔ کے یہ اشعار دیکھئے،

دیر و حرم آئینہ تکرار تمنا

واماندگی شوق تراشے ہے پناہیں

ہم موحد ہیں، ہمارا کیش ہے ترک رسوم

ملّتیں جب مٹ گئیں اجزائے ایماں ہو گئیں

نہیں کچھ سبحہ وزنا کے پھندے میں گیرائی

وفاداری میں شیخ وبرہمن کی آزمائش ہے

تماشائے گلشن، تمنائے چیدن

بہار آفرینا! گنہ گار ہیں ہم

جب کہ تجھ بن کوئی نہیں موجود

پھر یہ ہنگامہ اے خدا کیا ہے؟

سبزہ و گل کہاں سے آئے ہیں

ابر کیا چیز ہے، ہوا کیا ہے؟

اقبالؔ یوں غزل سرا ہوتے ہیں،

اسی کوکب کی تابانی سے ہے تیرا جہاں روشن

زوال آدم خاکی زیاں تیرا ہے یا میرا

عروج آدم خاکی سے انجم سہمے جاتے ہیں

کہ یہ ٹوٹا ہوا تارا مہ کامل نہ بن جائے

باغِ بہشت سے مجھے حکم سفر دیا تھا کیوں

کارِ جہاں دراز ہے اب مرا انتظار کر

قصوروار، غریب الدیار ہوں لیکن
ترا خرابہ فرشتے نہ کر سکے آباد
متاعِ بے بہا ہے درد و سوزِ آرزو مندی
مقام بندگی دے کر نہ لوں شانِ خداوندی
اپنے من میں ڈوب کر پا جا سراغ زندگی
تو اگر میرا نہیں بنتا، نہ بن اپنا تو بن

فانیؔ کہتے ہیں،

ہے منع راہ عشق میں دیر و حرم کا ہوش
یعنی کہاں سے پاس ہے منزل کہاں سے دور
تو کہاں ہے کہ تری راہ میں یہ کعبہ و دیر
نقش بن جاتے ہیں، منزل نہیں ہونے پاتے
حرم و دیر کی گلیوں میں پڑے پھرتے ہیں
بزم رنداں میں جو شامل نہیں ہونے پاتے

صدرالدین آزردہ کا ایک شعر ہے،

کامل اِس فرقۂ زہاد سے اٹھا نہ کوئی
کچھ ہوئے تو یہی رندانِ قدح خوار ہوئے

اقبالؔ سہیل کہتے ہیں،

پہنچی یہاں بھی شیخ و برہمن کی کشمکش
اب میکدہ بھی سیر کے قابل نہیں رہا

یگانہؔ کا مشہور شعر ہے،

بتوں کو دیکھ کے سب نے خدا کو پہچانا
خدا کے گھر تو کوئی بندۂ خدا نہ گیا

اردو غزل، مذہبی جذبات سے زیادہ تصوف کے اثر سے اس صلح کل، وسیع المشرب، روادار دنیاداری کی امین ہے، جہاں کوئی کاروبار شوق مرکزی اہمیت رکھتا ہے۔ یہ اپنے ماحول اور قضا پر نظر رکھتی ہے۔ من کی صفائی اسے عزیز ہے مگر تن کے ہنگاموں پر بھی اس کی نظر ہے۔ یہ اپنی بساط پر منڈلائے ہوئے خطروں کو بھی دیکھ لیتی ہے، اور اپنی کائنات میں بصیرت بھی رکھتی ہے جو سماجی معنویت اور سیاسی شعور کی حامل ہے۔ وہ چاہیے کو بھی ملحوظ رکھتی ہے اور ہے سے بھی غافل نہیں ہے۔ یہ اشعار دیکھئے کیا کہتے ہیں،

یارانِ تیز گام نے محمل کو جالیا
ہم محو نالۂ جرس کارواں رہے
حالیؔ

قید کی حد میں بڑھالی ہم نے آزادی کی حد
یوں دیے جھٹکے کہ حلقے کھنچ گئے زنجیر کے
آرزوؔ

شب کو زنداں میں مرا سر پھوڑنا اچھا ہوا
کچھ نہ کچھ تو روشنی آنے لگی دیوار سے
ثاقبؔ

باغباں نے آگ دی جب آشیانے کو مرے
جن پہ تکیہ تھا وہی پتے ہوا دینے لگے
ثاقبؔ

زمانہ بڑے شوق سے سن رہا تھا
ہمیں سو گئے داستاں کہتے کہتے
ثاقبؔ

اردو جس مشترک تہذیب کی وارث اور ترجمان ہے، وہ دیہات سے زیادہ شہروں کی متمدن، شائستہ، رنگین اور آداب مجلس کی حامل زندگی کی عکاسی کرتی ہے۔ غزل اپنے رمز و ایما، اپنی اشارت، عبارت اور ادا کے ذریعہ سے اس زندگی کے نشیب و فراز، اس کی محرومی و سرشاری، اس کے دکھ درد اور اس کی تمناؤں اور آرزوؤں کی جس طرح عکاسی کرتی ہے، اس کی وجہ سے غزل کے اشعار، زندی کی ہر کروٹ، واقعات کے ہر موڑ، کام اور آرام کے ہر لمحے کو کسی نہ کسی علامت کے ذریعے معنی خیز بنا دیتے ہیں۔ اس لیے آج بھی غزل کے اشعار، تقریروں، تحریروں، پارلیمنٹ کے مباحثوں، سمیناروں کی نشستوں، کاروباری مجلسوں اور جلسوں، جلوسوں میں کسی لمحے کو جاوداں، کسی کرن کو سورج اور کسی واردات کو گنجینۂ معنی بنا دیتے ہیں۔

آزادی کے بعد دیہات کی طرف دیکھنا سمجھ میں آتا ہے کیونکہ یہ ضروری بھی تھا۔ شہری تہذیب اپنی خواص پسندی میں عوام سے کچھ دور ہو گئی تھی اور اپنے صاف ستھرے لباس پر مجمع کی ذراسی گرد گوارا نہیں کرتی تھی، مگر یہ دیہات کی طرف میلان، نظر کو وسعت عطا کرنے کا میلان تھا۔ اس کے معنی دیہات کو واپسی کے نہیں تھے کیونکہ ساری دنیا میں دیہات سے شہر کی طرف جو میلان ہے اسے بدلا نہیں جا سکتا۔ گھڑی کی سوئی کو واپس نہیں لایا جا سکتا۔

اردو ادب میں جس تہذیب کی جلوہ گری ہے اس کی شہریت اور مدنیت پر شرمانے کی ضرورت نہیں۔ اس میں آج کے غدار شہروں کی سی بیگانگی اور تنہائی کا احساس نہیں۔

ایک دوسرے کے دکھ درد میں شریک ہونے، راستے میں چلتے ہوئے اِدھر اُدھر نظر ڈالنے، ٹک دیکھ لیا دل شاد کیا خوش کام ہوئے اور چل نکلے کے مسلک پر کاربند رہنے کا سامان ہے۔ اس میں یارانِ سرپُل بھی مل جاتے ہیں اور مسجد کے زیر سایہ خرابات بھی۔ اس میں دلّی کے گلی کوچوں کے اوراقِ مصور، غزالان لکھنؤ اور کلکتے کے بتانِ خود آرا کی جھلک بھی ہے اور ان مجلسوں کی بھی جن کے متعلق شاعر نے کہا ہے،

آئے بھی لوگ، بیٹھے بھی، اٹھ بھی کھڑے ہوئے
میں جا ہی ڈھونڈھتا تری محفل میں رہ گیا

شمالی ہند کی برسات کی آمد صفیؔ کے اس شعر میں دیکھئے،

گھٹا اٹھی ہے کالی اور کالی ہوتی جاتی ہے
صراحی جو بھری جاتی ہے خالی ہوتی جاتی ہے

یا

برق کو ابر نے دامن میں چھپا دیکھا ہے
ہم نے اس شوخ کو مجبور حیا دیکھا ہے

فانیؔ

عجب عالم ہے موج برق کے پہلو میں بادل کا
تری الٹی ہوئی سی آستیں معلوم ہوتی ہے

فانیؔ

اور میرؔ کے اس شعر کو تو ہم میں سے بہت سے دہراتے رہتے ہیں،

چلتے ہو تو چمن کو چلیے، کہتے ہیں کہ بہاراں ہے
پات ہرے ہیں، پھول کھلے ہیں کم کم بادوباراں ہے

غزل ہماری تہذیب کی یہ تصویریں بھی اپنے جام جہاں نما میں رکھتی ہے،

خط بڑھا، زلفیں بڑھیں، کاکل بڑھے، گیسو بڑھے

حسن کی سرکار میں جتنے بڑھے ہندو بڑھے

ذوقؔ

اگرنی کا ہے گماں، شک ہے ملاگیری کا

رنگ لایا ہے دوپٹا ترا میلا ہو کر

صباؔ

خوب پردہ ہے کہ چلمن سے لگے بیٹھے ہیں

صاف چھپتے بھی نہیں سامنے آتے بھی نہیں

داغؔ

اور بازار سے لے آئے، اگر ٹوٹ گیا

ساغر جم سے مرا جام سفال اچھا ہے

غالبؔ

ہم نے چاہا تھا کہ فریاد کریں حاکم سے

وہ بھی کم بخت ترا چاہنے والا نکلا

نظیر اکبر آبادی

قریب ہے یار روزِ محشر، چھپے گا کشتوں کا خون کیونکر

جو چپ رہے گی زبان خنجر لہو پکارے گا آستیں کا

امیر مینائی

کہا جاتا ہے کہ اس شعر کو سید محمود نے اپنے ایک فیصلے میں عینی شہادت نہ ہونے کے

باوجود ملزم کو سزا دیتے ہوئے لکھا تھا،

فصلِ گل آئی یا اجل آئی کیوں درِ زنداں کھلتا ہے
کیا کوئی وحشی اور آپہنچا، یا کوئی قیدی چھوٹ گیا
فانیؔ

خرد کا نام جنوں پڑ گیا جنوں کا خرد
جو چاہے آپ کا حسن کرشمہ ساز کرے
حسرتؔ

ناوک نے تیرے صید نہ چھوڑا زمانے میں
تڑپے ہے مرغ قبلہ نما آشیانے میں
سوداؔ

آزادی کی تحریک کا عکس ان اشعار میں دیکھئے،

ہڈیاں ہیں کئی لپٹی ہوئی زنجیروں میں
لیے جاتے ہیں جنازہ ترے دیوانے کا
فانیؔ

اک خونچکاں کفن میں کروڑوں بناو ہیں
پڑتی ہے آنکھ تیرے شہیدوں پر حور کی
غالبؔ

اور موجودہ دور کا کرب ان اشعار میں ملاحظہ کیجئے،

ہم ہیں متاعِ کوچہ و بازار کی طرح
اٹھتی ہے ہر نگاہ خریدار کی طرح

مجروحؔ

جانے کس سمت چلوں، کون سی رہ مڑ جاؤں
مجھ سے مت مل کہ زمانے کی ہواہوں میں بھی

مظہر امام

آگ کے شعلوں سے سارا شہر روشن ہو گیا
ہو مبارک آرزوے خار و خس پوری ہوئی

شہریارؔ

کچھ ادائیں ہیں جنہیں قتل عبث ہے منظور
کچھ سزائیں ہیں جو ملتی ہیں خطا سے پہلے

فانیؔ

ایک ہلکا سا اشارہ ریختی کی طرف بھی ضروری معلوم ہوتا ہے جس میں ہماری تہذیب میں عورتوں کی زبان اور ان کے بعض جذبات کی بڑی پر لطف مصوری ملتی ہے۔ ریختی کو ایک خاص تہذیب کے راز درون پردہ سے تعبیر کرنا انصاف نہ ہو گا۔ اس میں جو زبان کی لطافت اور لہجے کی نرمی ملتی ہے، اس میں ایک طبقے کے ہندوستانی کردار کے بعض پہلو بے نقاب ہوئے ہیں،

اب میں وہ اوڑھنے کی نہیں کل کی اوڑھنی
باجی مجھے منگا دو جھلا جھل کی اوڑھنی
منگوائی گون سبز تھی، لے آئے بہن سرخ
قطامہ بنوں، پہنوں محرّم میں بہن سرخ
ذرا گھر کو رنگیں کے تحقیق کر لو

یہاں سے ہے کے پسیے ڈولی کہارو
روٹیاں کون پکائے ترے سارے گھر کی
اے بوا کون نکلوائے پلیتھن اپنا
مت رکھ اس ننھی سی ہی جان میں واری روزہ
بندی رکھ لے گی ترے بدلے ہزاری روزہ
اے بوا میں نہ ہوئی حضرت شبیر کے ساتھ
خون پی لیتی موے شمر کا میں شیر کے ساتھ
ہوئی عشاق میں مشہور، یوسف ساجو اں تاکا
بوا ہم عورتوں میں تھا بڑا دیدہ زلیخا کا

نظیر اکبر آبادی تو ہماری تہذیب کے عاشق اور مفسر اور شارح اور ترجمان سبھی کچھ ہیں، مگر اس تہذیب کی جھلک انیس کے مرثیوں میں بڑی دلکشی اور آن بان رکھتی ہے۔ کلیم الدین احمد نے مرثیوں پر اعتراض کیا تھا کہ ان میں امام حسین کربلا کے مجاہد نہیں لکھنؤ کے دولھا نظر آتے ہیں۔ مگر شاعری تاریخ نہیں ہوتی۔ انیس کے مرثیوں میں جو آب و تاب آئی ہے وہ ان کے کرداروں کی ہندوستانیت سے آئی ہے۔ چونکہ اس پہلو پر خاصی توجہ ہو چکی ہے اس لیے میں صرف اتنا کہہ کر آگے بڑھ جانا چاہتا ہوں کہ انیس کے یہاں مناظر فطرت، صبح و شام کے مناظر، صحرا اور گلشن، گرمی کی شدت، بچوں، بچیوں کی تصویریں اور ان کے جذبات کی آئینہ داری، نند، بھاوج کے رشتے، نسوانی زبان سب میں لکھنؤ کی تہذیب کی وجہ سے جان آئی ہے اور ان کی تاثیر اور حسن میں گراں قدر اضافہ۔

***

ہندوستان کی جنگ آزادی میں اردو کا حصہ

آج کچھ حلقوں میں یہ پروپیگنڈا کیا جا رہا ہے کہ اردو کا سارا سرمایہ بدیسی ہے، اس کے ادیبوں اور شاعروں کی نگاہیں وطن کے بجائے بیرونی ممالک پر لگی ہوتی ہیں۔ اس کے لکھنے اور پڑھنے والے ہندوستان سے محبت نہیں رکھتے، انھوں نے ہندوستان کی جنگ آزادی میں کوئی حصہ نہیں لیا۔ جب ملک میں اس سرے سے اس سرے تک آگ لگی ہوتی تھی تو یہ لوگ گھر میں بیٹھے بانسری بجا رہے تھے۔ انھوں نے ہندوستان کے تمام باشندوں کو وحدت کے ایک رشتے میں پرونے کے بجائے اپنی ڈیڑھ اینٹ کی مسجد الگ بنائے رکھی۔ ان کے افسانوں، نظموں، ڈراموں، اور مضامین میں ایران، توران، روس، چین، سب کچھ ملے گا مگر ہندوستان کہیں نظر نہیں آتا۔

اس میں جو کچھ ہے ایک فرقے کا ہے، اس کا رسم الخط ناقص، اس کی شاعری غیر فطری، اس کی تاریخ فرقہ وارانہ ذہنیت کی آئینہ دار، اس کی تہذیب شعری اور عوام سے دور۔ غرض ان لوگوں کے نزدیک اردو ادب ایک وادی بے راہ ہے جس میں ہندوستان کچھ عرصہ کے لیے بھٹک گیا تھا اور اب اسے راہ راست پر آنا اور اس لغزش کو یک قلم بھلا دینا ہے۔

جوشؔ نے پروپیگنڈا کے نام سے ایک نظم لکھی ہے، اس کے چند شعر ملاحظہ ہوں،

وہ جھوٹ بار بار جو بولا گیا ہے آج

اس وقت جس کے نام سے ہوتا ہے اختلاج

حق کی قلیل فوج سے کرتا رہے گا جنگ
بھرتا رہے گا ریب میں ربانیت کا رنگ
تا آنکہ ایک روز وہی ناسزا دروغ
حاصل کرے گا حلقہ عالم میں وہ فروغ
اس جھوٹ کو صداقت اعلیٰ کہیں گے لوگ
آفاق کی حقیقت کبریٰ کہیں گے لوگ

اس لیے یہ اندیشہ ہے کہ اردو کے خلاف جو مسلسل پروپیگنڈا ہندوستان کی سماجی و تہذیبی زندگی میں اس کے موجودہ درجے سے اسے گرانے کے لیے کیا جارہا ہے، وہ کامیاب نہ ہو جائے۔ اگر ایسا ہوا تو یہ محض اردو کا نقصان نہیں ہندوستان کی تہذیب و تاریخ کا ایک بڑا نقصان ہوگا اور اس لیے ضرورت ہے کہ لوگوں کو صحیح واقعات بتائے جائیں، حقائق سے آشنا کیا جائے اور ان میں ہماری تہذیب کی ہمہ گیری اور جامعیت پر فخر کا جذبہ پیدا ہو۔

اردو خالص ہندوستانی زبان ہے، یہ کسی کے ساتھ باہر سے نہیں آئی۔ یہ دہلی کے گردونواح میں پیدا ہوئی۔ گریرسن کا خیال ہے کہ یہ ہریانی سے وجود میں آئی، چٹرجی کے نزدیک کھڑی بولی سے، بلاک مشہور فرانسیسی ماہر لسانیات کا خیال یہ ہے کہ دونوں کی اصل یعنی شورسینی اپ بھرنش کی ایک شکل ہے، اس کی بنیاد آریائی ہے، اسے جو غذا ملی وہ مقامی بولیوں کے علاوہ ایک آریائی زبان فارسی سے ملی۔ اس کی قدیم شاعری جس میں صوفیوں کا بڑا ہاتھ تھا، بھاشا سے بہت متاثر ہے، اس میں شروع سے ایسے بڑے شاعروں کے نام ملتے ہیں جو ہندوستان کے شاعر ہیں اور ہندوستان کی فضا پیش کرتے ہیں۔

خسرو کے علاوہ اردو کے شعرا میں محمد قلی قطب شاہؔ، ولیؔ، شاہ حاتمؔ، میرؔ، سوداؔ، میر

حسنؔ، انشاؔ، نظیرؔ، انیس کو ہندوستان کے پس منظر میں دیکھا جاسکتا ہے۔ ان شعرا کے یہاں ہندوستان کے مناظر، رسم و رواج، طرز معاشرت، تاریخ، دیومالا، قصے کہانیاں، استعارات، علامات، سب کچھ ہیں۔ نظیرؔ اور انیسؔ تو ان شعرا میں سے ہیں جو باوجود مختلف ہوتے ہوئے ہندوستان کی تہذیب کے شاعر ہیں۔ نظیر کی نظموں میں اس تمدن اور معاشرت کی جھلک ہے جو مغلیہ سلطنت کا سب سے گراں قدر تحفہ ہے۔ انیس کے مرثیے عربی مزاج سے زیادہ لکھنوی تہذیب کے نمایندے ہیں۔ اس میں کوئی شک نہیں کہ اردو شاعری پر فارسی شاعری کا بہت گہرا اثر ہے لیکن انگریزی شاعری پر یونانی اور لاطینی کا اس سے بھی گہرا اثر ہے۔ اردو میں تقریباً تین چوتھائی الفاظ وہ ہیں جو یا تو مقامی ہیں یا بیرونی الفاظ ہیں، تبدیلی کر کے ان کو اپنا لیا گیا ہے۔ خالص بیرونی الفاظ یا تت سم کی تعداد نسبتاً بہت کم ہے۔

کہا جاتا ہے کہ آج بھی انگریزی میں ساٹھ فی صدی سے زیادہ الفاظ یونانی یا لاطینی نسبت کو ظاہر کرتے ہیں۔ مگر انگریزوں کو بھول کر بھی یہ خیال نہیں آتا کہ یہ بیرونی عنصر یک قلم خارج کر دینا چاہیے۔ ہمارے یہاں انیسویں صدی کے شروع میں انشاؔ نے اعلان کر دیا تھا کہ "ہر لفظ جو اردو میں مشہور ہو گیا۔ عربی ہو یا فارسی، ترکی ہو یا سریانی، پنجابی ہو یا پوربی، از روئے اصل صحیح ہو یا غلط، وہ لفظ اردو کا لفظ ہے۔ اگر اصل کے موافق مستعمل ہے تو بھی صحیح ہے اور اگر خلاف اصل مستعمل ہے تو بھی صحیح ہے۔ اس کی صحت و غلطی اردو کے استعمال پر موقوف ہے کیونکہ جو کچھ خلاف اردو ہے، غلط ہے۔ گو اصل میں صحیح ہو اور جو کچھ موافق اردو ہے صحیح ہے گو اصل میں صحت نہ رکھتا ہو۔ یہ اردو کے آزاد اور خود مختار ہونے کا اعلان ہے۔ اردو ادب کی تاریخ اس بات کی شاہد ہے کہ ہمارے شاعروں اور ادیبوں نے زبان کی اس خصوصیت کا لحاظ رکھا ہے اور جن لوگوں نے نہیں

رکھا ان کو جلد یا بدیر سخت سزا دی ہے۔ ناسخؔ، دبیرؔ اور ایسے دوسرے شعرا کی آج کیا ادبی منزلت ہے اور میرؔ، نظیرؔ، حالیؔ آج کس بلندی پر ہیں اس کے واضح کرنے کی ضرورت نہیں۔

یہ مختصر تمہید اس لیے ضروری تھی کہ ہم اردو کے ہندوستانی مزاج کو مان لیں۔ اس مزاج کی خاطر آزادؔ اور حالیؔ نے جدید شاعری کے اصول اور معیار متعین کیے اور آج جس سکے پر ان بزرگوں کی مہر نہیں اسے ٹکسال باہر کیا جاسکتا ہے۔

غدر سے پہلے اس ملک کے رہنے والوں کو اپنی غلامی کا احساس پیدا نہیں ہوا تھا۔ سیاسی غلامی نے ان میں آزادی کا جذبہ ابھارا، انھیں ایک قومی وحدت کا رشتہ سمجھایا، اپنے وطن سے ایک نئی محبت سکھائی، اپنے ماضی کو ایک نئے اور شاندار رنگ سے دیکھنا سکھایا اور اس کی یاد سے مدد لے کر ایک سنہرے مستقبل کا احساس دلایا۔ چنانچہ کچھ لوگ غزلوں کی دنیا میں مست رہے مگر ان کے عاشقان پاک طینت نے عشق اور زندگی کا ایک نیا تصور دیا۔ اس کے اثر سے حالی کی مثنوی، حب وطن، اسمٰعیل کی ہندوستانی نظمیں، شوق قدوائی کی منظر نگاری، اکبر کی طنزیات، وحید الدین سلیم کے پرجوش نغمے لکھے گئے۔ یہاں تک کہ اردو شاعری میں چکبستؔ اور اقبالؔ جیسے عاشق پیدا ہوئے۔ ایک نے وطن کی مشت خاک کے بدلے بہشت لینا بھی گوارا نہیں کیا، دوسرے نے خاک وطن کے ہر ذرے کو دیوتا سمجھا، کیا ہوا اگر اقبال نے جو شروع میں کہا تھا اسے بھلا دیا۔ اردو شاعری تو اسے نہیں بھلا سکتی۔

اودھ پنچ ہر نئی چیز کا مخالف تھا اور سرسید اور حالیؔ سے بہت پیچھے مگر وطن پرستی اور حریت پرستی میں کسی طرح کم نہ تھا۔ اکبر مشرقیت کے دلدادہ ہیں۔ مغربی تہذیب کو شبہ کی نظر سے دیکھتے ہیں، انھیں پوری یا چپاتی بسکٹ سے زیادہ عزیز ہے، وہ موم کی پتلیوں

کے قائل نہیں، انھیں چمن ہند کی پریاں عزیز ہیں۔ مس کے لونڈر کے مقابلے میں بیگم کے عطر حنا کے دلدادہ ہیں۔ وہ مغربی تعلیم کو بازاری اور اس عقل کو سرکاری کہتے ہیں۔ وہ مغربی سیاست کے حربوں کو سمجھتے ہیں کہ کس طرح جج بنا کر اچھے اچھوں کے دل لبھالے جاتے ہیں۔ مغربی سیاست پر ان کی یہ طنز دیکھئے،

سمجھا رہے تھے مجھ کو مکٹ کی وہ گردشیں
خود کر رہے تھے تاک کی ٹٹی میں سازشیں
نقشے میں دیکھتا تھا وہ پیتے تھے جام مئے
میں نے کہا حضور یہ مضمون عجیب ہے
ہیں خود تو مست بادہ عشرت کے خم سے آپ
الجھا رہے ہیں مجھ کو ستاروں کی دم سے آپ

اکبر نے اپنے اشعار میں متوسط طبقے کے اس نئے تعلیم یافتہ فرد کا خوب مذاق اڑایا ہے جو محض اپنے حلوے مانڈے سے کام رکھتا ہے، جو کلر کی کرتا ہے اور ڈبل روٹی کھاتا ہے۔ جن کی زندگی کا کارنامہ بی اے ہونا، نوکر ہوتا، پنشن پانا اور مر جانا ہے۔ اکبر کے اشعار سے ہندوستان میں اپنی چیزوں کی وقعت وعزت پیدا ہوئی۔ مغرب کا رعب کم ہوا، ہندوستان کی عظمت کا نقش دلوں پر قائم ہوا، وہ اگر مدخولہ گورنمنٹ نہ ہوتے تو گاندھی کی گوپیوں میں پائے جاتے، گاندھی نامہ جو حال میں شائع ہوا ہے، اس کا بین ثبوت ہے۔

پہلی جنگ عظیم میں اکبر اور شبلی دونوں سے حکومت ناراض تھی۔ اکبر کے اشعار کو باغیانہ سمجھا جاتا تھا اور شبلی کی نظم اس قدر خطرناک سمجھی گئی تھی کہ اگر وہ قید ہستی سے رہا نہ ہو جاتے تو قید فرنگ میں ہوتے،

اک جرمنی نے مجھ سے کہا از رہ غرور

آساں نہیں ہے فتح تو دشوار بھی نہیں
برطانیہ کی فوج ہے دس لاکھ سے کم
اور اس پہ لطف یہ ہے کہ تیار بھی نہیں
باقی رہا فرانس تو وہ رندلم یزل
آئیں شناس شیوۂ پیکار بھی نہیں
میں نے کہا غلط ہے تیرا دعویٰ غرور
دیوانہ تو نہیں ہے، تو ہشیار بھی نہیں
ہم لوگ اہل ہند ہیں جرمن سے دس گنے
تجھ کو تمیز اندک وبسیار بھی نہیں
سنتا رہا وہ غور سے میرا کلام اور
پھر وہ کہا جو لائق اظہار بھی نہیں
اس سادگی پہ کون نہ مر جائے اے خدا
لڑتے ہیں اور ہاتھ میں تلوار بھی نہیں

شبلی کی دور بیں نظریں انگریزوں کی سیاست کو بہت پہلے سمجھ چکی تھیں۔ ان کی نگاہوں کے سامنے علی گڑھ کی تحریک جو دراصل اردو میں عقلیت، سائنٹفک نقطۂ نظر اور عصر حاضر کی روح کو جذب کرنے کی تحریک تھی، سرکار پرستی اور مصلحت پسندی کا شکار ہو چکی تھی اور جس ادارے کو ہندوستان میں قرطبہ وبغداد کی یاد تازہ کرنی تھی وہ انگلستان کے پبلک اسکولوں کی ایک بھونڈی نقل ہو گیا تھا۔ علی گڑھ قوم کے لیے ذہنی غذا مہیا کرنے کے بجائے سرکاری دفتروں کے لیے چارہ مہیا کر رہا تھا۔ شبلی سرسید کی اس پالیسی کو آمد نہیں آورد کہتے تھے۔

سر سید نے مسلمانوں کو کانگریس سے اس وجہ سے الگ رکھنا چاہا تھا کہ تعلیمی ترقی زیادہ ضروری تھی۔ یہ بات سر سید کے زمانے میں صحیح ہو یا نہ ہو، سر سید کے جانشینوں کے زمانے میں غلط ہو چکی تھی مگر وہ اسی لکیر کو پیٹتے جا رہے تھے۔ شبلی نے جہاں ہماری زبان کی علمی تہی مائگی کو کم کیا اور بقول مہدی افادی کے "کل کی چھوکری کو اس قابل کر دیا کہ وہ دنیا کی بڑی ترقی یافتہ زبانوں سے آنکھیں ملا سکے۔" وہاں انھوں نے ملک کی ذہنی قیادت بھی کی۔ ان کے اثر سے محمد علی اور ابو الکلام آزاد اور سید سلیمان ندوی حریت پسندی کا پیغام لے کر آئے۔ ان کے ذریعہ سے ہمارا ادب زندگی کے مسائل کا ترجمان بھی بنا اور رہنما بھی۔

پہلی جنگ سے کچھ پہلے اردو ادب میں ادب لطیف کی تحریک شروع ہو چکی تھی۔ مخزن کا نیا احساس ایک رنگین حصار میں محدود ہو رہا تھا کہ ابو الکلام آزاد ہماری ادبی فضا میں داخل ہوئے اور انھوں نے اپنی آتش نفسی سے اردو نثر کو طوفان کا جوش اور پہاڑی چشموں کا جلال عطا کیا۔ ابو الکلام سے پہلے مذہب، سیاست، ادب سب کے خانے الگ الگ تھے۔ ابو الکلام نے مذہبی احساس کو سیاسی شعور اور سیاسی شعور کو ادبی رنگ دیا۔ الہلال نے ہندوستان کے مسلمانوں کی قیادت نوابوں، زمینداروں یا وفاداران ازلی سے چھین کر احرار کے ہاتھوں میں دے دی۔ یونیورسٹی کا مسئلہ ہو یا اصلاحات کا، عالم اسلام کا یا ہندوستانی سیاست کا۔ الہلال نے ان سب میں ایک وحدت پیدا کی۔ الہلال نے اردو نثر میں ایک مقدس سنجیدگی کو رواج دیا۔ اس نے ایشیا کو یورپ کی ذہنی غلامی سے آزاد کیا اور اس نئی مشرقیت کو جو شبلی کی تعلیم سے ابھری تھی عظمت اور استواری عطا کی۔

ابو الکلام کے بعد اردو ادب میں دوسری بڑی شخصیت محمد علی کی ہے۔ ابو الکلام نے ذہن کو آزاد کیا تھا۔ محمد علی نے دلوں کو، ابو الکلام بلندیوں کے ادیب ہیں، وہ زمین پر

مشکل سے قدم رکھتے ہیں۔ وہ زمین والوں اور عوام کے دلوں پر نہ پہنچ سکتے تھے، محمد علی کی جذباتی، پر خلوص اور رنگارنگ شخصیت میں زمین والوں کو بڑی کشش نظر آئی۔ محمد علی کے مضامین اور اشعار میں جو سوز و گداز، درد واثر ہے، وہ ان کی سیاسی زندگی کا مرہون منت ہے۔ محمد علی سے پہلے سیاست حقوق کی جنگ تھی جس میں خطرہ زیادہ نہ تھا۔ اب یہ قید و بند، دار و رسن، ظلم و جبر کے خلاف جہاد کی داستان بن گئی۔ محمد علی کئی دفعہ جیل خانے گئے اور انھوں نے اور ان کے ساتھیوں نے بڑی تکلیفیں اٹھائیں۔

اردو شاعری کی قدیم علامات، غازہ، حنا، خون جگر، ساقی و میخانہ تھیں۔ ہندوستان کی سیاسی جد و جہد، ترک موالات، تحریک خلافت، جلیاں والا باغ، رولٹ ایکٹ، جنرل ڈائر اور اصلاحات کی ایک اور قسط نے ان علامات کو ایک نیا مفہوم اور نئی زندگی دے دی۔ چکبست اور محمد علی نے انھیں جس طرح برتا ہے کسی اور نے نہیں۔ محمد علی کے یہاں حسن و عشق بھی کچھ بدلے ہوئے سے ہیں۔ ان کے حسن کے تصور میں آزادی کی دیوی کی چھوٹ صاف دکھائی دیتی ہے اور ان کے عشق میں جنگ آزادی کے سپاہی کی آن بان شامل ہے۔

دور حیات آئے گا قاتل قضا کے بعد

ہے ابتدا ہماری تری انتہا کے بعد

تجھ سے مقابلے کی کسے تاب ہے ولے

میرا لہو بھی خوب ہے تیری حنا کے بعد

گر بوئے گل نہیں نہ سہی یاد گل تو ہے

صیاد لاکھ رکھے قفس کو چمن سے دور

کیا عشق ناتمام کی بتلاؤں سرگذشت

دار و رسن کا اور ابھی انتظار دیکھ

خوگر جور یہ تھوڑی سی جفا اور سہی

اس قدر ظلم پہ موقوف ہے کیا اور سہی

خاک جینا ہے اگر موت سے ڈرنا ہے یہی

ہوس زیست ہو اس درجہ تو مرنا ہے یہی

اور کس وضع کی جویاں ہیں عروسانِ بہشت

ہے کفن سرخ، شہیدوں کا سنورنا ہے یہی

یوں قید سے چھٹنے کی خوشی کس کو نہ ہو گی

پر تیرے اسیروں کی دعا اور ہی کچھ ہے

طبع آزاد اسیری میں بھی پابند نہ تھا

قید میں ہم نے اٹھائے ہیں رہائی کے مزے

جوہر

ہندوستان کی آزادی کی جدوجہد گاندھی اور علی برادران سے پہلے ایک صلح پسند، معتدل، اصلاحی تحریک تھی۔ عوام سے اسے گہرا تعلق نہ تھا۔ عوام سے تعلق، سیاسی زندگی کی تلخیوں اور ناکامیوں اور انقلابی حالات نے شاعری کو ایک نئے عشق سے معمور کر دیا۔ محمد علی کے یہاں شہید وطن کی خوں چکاں کفن کی بناؤ ہے۔ چکبست کے یہاں شروع میں لبرل تحریک کا اثر ہے مگر آخر میں ترک موالات نے ان کے یہاں یہ کیفیت پیدا کر دی،

ابھرنے نہیں دیتی یہاں بے مائگی دل کی

نہیں تو کون قطرہ ہے جو دریا ہو نہیں سکتا

اب کی تو شام غم کی سیاہی کچھ اور ہے
منظور ہے تجھے مرے پروردگار کیا
جس کی قفس میں آنکھ کھلی ہو مری طرح
اس کے لیے چمن کی خزاں کیا بہار کیا
ایک ساغر بھی عنایت نہ ہوا یاد رہے
ساقیا جاتے ہیں محفل تری آباد رہے
رہے گی آب و ہوا میں خیال کی بجلی
یہ مشت خاک ہے خالی رہے رہے نہ رہے
جو مانگنا ہے ابھی مانگ لو وطن کے لیے
لہو میں پھر یہ روانی رہے رہے نہ رہے
یہ کیسی بزم ہے اور کیسے اس کے ساقی ہیں
شراب ہاتھ میں ہے اور پلا نہیں سکتے

چکبست نے محبان وطن گوکھلے، تلک، مسز بیسنٹ وغیرہ پر جو نظمیں لکھیں ہیں وہ ہماری اردو شاعری کا ایک غیر فانی سرمایہ ہے۔ اس زمانے میں در اصل ہماری قومی شاعری وجود میں آتی ہے۔ جنگ کے بعد ہندوستان کے اس سرے سے اس سرے تک جو نظمیں لکھی گئیں، جو گیت گائے گئے، جو مضامین شائع ہوئے، جو کتابیں چھپیں، ان میں اردو شاعروں اور ادیبوں کا کارنامہ نہایت وقیع اور مہتم بالشان ہے۔ اس کے اثر سے شمالی ہند میں بچوں، جوانوں اور بوڑھوں سب کے دل میں وطن کی محبت اور آزادی کا تخیل راسخ ہوا اور یہ نقش پھر کسی طرح زایل نہ ہو سکا۔

اس تحریک نے اقبال سے خضر راہ میں مغربی جمہوریت پر طنز لکھوائی۔ اس نے پریم

چند کو روحانیت، ہندوستان کے ماضی اور راجپوت تاریخ سے نکال کر زندگی، دیہات کے مناظر اور ہندوستان کی روح تک پہنچایا۔ یہاں تک کہ پریم چند کی کہانیاں اور ناول پہلی جنگ کے بعد سے ہماری سیاسی تحریک کی تاریخ بن گئی ہیں۔ پریم چند نے یوں تو سوز وطن سے لبریز کہانیاں جنگ عظیم سے پہلی ہی لکھی تھیں۔ مگر پریم چند کے فن کو حقیقت نگاری اسی تحریک نے سکھادی۔ یہاں تک کہ اردو افسانے کو رومان سے حقیقت، خواب سے بیداری اور نشہ سے ترشی کی طرف لانے میں پریم چند کی اولیت اور ابدیت مسلم ہو جاتی ہے۔

جدید اردو نثر میں دو سب سے بڑے نام حالی اور پریم چند کے ہیں۔ دونوں کے یہاں حب وطن کا ایک گہرا احساس ہے۔ دونوں محدود وطینت کے بجائے انسانیت کا ایک تصور رکھتے ہیں۔ دونوں کے یہاں خدمت عبادت ہے۔ مگر پریم چند کے ہاتھوں ناول اور افسانے ہندوستان کے دھڑکتے ہوئے دل کی آواز بن جاتے ہیں۔ یہاں ارتعاش رنگیں اور آشوب خیال والا حسن و عشق نہیں، زندگی، انسانیت، سماجی مقاصد، معاشرتی اصلاح، قومی عروج اور آزاد روح کا حسن ہے۔ پریم چند کی پیروی میں ہمارے افسانہ نگاروں نے غلامی کے خلاف نفرت پیدا کی ہے، آزادی کا ولولہ پیدا کیا ہے، مغربی سیاست کی قلعی کھولی ہے۔ ہندوستان کے باشندوں کو قومی مقاصد کے یکجا ہونے کا سبق پڑھایا ہے۔ ابھی تک آزادی کا کوئی واضح تصور ہمارے سامنے نہ تھا۔ فرد کی آزادی، تحریر و تقریر کی آزادی، مساوات غرض وہ تمام چیزیں جو ایک نئے اور بہتر سماج کی بنیاد ڈالنے کے لیے ضروری ہیں، ترقی پسند تحریک کے ذریعہ سے سامنے آئیں اور ترقی پسند تحریک کو ہمارے ادب کی سب سے بڑی تحریک بنانے میں پریم چند کا بہت بڑا حصہ ہے۔

پریم چند پہلے اردو میں لکھتے تھے پھر ہندی میں لکھنے لگے مگر ان کا سارا لٹریچر ہمارا

مشترکہ قومی سرمایہ ہے اور اس سرمائے میں مہاتما گاندھی اور ٹالسٹائے کے تصوارت کی عظمت اور بھگت سنگھ جیسے شہیدان وطن کے خون کی رنگینی ہے۔ پریم چند کے بعد اعظم کریوی، علی عباس حسینی، مجیب، بیدی، کرشن چندر، اختر اورینوی، اختر انصاری، احمد عباس وغیرہ نے اپنے افسانوں کے ذریعہ سے آزادی کے تصور کو پھیلایا ہے۔ ہندوستان کی آزادی کی جدوجہد کو مضبوط کیا ہے۔ آزادی کو سرمایہ داروں کی آزادی کے بجائے عوام کی آزادی بنانا چاہا ہے اور آزاد ہندوستان کے لیے بعض اقتصادی، سماجی اور تہذیبی ضروریات کی طرف اشارہ کیا ہے۔

بیسویں صدی کا اردو ادب محض آزادی کے جذبے کی عکاسی پر قانع نہیں رہا۔ اس نے سماج کی رہنمائی کا کام اپنے ذمہ لے لیا۔ اقبال نے خضر راہ کے ذریعہ سے اردو میں سب سے پہلے مزدوروں کو ایک نئے دور کا پیغام سنایا اور آفتاب تازہ کے خیر مقدم کے لیے تیار کیا۔ قاضی نذر الاسلام کی نظموں کے ترجمے نے اس آفتاب تازہ کے جلوؤں کو بے نقاب کیا۔ ٹیگور کے تراجم سے ایک لطیف و نازک احساس کی تربیت ہوئی تھی، افسر میرٹھی، سیماب، ساغر، حفیظ نے گیتوں اور ہلکی پھلکی نظموں کے ذریعے سے وطن کی محبت کو عشق بنایا تھا اور اس عشق کی خاطر موت کو زندگی کہا تھا، مگر نذر الاسلام نے جذبے کو جوش اور جوش کو طوفان بنا دیا۔

اقبال اور نذر الاسلام کے بعد ہماری ادبی محفل میں جوشؔ کا ورود ہوا۔ یہ شاعر شباب کی حیثیت سے پہلے ہی مشہور تھے، ماحول کا تقاضا اور ان کی شخصیت کی افتاد انھیں انقلاب کی طرف لے گئی۔ اقبال کی انقلابی شاعری ایک عالمگیر انسانیت کے تخیل اور اس تخیل کی خالص اسلامی تعبیر کی وجہ سے ہندوستان کے دل کو زیادہ نہ گرما سکی مگر جوشؔ کی انقلابی شاعری تمام تر ہندوستانی ہے۔ نعرہ شباب میں وہ مذاہب کے اس انقلاب کو جو قومیت کے

تصور میں حارج ہوتا ہے، اس طرح غالب کرتے ہیں،

تیرے جھوٹے کفر وایماں کو مٹا ڈالوں گا میں
ہڈیاں اس کفر وایماں کی چبا ڈالوں گا میں
اک نئے مذہب کی لکھوں گا کتاب زرفشاں
ثبت ہوگا جس کے زریں نام پر ہندوستاں

ان کی نظموں میں آزادی کی بڑی حسین ورنگین تصویریں ملتی ہیں۔ وہ آزادی کے ایک لمحے کو غلامی کی حیات جاوداں سے بہتر سمجھتے ہیں۔ بغاوت میں وہ لوگوں کو اس طرح غیرت دلاتے ہیں،

اے جواں مردو! خدارا باندھ لو سر سے کفن
سر برہنہ پھر رہی ہے غیرتِ قومِ وطن
پاؤں میں تاچند زنجیر غلامی کی خراش
صرف اک جنبش ابھی ہوتی ہیں کڑیاں پاش پاش

آثار انقلاب اور شکست زنداں کا خواب میں وہ مستی گفتار کے بجائے مستی کردار کا پیام دیتے ہیں۔ یہ نظم ۱۹۴۲ء سے پہلے لکھی گئی تھی مگر ۱۹۴۲ء میں اس خواب کی تعبیر اور اس قول کا عمل واضح ہوا۔ شاعر اور ادیب بعض اوقات جو نقش بناتے ہیں، زندگی اور سیاست وہاں تک بڑی دیر میں پہنچ پاتی ہے،

کیا ہند کا زنداں کانپ رہا ہے گونج رہی ہیں تکبیریں
اکتائے ہیں شاید کچھ قیدی اور توڑ رہے ہیں زنجیریں
بھوکوں کی نظر میں بجلی ہے توپوں کے دہانے ٹھنڈے ہیں
تقدیر کے لب کو جنبش ہے دم توڑ رہی ہیں تدبیریں

سنبھلو کہ وہ زنداں گونج اٹھا، جھپٹو کہ وہ قیدی چھوٹ گئے
اٹھو کہ وہ بیٹھیں دیواریں دوڑو کہ وہ ٹوٹیں زنجیریں

شاعری اور ادب کے لیے یہ ضروری نہیں کہ وہ وقتی سیاست کے اشاروں پر چلے اور سیاسی تحریکوں کے ہر پیچ و خم کا ساتھ دے۔ شاعر لیڈر نہیں ہوتا، وہ ہر واقعہ کو انقلاب اور ہر موج کو طوفان نہیں بنا سکتا۔ وہ طوفان و انقلاب کے لئے فضا تیار کرتا ہے۔ وہ دلوں کی ان گہرائیوں میں اترتا ہے جہاں آرزوئیں کروٹ لیتی ہیں اور ان تاریک گوشوں میں ایک بڑے نصب العین کی شمع جلاتا ہے۔ یہ شمع جب ایک دفعہ جل گئی تو گل نہیں ہوتی، یہ بنیادیں ایک دفعہ استوار ہو گئیں تو کوئی آندھی انھیں مسمار نہیں کر سکتی۔ اس لیے شاعر اور ادیب کے لیے ضروری نہیں کہ ہر سیاسی واقعے پر نظم لکھے اور ہر نئے قدم کو ابدی ٹھہرائے۔ مگر ہندوستان کے اس انقلابی دور نے جب ادبی تخلیق کی انسانی فلاح و بہبود، تہذیبی ترقی، ذہنی عظمت سب کچھ سیاسی آزادی کے ساتھ وابستہ ہیں۔

شاعروں میں سپاہیانہ رنگ اور مجاہدانہ اسپرٹ، سیاسی شعور، ادبی نقطۂ نظر سے بھی ضروری ہو جاتا ہے۔ جوش اس سپاہیانہ رنگ کے شاعر ہیں۔ میں نے کتنے ہی سیاسی جلسوں میں ان کی مشہور نظم "ایسٹ انڈیا کمپنی کے فرزندوں سے" سنی ہے اور دیکھا ہے کہ بڑی بڑی تقریروں سے جو ممکن نہ تھا وہ اس نظم نے کر دکھایا۔ یہ نظم بڑا ادبی کارنامہ نہیں لیکن اس بات کا بہت بڑا ثبوت ہے کہ اردو کا شاعر دوسری جنگ عظیم کے دوران میں کہاں تھا اور کیا کہہ رہا تھا،

اپنے ظلم بے نہایت کا فسانہ یاد ہے
کمپنی کا پھر وہ دورِ مجرمانہ یاد ہے
لوٹتے پھرتے تھے تم جب کارواں در کارواں

سر برہنہ پھر رہی تھی دولتِ ہندوستاں
ہجرت سلطانِ دہلی کا سماں بھی یاد ہے
شیر دل ٹیپو کی خونیں داستاں بھی یاد ہے
اک کہانی وقت لکھے گا نئے مضمون کی
جس کی سرخی کو ضرورت ہے تمہارے خون کی

جوشؔ کے اثر سے نئے شاعر بزم کو چھوڑ کر رزم کے مردِ میدان بن گئے۔ مجازؔ کے مجموعے آہنگ کا سر عنوان یہ شعر ہے۔

دیکھ شمشیر ہے یہ، ساز ہے یہ، جام ہے یہ
تو جو شمشیر اٹھا لے بڑا کام ہے یہ

اندھیری رات کا مسافر، انقلاب، بدیسی مہمان سے، جلا وطن کی واپسی نے مجازؔ کو بزم خوباں سے نکال کر مجاہدین وطن کی صف میں کھڑا کر دیا۔ نئے شاعروں میں روشؔ، احسان دانشؔ، فراقؔ، ملاؔ، فیضؔ، جذبیؔ، مخدوم محی الدینؔ، سردار جعفری، شمیم کرہانیؔ، علی جواد زیدی،ؔ جاں نثار اخترؔ، اختر انصاریؔ کے کلام میں آزادی کی جنگ ایک خوش آیند رومانی تصور کے بجائے زندگی کا ایک مقدس فریضہ بن گئی ہے۔ اردو شاعری میں قنوطیت، فرار، مردم بیزاری کی جو لے ایک طرح سے چلی آ رہی تھی، اسے ان شعرا نے بدل کر دنیا کو جنت بنانے اور انسانیت کو تہذیب سکھانے کے لیے استعمال کیا۔ یہ ایک حیرت انگیز بات ہے کہ ہماری سیاست میں علیحدگی، انتشار، افتراق اور دوئی کی جو لہر تھی، اردو کے شعرا نے اسے مجموعی طور پر منہ نہیں لگایا۔ اقبال کی شاعری میں زیادہ مؤثر خطاب مسلمانوں سے ہے مگر وہاں بھی انسانیت کا ایک بلند تصور ہے جسے اسلامی جذبات اور اسلامی لباس دیا گیا ہے۔ اقبال وطن پرستی کے محدود تصور سے نکل کر وطن دوستی کا نعرہ

بلند کرتے ہیں اور مرنے سے دو سال پہلے خدا سے کہتے ہیں،

میں بندۂ ناداں ہوں مگر شکر ہے تیرا
رکھتا ہوں نہاں خانہ لاہوت سے پیوند
اک ولولۂ تازہ دیا میں نے دلوں کو
لاہور سے تا خاک بخارا و سمرقند
لیکن مجھے پیدا کیا اس دیس میں تو نے
جس دیس کے بندے ہیں غلامی پہ رضامند

ان کی ایک اور نظم شعاع امید میں ہندوستان کی عظمت کا تذکرہ دیکھیے،

اک شوخ کرن شوخ مثال نگہ حور
آرام سے فارغ صفت جوہر سیماب
بولی کہ مجھے رخصت تنویر عطا ہو
جب تک نہ ہو مشرق کا ہر اک ذرہ جہاں تاب
چھوڑوں گی نہ میں ہند کی تاریک فضا کو
جب تک نہ اٹھیں خاک سے مردان گراں خواب
خاور کی امیدوں کا یہی خاک ہے مرکز
اقبال کے اشکوں سے یہی خاک ہے سیراب
اس خاک سے اٹھے ہیں وہ غواص معانی
جن کے لیے ہر بحر پر آشوب ہے پایاب

اقبال کے بہت سے پیروان کے کلام کو غلط معنی پہناتے ہیں۔ وہ جو دنیا بسانا چاہتے ہیں، اس میں ماضی کی اچھی قدروں کا احساس تھا مگر ماضی پرستی نہ تھی۔ خود کہتے ہیں،

کریں گے اہل نظر تازہ بستیاں آباد
مری نگاہ نہیں سوئے کوفہ و بغداد

اردو کے شاعر اور ادیب بحیثیت مجموعی ہندوستان کی آزادی کی تحریک میں نہ صرف شریک بلکہ پیش پیش رہے تھے۔ ہماری سیاسی تحریک کی ہر منزل اور ہر مرحلے کی ادبی تصویریں موجود ہیں۔ لیکن لبرل نقطۂ نظر چکبست کے یہاں، انقلاب اور آزادی کے نعرے جوش کے یہاں، آزادی کو سب کے لیے عام کرنے اور نچلے طبقے تک پہنچانے کا جذبہ ترقی پسند شعرا کے یہاں، اور قید و بند، دار و رسن، مرنے مارنے کی داستان، جوہرؔ، حسرتؔ، سردار جعفریؔ، شمیم کرہانیؔ کے یہاں ملتی ہے۔

روشن اندھیرا شمیم کرہانی کی ان نظموں کا مجموعہ ہے جن میں ۱۹۴۲ء کی جنگ آزادی کا عکس ہے اور نئی دنیا کو سلام میں ایک وطن کا سپاہی اپنے ہونے والے بچے کو اپنا ادھورا کام ختم کرنے کی تلقین کرتا ہے۔ پریم چند نے "میدان عمل" میں سول نافرمانی کے دور کی روح کھینچ دی ہے اور ہمارے افسانہ نگاروں نے تو اس کا کوئی پہلو چھوڑا ہی نہیں۔ انھوں نے آزادی کے جذبے کو سب کے لیے نوائے سینہ تاب بنایا۔ ان کے نفس سے یہ چنگاری شعلہ بن گئی ہے۔ وہ محض جذباتی طور پر آزادی کا ترانہ نہیں گاتے۔ اس آزادی کا ایک صحت مند اور ترقی پسند تصور بھی رکھتے ہیں۔ آج ہندوستان کی آزادی کے بعد یہ خطرہ پیدا ہو گیا ہے کہ آزادی کی لڑائی لڑنے والے آزادی کے تصور میں ایک ہی رنگ بھریں اور ہندوستان کی تہذیب و معاشرت نے صدیوں کے ارتقا کے بعد جو رنگارنگی، جامعیت اور ہمہ گیری پیدا کی ہے اسے فراموش کر دیں۔ اردو کے ادیب اس رنگارنگی، جامعیت کو ایک بڑی تہذیبی دولت سمجھتے ہیں اور اسے قائم رکھنا چاہتے ہیں۔ اس سے یہ مطلب نہیں لینا چاہیے کہ وہ ہندوستان کی قومی زندگی میں وحدت کے خلاف

ہیں۔

اردو کا ادیب موحد ہوتا ہے مشرک نہیں ہوتا۔ وہ ایک بنیادی وحدت کا قائل ہے مگر اس وحدت کے رنگارنگ مظاہرے سے شرماتا نہیں۔ گذشتہ سال اس ملک میں نفرت کے جو حیرت انگیز مظاہرے ہوئے ہیں اور فسادات کی وجہ سے جو انسانیت سوز مناظر دیکھنے میں آئے ہیں، ان کے خلاف سب سے پرزور آواز اردو کے افسانہ نگاروں اور شاعروں کی ہے۔ کرشن چندر نے "ہم وحشی ہیں" اور دوسرے افسانوں میں مذہب کے نام پر انسانوں کا خون بہانے کے خلاف جنگ کر کے ادب اور انسانیت دونوں پر احسان کیا ہے۔ یہ آواز بعض لوگوں کو کمزور معلوم ہوتی ہے۔ لیکن نفرت، تعصب اور بربریت کی فضا میں توازن، عقلیت، مساوات اور رواداری کا ترانہ ہمیشہ شروع میں کمزور معلوم ہوتا ہے مگر چونکہ یہ انسانیت کی آواز ہے اس لیے جلد یا بدیر اس کے پیچھے لوگ اس طرح ہو لیں گے جس طرح کوہ ندا کی آواز پر لبیک کہتے تھے۔ جب کبھی گذشتہ سو برس کی ذہنی تاریخ مرتب کی جائے گی تو اردو کے ادیبوں اور شاعروں کا کارنامہ زریں حروف سے درج ہوگا کیونکہ انھوں نے غلاموں کو آزادی کا احساس دلایا اور آزادی کو انسانیت اور تہذیب کی جنت بنانے پر اصرار کیا۔

***

غزل کا فن

غزل کے سلسلے میں پہلے اپنے دو شعر پڑھنے کی اجازت چاہتا ہوں۔

غزل میں ذات بھی ہے اور کائنات بھی ہے
ہمارے بات بھی ہے اور تمہاری بات بھی ہے
سرور اس کے اشارے داستانوں پر بھی بھاری ہیں
غزل میں جوہرِ اربابِ فن کی آزمایش ہے

یعنی غزل میں ذاتی واردات کا بیان تو ہے ہی اس کے ساتھ کائنات بھی ذات کے حوالے سے موجود ہے۔ اس کے علاوہ غزل کا آرٹ اشاروں کا آرٹ ہے اور یہ اشارے بڑی بڑی داستانوں کو اپنے اندر سموے ہوئے ہیں۔

غزل کی بے پناہ مقبولیت کی وجہ سے کچھ لوگ اس حقیقت سے چشم پوشی کرنے لگے ہیں کہ غزل ساری شاعری نہیں ہے اور نہ غزل کو ساری شاعری کی آبرو کہہ کر دل خوش کر لینا مناسب ہے۔ ہاں یہ ضرور ہے کہ غزل ہماری شاعری کی ایک اہم اور قابل قدر صنف ہے اور ہر دور میں زندگی کے حقائق کی عکاسی اپنے مخصوص انداز اور اسلوب میں کرتی رہی ہے۔ اسی اسلوب کو تغزل کہا گیا ہے۔

غزل فن یا آرٹ ہے بھی یا نہیں، اس پہلو پر بھی بحث ہوئی ہے۔ حالی تو صنف غزل کے خلاف ہرگز نہیں تھے۔ وہ غزل میں اصلاح چاہتے تھے اور یہ اصلاح غزل کے موضوعات کے دائرے میں تھی۔ غزل کی ساخت اور ہیئت پر انھیں کوئی اعتراض نہیں

تھا مگر غزل کی ہیئت اور ساخت پر وحید الدین سلیم، عظمت اللہ خاں، جوش ملیح آبادی اور کلیم الدین احمد کے اعتراضات بنیادی ہیں۔ ان لوگوں کا اعتراض غزل کی ریزہ خیالی اور ریزہ کاری پر ہے۔ ان کے نزدیک ہر فن پارے میں مضمون کا تسلسل ضروری ہے اور ابتداء وسط اور تکمیل کا احساس بھی۔ غزل چونکہ منفرد اشعار کا ایک گلدستہ ہے اور اس کے فارم میں بھی ربط و تسلسل کی شرط نہیں ہے، اس لیے ان حضرات کے نزدیک غزل بے وقت کی راگنی ہے یا بقول کلیم الدین احمد نیم وحشیانہ شاعری۔

عظمت اللہ خاں نے تو یہاں تک کہہ دیا تھا کہ اردو شاعری کی ترقی صرف اس صورت میں ہو سکتی ہے کہ غزل کی گردن بے تکلف ماردی جائے۔ اس کے جواب میں ابواللیث صدیقی اور دوسرے حضرات نے غزل کے اشعار میں تسلسل تلاش کرنے کی سعی کی تھی۔ اس سلسلے میں حامد حسن قادری کا رویہ زیادہ دیانت داری پر مبنی تھا۔ انھوں نے کہا تھا کہ غزل کے اشعار میں تسلسل قطعی ضروری نہیں ہے۔ غزل میں وحدت خیال کا سوال ہی نہیں ہے، ہاں وحدت تاثر ہو بھی سکتی ہے اور نہیں بھی۔ غزل کے حامیوں نے فن کے فطری نظریے سے متاثر ہو کر ہائیکو سے اس کا قرب دریافت کیا مگر ہائیکو میں دو مختلف تصویریں بالآخر ایک تیسرے نقش کے ذریعہ سے ایک مجموعی تاثر پیش کرتی ہیں۔

غزل کے سلسلے میں یہ بات تسلیم کر لینی چاہیے کہ مغربی نظریۂ فن کے مطابق یہ فن پارہ ہو یا نہ ہو، مشرقی نظریۂ فن کے مطابق یہ بھی فن کا ایک روپ ہے اور اس میں بحر، قافیے اور ردیف کے ذریعہ سے ذہن کی ایک خاص رو، کیفیات کے ایک خاص آہنگ، جذبات کی ایک خاص لے، ایک مخصوص فضا کی آئینہ بندی کی جاتی ہے۔ بحر ایک بساط عطا کرتی ہے۔ قافیہ اس بساط کی سطح پر تکرار اور توقع کے اصول کو ملحوظ رکھتے ہوئے

ذہن کو ایک روشنی اور روح کو ایک بالیدگی عطا کرتی ہے اور ردیف حالت یا زمانے یا شرط کے ذریعہ سے اسے چستی اور چابک دستی عطا کرتی ہے۔ پہلے اس پر غور کیجئے کہ غزل میں مطلع کیوں ہوتا ہے یعنی شعر کے دونوں مصرعوں میں قافیے کا استعمال کیوں ضروری ہے۔ میر کی مشہور غزل کے مطلع کو ذہن میں رکھیے۔

الٹی ہو گئیں سب تدبیریں، کچھ نہ دوا نے کام کیا
دیکھا اس بیماری دل نے آخر کام تمام کیا

اگر غزل مطلع سے شروع نہ ہو تو سننے والے یا پڑھنے والے کے ذہن کی تربیت ان خطوط پر نہیں ہو سکتی ہے جو غزل کا خاصہ ہیں۔ اس لیے قدما نے غزل کے لیے مطلع کی شرط لگائی ہے، خواہ یہ کمزور ہی کیوں ہوں۔ دوسری بات یہ ہے کہ اگر چہ بہت سے اساتذہ نے کئی مطلعوں کی غزل کہی ہے مگر یہ قطعی ضروری نہیں ہے کیونکہ پہلے مطلع کے بعد وہ صوتی نظام اور وہ موسیقی جو غزل کے ساتھ مخصوص ہے، سننے والے یا پڑھنے والے کے ذہن میں بس جاتی ہے۔ اس کے بعد دوسرے مصرعے کا قافیہ اس رو کو آگے بڑھانے کے لیے کافی ہے۔ وحید الدین سلیم اور دوسرے نقادوں نے اس بات پر زور دیا ہے کہ غزل کا شاعر قافیے کا غلام ہوتا ہے۔ وہ خیال کے مطابق قافیہ نہیں لاتا بلکہ قافیے کے مطابق خیال لاتا ہے۔ یہ بات بھی جزوی صداقت رکھتی ہے۔

بات یہ ہے کہ اساتذہ کی غزل زیادہ طویل نہیں ہوتی پھر اردو میں عربی کی طرح قوافی کافی تعداد میں مل جاتے ہیں اس لیے اچھا شاعر ہر قافیہ نظم نہیں کرتا بلکہ اپنے خیال کے مطابق قافیے کا انتخاب کرتا ہے۔ اسیر لکھنوی کے متعلق کہا گیا ہے کہ وہ ہر قافیہ نظم کرنے کی کوشش کرتے تھے اور وجہ یہ دیتے تھے کہ شاید کسی وقت سند کی ضرورت پڑ جائے۔ یہ لغت نویسی کے لیے مفید ہو تو ہو شاعری کے لیے قطعی ضروری ہے۔ چنانچہ

قافیہ غزل کے فن میں بحر کے بعد مرکزی اہمیت رکھتا ہے مگر ہر قافیہ نظم کرنا غزل کے آداب کے منافی ہے۔

جہاں تک ردیف کا تعلق ہے، ردیف تین یا چار لفظوں سے زیادہ پر مشتمل نہیں ہونی چاہیے۔ شاہ نصیر کی غزلوں کو اسی لیے غزل کی شریعت میں کوئی اچھی جگہ نہیں دی گئی۔ بعض جدید شعرا کے یہاں لمبی ردیفیں، مثلاً منیر نیازی کے یہاں "تو میں نے دیکھا" یا جاں نثار کے یہاں "ہم نہ کہتے تھے" فضابندی کے لحاظ سے گوارا ہیں مگر ردیف کو آدھے یا پونے مصرعے تک پھیلانا نہیں چاہیے۔

کہا جاتا ہے کہ روشنی کی رفتار ہموار بھی ہوتی ہے اور جست کی صورت میں بھی۔ غزل اس دوسری صورت کو اختیار کرتی ہے۔ فراق نے جب غزل کو انتہاؤں کا سلسلہ کہا تھا تو اسی معنی میں اور اس سے یہ بات بھی نکلتی ہے غزل کے سب اشعار یکساں معیار کے یا یکساں بلند نہیں ہوتے۔ اچھی غزلوں کا انتخاب اور چیز ہے اور غزل کے منتخب اشعار کا معاملہ دوسرا ہے۔ میر جیسے خدائے سخن کی غزلوں میں بھی بلند و پست کے نمونے ملیں گے۔ اس کی نفسیاتی توجیہ یہ کی جا سکتی ہے کہ بجلی جو کچھ وقفے سے چمکتی ہے زیادہ متاثر کرتی ہے۔ بھرتی کے اشعار غزل کے فن میں جائز ہیں۔ ان سے ہو کر ہی حالی کے الفاظ میں "حیرت ناک جلوؤں" پر نظر پڑتی ہے۔

غزل بہرحال زخمی غزال کی آہ یا تیر نیم کش یا محبوب سے بات کرنے کا نام ہے یعنی یہ عشقیہ اور غنائی شاعری ہے لیکن یہ عشق حقیقی بھی ہو سکتا ہے اور مجازی بھی۔ خدا سے بھی محبوب سے بھی، کسی عقیدے یا کسی مسلک سے بھی یعنی مسئلہ نظارے کا نہیں کا نظر کا ہے۔ حسن کی مصوری بذات خود اہم نہیں، عاشق کے جذبے کی گرمی، سوز و گداز، کیفیت اور لطافت اہم ہے۔ غزل میں معاملہ بندی کو اہمیت دی گئی ہے اور جرأت اور

مومن کی معاملہ بندی کو سراہا بھی گیا ہے مگر ہمیں میر کی یہ بات یاد رکھنی چاہیے جو انھوں نے جرأت سے کہی تھی کہ "میاں! تم شعر کہنا کیا جانو۔ اپنی چوما چاٹی کہہ لیا کرو۔" غزل میں معاملات کا کھلا کھلا بیان مستحسن نہیں۔ یہاں جنس اک شعلہ نہیں، جنس کی آنچ کافی ہے اور وہ بھی رمز و ایما کے سہارے۔ اس لیے غالب کا یہ شعر غزل کا شعر ہے،

اسد بند قبائے یار ہے فردوس کا غنچہ
اگر وا ہو تو دکھلا دوں کہ اک عالم گلستاں ہے

اور یہ شعر اگرچہ مشہور ہے مگر غزل کا اچھا شعر نہیں، اسی لیے لوگ صرف دوسرا مصرعہ پڑھتے ہیں،

آنکھیں دکھلاتے ہو، جوبن تو دکھاؤ صاحب
وہ الگ باندھ کے رکھا ہے جو مال اچھا ہے

غزل اگرچہ مسلسل اشعار کا مجموعہ نہیں، متفرق اشعار کا گلدستہ ہے مگر قدما کے یہاں اکثر قطعہ بند اشعار ملتے ہیں۔ میر اور غالب کے یہاں ایسی قطعہ بند غزلوں کی تعداد خاصی ہے۔ اساتذہ کے یہاں اگرچہ دو غزلے بلکہ سہ غزلے بھی ملتے ہیں مگر طویل غزلیں کم ہیں۔ یہ اس کا ثبوت ہے کہ طویل غزل مستحسن نہیں کیونکہ ان میں قافیہ پیمائی زیادہ ہو جاتی ہے۔ معنی آفرینی کی گنجائش کم ہی نکل پاتی ہے۔ ایک مثالی غزل میں مطلع کے ساتھ مقطع بھی ضروری ہے اور یہاں شاعر کو بڑی آزادی ہے۔ اس میں شاعر تعلی بھی کر سکتا ہے، اپنے حالات بھی بیان کر سکتا ہے اور کوئی خاص واقعہ بھی نظم کر سکتا ہے۔ چند مثالیں ملاحظہ ہوں،

ریختے کے تمھیں استاد نہیں ہو غالبؔ
کہتے ہیں اگلے زمانے میں کوئی میر بھی تھا

غالبؔ گر اس سفر میں مجھے ساتھ لے چلیں
حج کا ثواب نذر کروں گا حضور کی

کوئی چھینٹا پڑے تو داغ کلکتے چلے جائیں
عظیم آباد میں ہم منتظر ساون کے بیٹھے ہیں

فانیؔ دکن میں آکے یہ عقدہ کھلا کہ ہم
ہندوستان میں رہتے ہیں ہندوستان سے دور

روز ہو جاتی ہے رویا میں زیارت حسرتؔ
آستانِ شہ رزاق ہے زنداں کے قریب

اردو غزل پر فارسی کا اثر بہت گہرا ہے مگر یہ فارسی کا چربہ نہیں۔ یہ ہندوستانی تہذیب کا ایک جلوۂ صد رنگ ہے۔ چنانچہ اس میں لوک گیتوں کی روایت، ہندوستان کے موسم، تیوہار، رسم ورواج، مجلسی اور تمدنی زندگی کے کتنے ہی نقوش محفوظ ہو گئے ہیں۔ یہ اشعار دیکھیے،

لپٹ جاتے ہیں وہ بجلی کے ڈر سے
الٰہی یہ گھٹا دو دن تو برسے

باغباں کلیاں ہوں ہلکے رنگ کی
بھیجنا ہیں ایک کمسن کے لیے

عجب عالم ہے موج برق کے پہلو میں بادل کا
تری الٹی ہوئی سی آستیں معلوم ہوتی ہے

ننگِ محفل مرا زندہ، مرا مردہ بھاری
کون اٹھاتا ہے مجھے، کون بٹھاتا ہے مجھے

نہ صید کماں میں ہے، نہ صیاد مکیں میں
گوشے میں قفس کے مجھے آرام بہت ہے

غزل میں ساحل، طوفان، بھنور، قفس، آشیاں، رند محتسب، صیاد کے تلازموں پر بہت سے اعتراضات کیے گئے ہیں۔ خواجہ منظور حسین نے اپنی کتاب اردو غزل کا خارجی روپ بہروپ میں واضح کیا ہے کہ ہماری سماجی اور سیاسی زندگی کے ہر موڑ اور ہر کروٹ کی تصویر ان تلازمات میں بھی مل جاتی ہے۔ فیض کی غزل میں زیادہ تر تلازمات، اشارت اور رموز پرانے ہیں مگر ان کے نئے مفاہیم ذہن فوراً قبول کر لیتا ہے۔ اس سے یہ بات واضح ہوتی ہے کہ دراصل رموز و ایما اور علائم کبھی پرانے نہیں ہوتے، ہاں ان کے استعمال میں کاری گری یا صناعی کے بجائے جذبے یا کیفیت کی کار فرمائی ہونی چاہیے۔ حالی نے مقدمے میں یہ صحیح مشورہ دیا تھا کہ اساتذہ کے کلام پر نظر ہونی چاہیے اور فیض نے اپنی تنقیدوں میں بجا بجا اس کی طرف اشارہ کیا ہے کہ انھوں نے سودا اور دوسرے اساتذہ سے فن کے کتنے اسرار و رموز سیکھے۔

غزل کا فن روانی اور شیرینی چاہتا ہے لیکن اس کے یہ معنی نہیں کہ شاعر ذوق کی طرح صرف سوئے ہوئے استعاروں یا محاوروں پر تکیہ کرے۔ نسخہ حمیدیہ کے غالب نے اس لیے ذوق کی پنچایتی شاعری سے روگردانی کی، اور فکر کی جولانی کے لیے فارسی تراکیب کا سہارا لیا، تاکہ وہ اپنے آئینے کو مانجھنے اور معنی کی صورت دکھانے کے لیے دیوان غالب تک پہنچ سکے۔ اقبال کو بھی یہی کرنا پڑا لیکن اہم بات یہ ہے کہ غالب کی طرح اقبال نے بھی غزل کو گنجینۂ معنی کا طلسم بنایا۔ اقبال نے اگرچہ یہ کہا کہ غزل کی نہ کوئی زبان ہے نہ وہ زبان سے باخبر ہیں مگر انھوں نے غزل کے سارے آداب برتے۔ ہاں، ان کا یہ اضافہ قابل ذکر ہے، ان کے یہاں بال جبریل سے غیر مردف غزلوں کی تعداد بڑھتی جاتی ہے۔ یہاں تک

کہ ارمغان حجاز کے اردو حصے میں جو غزلیں ہیں، وہ سب کی سب غیر معروف ہیں۔

غزل اردو کے سبھی شعراء نے لکھی، مگر جنھوں نے صرف غزل لکھی انھیں یک فنا کہا گیا۔ اردو غزل میں اہم نام ولی، میر، مصحفی، آتش، غالب، مومن، داغ، اقبال، حسرت، فانی، یگانہ، اصغر، جگر، فراق، فیض، ناصر کاظمی کے ہیں۔ اس فہرست میں اضافہ بھی کیا جاسکتا ہے۔

غزل میں تصوف، فلسفہ، اخلاق، سیاست سبھی سے کام لیا گیا ہے جو ممتاز صوفی تھے، ان کا متصوفانہ کلام اکثر غزل کی لطافت نہیں رکھتا لیکن آتش اور غالب باقاعدہ صوفی نہ تھے مگر صوفیانہ کیفیات کا بیان ان کے یہاں شاعری اس لیے بن گیا کہ وہ بڑے شاعر تھے۔ ناسخ اخلاق نظم کرتے ہیں۔ استاد فن ہیں مگر غزل کے اچھے شاعر نہیں۔ حالی کی جدید غزلیں ان کی قدیم غزلوں سے کمزور ہیں۔ فیض کی غزل میں سیاسی مضامین کی فراوانی ہے مگر انھوں نے غزل کے آداب کو برتا ہے اس لیے ان کی اہمیت مسلم ہے۔ اقبال کی وہ غزلیں جو بال جبریل اور ضرب کلیم میں ملتی ہیں، اکثر غزل کی زبان اور غزل کے انداز بیان کے مطابق ہیں مگر کہیں کہیں فلسفہ زیادہ ہے اور شعریت کم۔ اقبال کو اپنا پیام کچھ زیادہ ہی عزیز تھا۔

غزل کہنا نہایت آسان ہے اور بہت مشکل بھی۔ میرے نزدیک مشاعروں کی مقررہ طرحوں سے غزل کو فائدہ بھی ہوا اور نقصان بھی۔ فائدہ تو یہ ہوا کہ قید کی حد میں آزادی کی حد بڑھانے کا رواج ہوا اور نقصان یہ کہ غزلیں صرف ذاتی واردات نہ رہیں، مجلس آداب واسالیب کی آئینہ دار بھی ہوگئیں، اس لیے جدید غزل میں طرحی غزلوں کی کمی ایک اچھا میلان ہے۔ ہاں اساتذہ کی زمینوں میں غزلیں برابر کہی جائیں گی۔

غزل بہر حال اپنی ہیئت کی وجہ سے پہچانی جاتی ہے۔ اس لیے آزاد غزل جیسے

تجربوں کا کوئی جواز نہیں۔ اس کی زبان میں جو خاموش تبدیلی ہوئی ہے، وہ اس کا ثبوت ہے کہ وہ ہر دور کی حسیت اور مزاج کی عکاسی کر سکتی ہے مگر یہ ہے اشارے کا آرٹ۔ غزل وہ نگار خانہ ہے جو MINIATURE PAINTING سے آراستہ ہے۔ آج ہندوستان کی دوسری زبانوں میں غزل کی مقبولیت کی وجہ سے یہ سمجھنا چاہیے کہ غزل میں سب کچھ ہے۔ آج کا دور کسی منظم فلسفے، کسی مرتب فکر کے ریاض کے بجائے فوری کیفیات کے بیان کو ترجیح دیتا ہے کیونکہ یہ شعور کی رو کا زیادہ خوگر ہو گیا ہے۔ یہ اپنی جگہ درست ہے مگر صراحت، وضاحت، ربط و تسلسل کی اہمیت اپنی جگہ ہے۔ اس لیے غزل اپنے طور پر زندگی کی واردات اور کیفیات پیش کرتی رہے گی۔ اس کی زبان میں خاموش تبدیلی ہوتی رہے گی مگر اس کی ایمائی صلاحیت اور دروں بینی کی خصوصیت باقی رہے گی۔ ہاں اس کا تغزل نظم پر بھی اثر کرتا رہے گا۔

سوچنے کی بات ہے کہ جدید فارسی میں غزل کوئی اہمیت نہیں رکھتی۔ وہاں ماضی سے رشتہ کٹ گیا، یہ رشتہ باقی رہنا چاہیے، مگر فن کے صرف اسی اسلوب اور اسی روپ کو خلاصہ کائنات نہیں سمجھنا چاہیے۔ شیوۂ بتاں کی طرح فن کے بھی بہت سے دریچے ہیں۔ ہاں غزل کا دریچہ اب بھی حیات و کائنات کے ان گنت جلوے دکھا سکتا ہے۔

چند اور باتوں کی طرف اشارہ ضروری ہے۔ غزل کی زبان کا غزل کے فن سے گہرا تعلق ہے۔ اس زبان میں روانی، شیرینی، بے ساختگی (جو خاصے ریاض کا ثمرہ ہو سکتی ہے) ضروری ہے۔ موضوع کی رعایت سے الفاظ کا انتخاب ہوتا ہے لیکن یہ کہنا صحیح نہ ہوگا کہ غزل میں عجمی لے کی اہمیت نغمۂ ہندی سے زیادہ ہے یعنی اچھی غزل وہ ہے جس میں ہندی الفاظ زیادہ ہوں، فارسی تراکیب کی گنجائش بھی ہے، مگر اسی حد تک جس حد تک میر نے اپنے کلام میں یا غالب نے دیوان غالب (نہ کہ نسخۂ حمیدیہ والے اشعار میں) استعمال کی

ہیں۔ اس معاملے میں اقبال کے اجتہاد کو تسلیم کرتے ہوئے بھی، انھیں سند نہیں سمجھنا چاہیے۔ اسی طرح آرزو لکھنوی کی غزلیں، غزل کا اچھا نمونہ ہیں مگر فارسی اضافتوں کو ترک کرنا یا ہندی الفاظ سے پرہیز کرنا دونوں انتہا پسندی کی مثالیں ہیں۔ یہاں میر کے اس شعر پر غور کیجئے،

کچھ نہ دیکھا پھر بجز یک شعلہ پر پیچ و تاب
شمع تک تو ہم نے دیکھا تھا کہ پروانہ گیا

پہلے مصرعے کا تقریباً نصف حصہ بجز یک شعلہ پر پیچ و تاب، دوسرے مصرعے کی سادگی اور روانی کی وجہ سے کھٹکتا ہی نہیں۔ میر سوز نے فارسی تراکیب سے اجتناب کیا، میر نے انھیں سلیقے سے برتا، آرزو نے فارسی تراکیب سے احتراز کیا۔ یگانہ نے حسب موقع ان سے کام لیا۔ یہی بات دونوں کی شاعری کا درجہ متعین کرنے میں معاون ہے۔

اساتذہ کے یہاں دیوان کی حروف تہجی کے اعتبار سے ترتیب شاعرانہ لحاظ سے قابل قدر نہیں، اس لیے دور حاضر میں اس کی پابندی ضروری نہیں سمجھی جاتی۔ کلام کی تاریخی ترتیب سے بہر حال شاعر کے فن کا ارتقا تو ظاہر ہوتا ہے۔ وہ غزلیں جن کے آخر میں کوئی مصوتہ آتا ہے ایک گونج پیدا کرتی ہیں اور ذہن دیر تک ان اصوات کے مزے لیتا ہے۔ ضروری ہے کہ غزل گائی جاسکے۔ یہ ہر حال میں غنائی شاعری ہے، گو اس صنف میں ہر موضوع پر غزل کے آداب کے مطابق اظہار خیال ہو سکتا ہے، اس کا کنایاتی دروبست، اس کا ابہام، اس کی پہلوداری، اس کی خوبیاں ہیں، خامیاں نہیں۔ سیماب نے غلط نہیں کہا ہے،

کہانی میری روداد جہاں معلوم ہوتی ہے
جو سنتا ہے اسی کی داستاں معلوم ہوتی ہے

***

ہماری مشترک تہذیب اور اردو غزل

ہماری مشترک تہذیب، اس برصغیر میں، جنوبی ایشیا، جنوبی مشرقی ایشیا اور مغربی اور وسطی ایشیا کی تہذیبوں کے اختلاط سے عبارت ہے۔ اس کی تشکیل میں ہندوستان کے قدیم باشندوں، دراوڑوں، آریا، وسط ایشیا کے غارت گر قافلوں اور جنوبی ساحل، مغربی ساحل اور شمال مغرب سے مسلمانوں کی آمد کا اثر اور نفوذ کارفرما ہے۔

اس کی خصوصیت یہ ہے کہ یہ ہندوستان کی پوری تاریخ کی وارث ہے اور قدیم ہندوستان کی اہمیت کو تسلیم کرتے ہوئے، ہندوستان کی تاریخ کے ارتقا، ہندوستانی مزاج کے رچاؤ اور اس کی جذب وانجذاب کی صلاحیت پر اصرار کرتی ہے۔ یہ ہمارے ازمنۂ وسطیٰ کو بھولنا یا نظر انداز کرنا یا حرف غلط کی طرح مٹانا نہیں چاہتی، اس کی امین اور آئینہ دار ہے اور یہ مغربی تہذیب کو بھی، مارکس کے الفاظ میں، تاریخ کا ایک آلہ سمجھتے ہوئے، اس سے متاثر ہے اور اس لیے اپنی آغوش وا رکھتی ہے بلکہ ان پر اصرار بھی کرتی ہے، یعنی ایک بنیادی وحدت اور اس وحدت میں ایک رنگا رنگ، پہلو دار، اپنے ہر ذرے میں آفتاب کی تابانی لیے ہوئے کثرت کو زبان سے ہی نہیں دل سے بھی تسلیم کرتی ہے۔

اس تہذیب کی مظہر ہماری بہت سی قومی زبانیں ہیں مگر ان میں اردو کو یہ امتیاز حاصل ہے کہ نہ تو یہ صرف ایک یا دو ریاستوں کے حدود میں مقید ہے، نہ ایک مذہبی گروہ کے ماننے والوں میں، بلکہ خدا کے گھر کی طرح اس کی بہت سی ریاستوں میں بستیاں ہیں اور اس کے بولنے والے یا اس کے سمجھنے والے کشمیر سے کنیا کماری تک اور کلکتے سے

کچھ تک پھیلے ہوئے ہیں، یہ وہ زبان ہے جس میں ایشیائی کرنیں دوسری زبانوں سے زیادہ جلوہ گر ہیں اور جو کسی سایۂ دیوار میں آرام کی جویا نہیں بلکہ زندگی کی کڑی دھوپ میں اپنے خون پسینے سے کاروبار شوق کی توسیع کرتی رہی ہے اور رنج وراحت اور سختی و سستی کو ہموار کرنے میں لگی رہی ہے۔

ہندستانی تہذیب کے جلوۂ صد رنگ میں اردو زبان وادب کے آئینہ خانے کے نقش ونگار اور ان کی جامعیت اور معنویت کا سب سے اچھا صحیفہ غالبؔ کی ایک غزل میں ملتا ہے اور یہ غزل کا ایک منشور بھی ہے،

ہے رنگِ لالہ و گل و نسریں جدا جدا
ہر رنگ میں بہار کا اثبات چاہیے
سرپائے خم پہ چاہیے ہنگامِ بے خودی
روسوئے قبلہ وقتِ مناجات چاہیے
یعنی بحسبِ گردشِ پیمانۂ صفات
عارف ہمیشہ مست مئے ذات چاہیے

ہماری مشترکہ تہذیب میں مستی اندیشہ ہائے افلاکی کے ساتھ زمین کے ہنگاموں کو سہل کرنے کے آداب بھی ہیں۔ اسی لیے شروع سے اس میں خدا، کائنات، انسان اور سب کے آپس میں رشتے کی جستجو ملتی ہے، اس میں صوفیوں اور سنتوں کے اثر سے روح کا نغمہ اور دنیا کی جنت میں جسم کی دلفریب آنچ بھی نظر آتی ہے۔ اس میں بازار، خانقاہ اور دربار، تینوں تہذیبی اداروں کے نقوش ثبت ہیں۔ اس میں چلن، اجزا میں کل کی جستجو، ظاہر میں باطن کی تلاش، فکر کی پرواز اور نشیمن کی تلاش، سبھی کا عکس ہے۔ اس میں کھیتوں، کھلیانوں، چٹیل میدانوں، سربفلک پہاڑوں، پرشکوہ دریاؤں اور نرم خرام ندیوں،

گلشنِ کشمیر اور دکن کی دلاری، سبھی کے جلوے ہیں۔

یہ جلوے نظم میں ربط و تنظیم، وضاحت اور صراحت، حقیقت نگاری اور جزئیات نگاری لیے ہوئے ہیں مگر غزل میں جو اشاروں کا آرٹ ہے، جس میں مشاہدۂ حق کو بھی بادۂ ساغر کہے بغیر نہیں بنتی، جو بقولِ فراقؔ انتہاؤں کا سلسلہ ہے، جو گنجینۂ معنی کا طلسم ہے، جو حدیثِ دلبری بھی ہے اور صحیفہ کائنات بھی، جو اپنی عبارت، اشارت اور ادا کے اعتبار سے غالبؔ کے محبوب کی طرح ہے۔ اس مشترکہ تہذیب نے اور اس کے شاندار اور طرحدار مظہر اردو زبان نے صرف عبادت DEVOTIONAL کی شاعری نہیں کی، بلکہ زندگی کی خوشیوں اور نامرادیوں، فتح وشکست، ولولے اور مایوسی، محبت اور نفرت، رشک، خدمت، وفا اور جفا، اخلاق اور اس سے روگردانی، رہبری اور رہزنی، ساحل و طوفان، مر مر کر جینے اور جیتے جی مر رہنے کی شاعری بھی کی ہے۔ غزل ہماری ساری شاعری نہیں ہے، مگر ہماری شاعری کا عطر ضرور ہے۔ صرف غزل پر نظر مرکوز رکھنا یا غزل کو ٹاٹ باہر قرار دینا، دونوں آدابِ سخن فہمی کے منافی ہیں۔

دنیا کی ہر زبان میں مذہبی شاعری کا رول بہت نمایاں رہا ہے۔ مذہبی شاعری برابر ہوتی رہے گی، مگر جیسے زندگی سادگی سے پیچیدگی کی طرف اور سماج اکہرے پن سے تہہ داری اور پہلوداری کی طرف بڑھے گا، دنیوی شاعری کی لے بھی بڑھے گی۔ اردو شاعری سرسید کے اس قول کی تفسیر کہی جاسکتی ہے کہ دین چھوڑنے سے دنیا نہیں جاتی مگر دنیا کے چھوڑنے سے دین بھی جاتا ہے۔ یہی وجہ ہے کہ اردو شاعری شاید دوسری ہم عصر ہندوستانی زبانوں سے زیادہ دنیا اور امور دنیا کا پاس رکھتی ہے، یا آج کی اصطلاح میں زیادہ سیکولر ہے۔ آخر کوئی تو وجہ ہے کہ آج جب آزاد ہندوستان میں اردو اپنا حق مانگ رہی ہے، ارو اردو ادب، غزل کے اشعار کے ذریعہ سے، مجالس قانون ساز میں، حکومت کے

ایوانوں میں، عوامی جلسوں اور تقریروں میں، دفتروں کے مباحث میں، مزدوروں کی مانگوں میں، اپنا مافی الضمیر بیان کرتی ہے بڑی بڑی داستانوں کو چند اشاروں میں بیان کر دیتی ہے اور مسرت کے ساتھ بصیرت کے خزانے لٹا دیتی ہے۔

یہاں میں دو مثالیں دینا چاہتا ہوں۔ ۱۹۷۳ء میں یوپی میں کانگریس کی حکومت پہلی دفعہ قائم ہوئی۔ مسز پنڈت وزیر صحت تھیں۔ شاہ جہاں پور کے ایک ممبر نے ان سے وہاں کے اسپتال کی ناگفتہ بہ حالت کے متعلق استفسار کیا۔ محترمہ نے کہا حکومت کو علم نہیں ہے۔ ممبر نے ضمنی سوالات کیے جن میں مسئلے پر کچھ روشنی ڈالی۔ وزیر نے ایک بے نیازی کے ساتھ کہا، حکومت اس کا نوٹس چاہتی ہے۔ اس پر بپھر کر ممبر نے جو شعر پڑھا وہ آج بھی ہمارے اربابِ اقتدار پر صادق آتا ہے،

تم کو آشفتہ مزاجوں کی خبر سے کیا کام
تم سنبھالا کرو بیٹھے ہوئے گیسو اپنے

اب حال کے واقعات کے سلسلے میں داغ کی غزل کا ایک شعر سنیے،

خاطر سے یا لحاظ سے میں مان تو گیا
جھوٹی قسم سے آپ کا ایمان تو گیا

پارلیمنٹ کا ایک واقعہ یاد آتا ہے جو مرحوم سعادت علی خاں نے مجھے سنایا تھا۔ سی، ڈی، دیشمکھ نے وزارت سے استعفا دے دیا تھا اور پارلیمنٹ میں جواہر لال نہرو پر یہ الزام لگایا تھا کہ وہ آمرانہ طریق کار برت رہے ہیں۔ اپنی بات کو واضح کرنے کے لیے انھوں نے احسان دانش کا ایک شعر پڑھا تھا۔ اپنی جوابی تقریر میں جواہر لال نہرو نے ان الزامات کا تفصیل سے جواب دیا اور آخر میں اکبر کا یہ شعر پڑھا،

ہم آہ بھی کرتے ہیں تو ہو جاتے ہیں بدنام

وہ قتل بھی کرتے ہیں تو چرچا نہیں ہوتا

آزاد ہندوستان کا عجوبہ یہ ہے کہ اگرچہ اردو زبان کے ساتھ انصاف نہیں ہوا ہے اور اس کے جائز حقوق ابھی تک اسے نہیں ملے ہیں، مگر اردو کا ادب پہلے سے زیادہ مقبول ہے (خواہ دیوناگری رسم خط کے ذریعہ سے سہی) اور آج اردو ادب کا جادو سر پر چڑھ کر بول رہا ہے۔ اردو دوستوں کی قدرتی خواہش یہ ہے کہ زبان کو ترقی کرنے کا موقع ملے اور اس کے چلن اور تعلیم میں سہولتیں ہوں تا کہ ادب کو اس کی جڑوں سے توانائی ملے اور اس ادب کے دلدادہ اپنی شخصیت کے پورے قد کو پہنچ سکیں۔ ہیزلٹ نے کہا تھا،

"TO KNOW THE BEST IN EACH CLASS INFERS A HIGHER DEGREE OF TASTE, TO REJECT THE CLASS IS ONLY A NEGATION OF TASTE, FOR DIFFERENT CLASSES DO NOT INTERFERE WITH ONE ANTOTHER .

"ہر طبقے میں یا قسم میں یا درجے میں بہترین کو جاننا، ایک اعلیٰ درجے کا ذوق ظاہر کرتا ہے۔ اس طبقے یا درجے کو رد کرنا، ذوق کے منافی بات ہے، کیونکہ مختلف درجے ایک دوسرے کی راہ میں حایل نہیں ہوتے۔"

ادب اور سیاست ایک ہی دنیا کے باسی ہیں۔ سیاست کے حقیقی معنی زندگی کرنے کے ہیں، حکومتوں کے عروج و زوال کے نہیں۔ زندگی کرنے میں شاد باید زیستن ناشاد باید زیستن دونوں کے مرحلے آتے ہیں۔ غزل یوں تو عشق کی زبانی حسن کی داستان ہے مگر اس میں آرایشِ خم کاکل کے ساتھ اندیشہ ہائے دور دراز بھی ہیں۔ چنانچہ صرف عشق ہی شاعری نہیں۔ خوف، نفرت، تحقیر، امید، محبت، حیرت بھی شاعری کے موضوع ہیں

اور غزل میں کاروباری دنیا اور اس کے سارے نشیب و فراز مل جاتے ہیں۔ غزل اردو شاعری کی سب سے سیکولر، سب سے زیادہ آدمیت اور انسانیت کی مظہر، آدمی میں شیطان اور فرشتے، مومن اور کافر، قدامت پسند اور جدید، مقامی اور آفاقی عناصر سبھی کی جلوہ گاہ ہے۔

میں یہاں ان اشعار کا حوالہ نہیں دوں گا، جن میں ہندوستان کی تاریخ، اس کے فطری مناظر، اس کے موسم، اس کے تیوہار، اس کے رسم ورواج، اس کی لذت کام ودہن، اس کے اسبابِ دلبری و عشوہ گری، اس کے زخموں اور ان زخموں کی چارہ گری کا بیان ہے۔ یہ سب کچھ نظموں میں زیادہ صراحت سے بیان ہوا ہے، مگر اس مشترکہ تہذیب کی روح، اس کے عقیدے، اس کی فضا، اس کے مزاج، اس کی میانہ روی اور اعتدال پسندی، اس کی انسان دوستی، اس کی شائستگی، اس کی مجلسی تہذیب، اس کی محبت اور نفرت، اس کا رجز اور اس کی طنز کی کاٹ کی طرف چند اشعار کی مدد سے اشارہ کروں گا۔ میرؔ کہتے ہیں،

اے آہوانِ کعبہ نہ اینڈو حرم کے گرد
کھاؤ کسی کا تیر کسی کے شکار ہو
ہم نہ کہتے تھے کہ مت دیر و حرام کی راہ چل
اب یہ جھگڑا حشر تک شیخ و برہمن میں رہا
مسجد ایسی بھری بھری کب تھی
میکدہ اک جہاں ہے گویا
مت سہل ہمیں جانو پھرتا ہے فلک برسوں
تب خاک کے پردے سے انسان نکلتے ہیں

آدم خاکی سے عالم کو جِلا ہے ورنہ

آئینہ تھا یہ مگر قابلِ دیدار نہ تھا

غالب کے یہ اشعار دیکھیے،

دیر و حرم آئینہ تکرارِ تمنا

واماندگی شوق تراشے ہے پناہیں

ہم موحد ہیں ہمارا کیش ہے ترکِ رسوم

ملتیں جب مٹ گئیں اجزائے ایماں ہو گئیں

نہیں کچھ سبحہ وزنار کے پھندے میں گیرائی

وفاداری میں شیخ و برہمن کی آزمائش ہے

تماشائے گلشن تمنائے چیدن

بہار آفرینا گنہ گار ہیں ہم

قطرہ اپنا بھی حقیقت میں ہے دریا لیکن

ہم کو منظور تنک ظرفی منصور نہیں

جبکہ تجھ بن نہیں کوئی موجود

پھر یہ ہنگامہ اے خدا کیا ہے

سبزہ و گل کہاں سے آئے ہیں

ابر کیا چیز ہے ہوا کیا ہے

اقبال یوں غزل سرا ہوتے ہیں،

اسی کوکب کی تابانی سے ہے تیرا جہاں روشن

زوال آدم خاکی زیاں تیرا ہے یا میرا

عروج آدم خاکی سے انجم سہمے جاتے ہیں
کہ یہ ٹوٹا ہوا تارا مہ کامل نہ بن جائے
باغِ بہشت سے مجھے حکم سفر دیا تھا کیوں
کارِ جہاں دراز ہے اب مرا انتظار کر
قصور وار غریب الدیار ہوں لیکن
ترا خرابہ فرشتے نہ کر سکے آباد
شیر مردوں سے ہوا بیشۂ تحقیق تہی
رہ گئے صوفی وملا کے غلام اے ساقی
متاعِ بے بہا ہے درد و سوزِ آرزو مندی
مقام بندگی دے کر نہ لوں شانِ خداوندی
اپنے من میں ڈوب کر پا جا سراغِ زندگی
تو اگر میرا نہیں بنتا نہ بن اپنا تو بن

فانی کہتے ہیں،

ہے منع راہِ عشق میں دیر وحرم کا ہوش
یعنی کہاں سے پاس ہے منزل کہاں سے دور
تو کہاں ہے کہ تری راہ میں یہ کعبہ ودیر
نقش بن جاتے ہیں منزل نہیں ہونے پاتے
حرم ودیر کی گلیوں میں پڑے پھرتے ہیں
بزم رنداں میں جو شامل نہیں ہونے پاتے

صدر الدین آزردہ کا ایک شعر ہے،

کامل اس فرقۂ زہاد سے اٹھا نہ کوئی
کچھ ہوئے بھی تو یہ رندانِ قدح خوار ہوئے

اقبال سہیل کہتے ہیں،

پہنچی یہاں بھی شیخ و برہمن کی کشمکش
اب میکدہ بھی سیر کے قابل نہیں رہا

یگانہ کا ایک مشہور شعر ہے،

بتوں کو دیکھ کے سب نے خدا کو پہچانا
خدا کے گھر تو کوئی بندۂ خدا نہ گیا

میں یہ نہیں کہتا کہ غزل میں مذہبی شاعری نہیں ہے، مگر اردو غزل تصوف کے اثر سے اور انسان دوستی کے جذبے میں سرشار رواداری، انسان دوستی، سچی روحانیت کی علمبردار ہے۔ اس نے ہماری زندگی کے ہر پہلو کی عکاسی کی ہے۔ شاعری اور سیاست کے اس امتزاج کو بنی نرائن موزوں کے اس شعر میں دیکھئے جو سراج الدولہ کے متعلق ہے،

غزالاں تم تو واقف ہو کہو مجنوں کے مرنے کی
دوانہ مر گیا آخر کو ویرانے پہ کیا گزری

میرے علی گڑھ کے استاد خواجہ منظور حسین کی کتاب "اردو غزل کا خارجی روپ، بہروپ" جو پاکستان سے حال میں شائع ہوئی ہے، اس سلسلے میں بڑی اہمیت رکھتی ہے۔ انھوں نے مثالوں سے واضح کیا ہے کہ ستم گر، رقیب، چارہ گر، قفس، آشیاں، طوفان، موج، زنجیر، زنداں، ساحل، وفا، جفا کی اصطلاحیں، عشق کے مثلث یا روایتی احساس کی ترجمان نہیں، اپنے اندر ہماری سیاسی اور سماجی زندگی کی ایک بصیرت افروز تصویر بھی رکھتی ہیں۔ شاعر ہمیشہ چاہیے پر نظر نہیں رکھتا، اس کی توجہ "ہے" پر مرکوز زیادہ رہتی

ہے۔ ذرا ان اشعار پر غور کیجئے،

(۱)

یاران تیز گام نے محمل کو جالیا
ہم محوِ نالۂ جرسِ کارواں رہے

حالی

(۲)

قید کی حد میں بڑھالی ہم نے آزادی کی حد
یوں دے جھٹکے کہ حلقے کھنچ گئے زنجیر کے

آرزو

(۳)

شب کو زنداں میں مرا سر پھوڑنا اچھا ہوا
کچھ نہ کچھ تو روشنی آنے لگی دیوار سے

ثاقب

(۴)

باغباں نے آگ دی جب آشیانے کو مرے
جن پہ تکیہ تھا وہی پتے ہوا دینے لگے

ثاقب

(۵)

زمانہ بڑے شوق سے سن رہا تھا
ہمیں سو گئے داستاں کہتے کہتے

ثاقب

اردو جس مشترک تہذیب کی ترجمان اور وارث ہے، وہ دیہات سے زیادہ شہر کی متمدن، شائستہ، رنگین اور آداب مجلسی کی مظہر زندگی کی عکاسی کرتی ہے۔ اس طرزِ زندگی پر آزاد ہندوستان کے بدمستوں نے انگلیاں اٹھائیں اور سمپورنانند نے تو اسے "قورمے اور کباب کا آدرش" بھی کہا، مگر ذرا سوچیے تو کہ ساری دنیا میں زندگی دیہات سے شہر کی طرف سفر کی داستان ہے اور اس میلان کو بدلا نہیں جاسکتا۔ہاں آج کے غدار شہروں کے بجائے چھوٹے، صاف ستھرے اور فطرت سے قریب شہروں کی ضرورت پر زور دیا جانے لگا ہے۔

قصباتی اور چھوٹے شہروں کی تہذیب میں فطرت سے دوری نہیں ہے اور آج کے بڑے شہروں کی سی تنہائی اور بیگانگی بھی نہیں۔ ان میں ایک دوسرے کے دکھ درد میں شریک ہونے، راستے میں چلتے ہوئے ادھر ادھر نظر ڈالنے اور کسی رنگین منظر سے لطف اندوز ہونے کی گنجائش ہے۔اس میں یارانِ سرپل بھی مل جاتے ہیں اور مسجد کے زیر سایہ خرابات بھی۔ اس میں دلی کے گلی کوچوں کے اوراق مصور، غزالانِ لکھنؤ اور کلکتے کے بتانِ خود آرا کی جھلک بھی ہے اور ان مجلسوں کی بھی جن کے متعلق شاعر کہتا ہے،

آئے بھی لوگ بیٹھے بھی اٹھ بھی کھڑے ہوئے
میں جاہی ڈھونڈتا تیری محفل میں رہ گیا

شمالی ہند کی برسات کی آمد، صفیؔ کے اس شعر میں دیکھیے،

گھٹا اٹھی ہے کالی اور کالی ہوتی جاتی ہے
صراحی جو بھری جاتی ہے خالی ہوتی جاتی ہے
برق کو ابر کے دامن میں چھپا دیکھا ہے

ہم نے اس شوخ کو مجبور حیا دیکھا ہے
لپٹ جاتے ہیں وہ بجلی کے ڈر سے
الٰہی یہ گھٹا دو دن تو برسے
حسرت

اور میر کے اس شعر کو تو میں اکثر دہراتا رہتا ہوں۔

چلتے ہو تو چمن کو چلئے، کہتے ہیں کہ بہاراں ہے
پات ہرے ہیں پھول کھلے ہیں کم کم باد و باراں ہے

غزل ہماری تہذب کی یہ تصویریں بھی اپنے جام جہاں نما میں رکھتی ہے۔

اگر ئی کا ہے گماں اس پہ ملاگیری کا
رنگ لایا ہے دوپٹہ ترا میلا ہو کر
خوب پردہ ہے کہ چلمن سے لگے بیٹھے ہیں
صاف چھپتے بھی نہیں سامنے آتے بھی نہیں
روٹیاں کون پکائے ترے سارے گھر کی
اے بوا کون نکلوائے پلیتھن اپنا

ہماری مشترک تہذیب کی وہ قدریں، جو اس کی عوامی، جمہوری اور اخلاقی جہت کو ظاہر کرتی ہیں، ان اشعار میں دیکھیے،

ہم نے چاہا تھا کہ فریاد کریں حاکم سے
وہ بھی کم بخت ترا چاہنے والا نکلا
نظیر

اور لے آئے بازار سے گر ٹوٹ گیا

جامِ جم سے یہ مرا جامِ سفال اچھا ہے
غالب

قریب ہے یار وروزِ محشر چھپے گا کشتوں کا خون کیوں کر
جو چپ رہے گی زبانِ خنجر، لہو پکارے گا آستیں کا
میر

آہ تا چند رہے خانقہ و مسجد میں
ایک تو صبح گلستان میں بھی شام کرو
میر

موج نے ڈوبنے والوں کو بہت کچھ پلٹا
رخ مگر جانبِ ساحل نہیں ہونے پاتے
فانی

ہڈیاں ہیں کئی لپٹی ہوئی زنجیروں میں
لیے جاتے ہیں جنازہ ترے دیوانے کا
فصلِ گل آئی یا اجل آئی کیوں درِ زنداں کھلتا ہے
کیا کوئی وحشی اور آ پہنچا یا کوئی قیدی چھوٹ گیا

اردو غزل نے طنز اور ہجو ملیح سے بڑا کام لیا ہے۔ غزل میں خطابت کی گنجائش نہیں۔ یہاں تلوار کی نہیں نشتر کی کارفرمائی ہے۔ یہاں ہیجانی، پرشور، تند لے، اعلان، فرمان، فتوے کا سوال نہیں۔ نرم و نازک الفاظ، گمبھیر لہجے، پرسوز لَے کی حکمرانی ہے۔ اسی وجہ سے ظلم و جبر پر اس کی ہلکی، لطیف، دل میں اتر جانے اور ذہن میں چراغاں کرنے والی اور اچھی اچھی نظموں کی پکار، للکار اور جھنکار سے زیادہ وقیع ہو جاتی ہے۔ اس طرح ادب

زندگی بن کر زیست کے ان گنت لمحوں میں کائنات کی جھلکیاں دکھاتا رہتا ہے۔ چند شعر ملاحظہ ہوں،

خرد کا نام جنوں پڑ گیا، جنوں کا خرد
جو چاہے آپ کا حسنِ کرشمہ ساز کرے
اس سلیقے سے کیا ذبح کہ دامن ان کا
خون عشاق سے گلنار نہ ہونے پایا

۱۸۵۷ء کے شہیدوں کو خراجِ تحسین اس شعر میں ملاحظہ کیجئے،

اِک خونچکاں کفن میں بھی لاکھوں بناو ہیں
پڑتی ہے آنکھ تیرے شہیدوں پہ حور کی
افسردگی سوختہ جاناں ہے قہر میرؔ
دامن کو ٹک ہلا کہ دلوں کی بجھی ہے آگ
ناوک نے تیرے صید نہ چھوڑا زمانے میں
تڑپے ہے مرغِ قبلہ نما آشیانے میں

موجودہ دور کی کاروباری ذہنیت، زمانہ سازی اور فسادات کی گرم بازاری پر یہ طنز ملاحظہ کیجئے،

ہم ہیں متاعِ کوچہ و بازار کی طرح
اٹھتی ہے ہر نگاہ خریدار کی طرح
مجروحؔ
جانے کس سمت چلوں، کون سے رخ مڑ جاؤں
مجھ سے مت مل کہ زمانے کی ہواؤں میں بھی

مظہر امام

آگ کے شعلوں سے سارا شہر روشن ہو گیا
لو مبارک آرزوئے خار و خس پوری ہوئی

شہریار

حال میں ہندوستان کی سیاسی بساط پر جو کچھ ہوا ہے، ان کے متعلق فانی کے یہ اشعار دیکھیے۔ (فانی کا انتقال ۱۹۴۱ء میں ہوا تھا) شاعر صرف ماضی اور حال کی ترجمانی نہیں کرتا، مستقبل کا اشاریہ بھی ہوتا ہے،

کچھ ادائیں ہیں جنھیں قتل عبث ہے منظور
کچھ سزائیں ہیں جو ملتی ہیں خطا سے پہلے
دو گھڑی کے لیے میزانِ عدالت ٹھہرے
کچھ مجھے حشر میں کہنا ہے خدا سے پہلے

غزل ہماری مشترک تہذیب کی روحانی، جمالیاتی اور سماجی حسیت کی ترجمان بھی ہے۔ شارح بھی، مفسر بھی اور نقاد بھی۔ میرا ایک شعر ہے،

سرورؔ اس کے اشارے داستانوں پر بھی بھاری ہیں
غزل میں جوہر اربابِ فن کی آزمائش ہے

***

اردو شاعری میں تصوف کی روایت

میلکام مگرج، مشہور انگریزی مصنف نے کہا ہے کہ "ہندوستان میں اب صرف وہی انگریز باقی رہ گئے ہیں جو تعلیم یافتہ ہندوستانی ہیں۔" اس پر لطف طنز سے یہ نکتہ ابھرتا ہے کہ مغربی اثرات کی کتنی ہی برکتیں رہی ہوں (اور یہ برکتیں مسلم ہیں) مگر ان کی وجہ سے اپنی تہذیبی بنیاد، ادبی سرمائے اور علوم و فنون کے متعلق آج کے تعلیم یافتہ طبقے کا رویہ بیگانگی بلکہ بے اعتنائی کا ہو گیا ہے۔

سرسید کی تحریک نے یقیناً ہماری ذہنی زندگی میں بڑی بیداری پیدا کی جس کے بہت سے مفید اثرات بھی ہوئے مگر اس نے ایک ذہنی غلامی کو بھی فروغ دیا جس کی رو سے مغرب روشنی کا مینار اور مشرق تاریکی کا سمندر نظر آنے لگا۔ بیسویں صدی میں آزادی کی جدوجہد نے اپنے ملک، ماحول اور ماضی کا احساس دلایا مگر مادی ترقی کے جنون نے روحانیت کو مریض اور مشرقی ادب کے سرمائے کو دفتر پارینہ قرار دینے پر اصرار کیا۔ ہمارے ادب کی تاریخوں میں ہمارے کلاسیکل سرمائے کو بدیسی، مصنوعی اور تقلیدی قرار دینے کی روش خاصی عام رہی ہے۔ سکسینہ کی تخریبی تنقید، صادق کا ازمنہ وسطیٰ کے متعلق یک رخا رویہ اور کلیم الدین احمد کی مغرب پرستی، تینوں اسی عام مرض کی نشان دہی کرتے ہیں۔

حالی نے اپنے مقدمے میں متقدمین کے کارناموں کو سراہا تھا اور متاخرین پر نکتہ چینی کی تھی۔ آزاد نے نازک خیالی کے میلان کی مذمت کی تھی اور حقیقت نگاری کی

طرف توجہ دلائی تھی مگر مقدمے سے زیادہ مسدس کے اشعار پر توجہ ہوئی اور ہماری کلاسیکل شاعری کا سرمایہ شعر و قصائد کا ناپاک دفتر سمجھا جانے لگا۔ دراصل ادب کے متعلق ہمارا سارا رویہ وقتی مصلحتوں کے تابع رہا ہے۔

ہم نے ادب کی مخصوص بصیرت کا آج تک بھرپور اعتراف نہیں کیا۔ ہم نے اس ہرن پر کوئی نہ کوئی گھاس لادنے کی ہمیشہ کوشش کی۔ کبھی ہم نے نیچر کا راگ الاپا، کبھی عقلیت کا، کبھی حقیقت نگاری کا، کبھی حال کی ضروریات کا۔ ہم نے ہندوستان کی تاریخ میں اس کی تہذیب کی رنگارنگی، اس کے اجتماعی لاشعور، اس کی دھرتی اور اس کی فضا کا اس طرح لحاظ نہیں رکھا جس طرح ضروری تھا۔ نئی زندگی کی دوڑ میں ہم نے اپنے ماضی کو افسوں و افسانہ قرار دیا۔ ماضی کو یکسر رد کرنا خام خیالی ہے، ماضی کے عرفان کے بغیر ہم حال کی بھی کوئی حقیقی تصویر نہیں بنا سکتے۔ ماضی حال میں زندہ رہتا ہے اور حال کو متاثر کرتا ہے اور مستقبل کی تعمیر میں بھی ہم اس سے بے نیاز نہیں ہو سکتے۔ ہاں ماضی پرستی اور چیز ہے اور ماضی کا عرفان دوسری چیز۔

اردو ادب کے کلاسیکل سرمائے پر نظر ڈالئے تو چند مضامین سامنے آتے ہیں۔ اردو ادب کے ارتقا میں تین تہذیبی اداروں کا رول مرکزی ہے۔ بازار، خانقاہ اور دربار۔ اردو زبان کی بنیاد ہندوستانی ہے اور اس کے ادب میں اولین سرمایہ صوفیوں کی دین ہے جن کے یہاں ہندی روایت سے پہلے کام لیا گیا اور عجمی روایت سے بعد میں۔ چھٹی صدی ہجری سے لے کر دسویں صدی ہجری تک ہندی روایت غالب رہی ہے، وہ ہندی تصوف جو ناتھ پنتھیوں، بھکتی کال اور نرگن واد کی شکل میں رائج تھا۔ ہمارے یہاں خواجہ مسعود سلمان، امیر خسرو، بابا فرید، بو علی قلندر، شرف الدین یحییٰ منیری، کبیر، شیخ عبد القدوس گنگوہی، شاہ باجن، قاضی محمود دریائی، علی جیو کام دھنی، گرونانک، میراں جی، شمس

العشاق برہان الدین جانم کے یہاں اسلامی تصوف کے ساتھ اپنی بہار دکھاتا ہے اور جب ولی کے وقت سے عجمی اثرات نمایاں ہونے لگتے ہیں تو یہی تصوف فارسی کے رمز و ایما، اشارات اور علامات سے کام لیتا ہے۔

دربار کی وجہ سے شاعری میں شائستگی اور نازک خیالی، صناعی اور ہمواری آتی ہے۔ عیش امروز اور جسم کا احساس ابھرتا ہے۔ مگر اس دور میں فکری روایت وہی ہے جو صوفیوں کی دین ہے۔ یعنی ہم اپنی کلاسیکی شاعری میں جو سب سے بڑا فلسفہ زندگی پاتے ہیں وہ ہندی اور اسلامی تصوف کا مرکب ہے۔ آج تصوف کو ماورائیت، زندگی سے فرار، خانقاہیت اور ترک دنیا کہہ کر اس کے گوناگوں اخلاقی، سماجی اور تہذیبی کارناموں سے انکار کرنا یکے رخے پن کے مترادف ہے۔ بے شک دوسرے اداروں کی طرح تصوف میں بھی بہت سی خرابیاں راہ پاگئی تھیں مگر ہماری کلاسیکل شاعری میں اس کے اثر سے جو اخلاقی سماجی آدرش آئے اور جو قدریں اس شاعری کے رنگ محل میں صداقت خیز اور حسن کی علم برداری کرتی رہیں، ان کا ایمان داری سے تجزیہ، نہ صرف آج ہمارے لئے ضروری ہے بلکہ اس کے بغیر ہم اپنے ماضی کا عرفان حاصل ہی نہیں کرسکتے۔

مصحفی نے کہا ہے، "والحق کہ درویشی وشاعری دوش بدوش راہ می رود۔" ایک صوفی شاعر کے تذکرے میں لکھتے ہیں: "درویشے است صوفی کہ اکثر مسائل صوفیارا کہ مراد از وحدت وجود باشد بدلائلی و براہین چناں کہ شیوۂ صوفیان بافضل و کمال ست از روئے نص وحدیث بہ اثبات رسانیدہ ودر ریختہ موزوں ساختہ (تذکرہ مصحفی ص ۲۷) یہ بات از راہ تفنن کہی گئی ہوگی کہ تصوف برائے شعر گفتن خوب است، مگر اس نکتے کو لوگ فراموش کر جاتے ہیں کہ ہر زبان میں بڑی شاعری ایک منزل پر پہنچ کر صوفیانہ ہو جاتی ہے۔ میکش اکبر آبادی نے مسائل تصوف میں لکھا ہے کہ "تصوف رسم پرستی، ظاہر

بنی اور دین کے دعویداروں اور ان کے زیر اثر حکومتوں کے استبداد و استحصال کے خلاف ایک باغیانہ تحریک ہے۔" مگر تصوف کی کشش کا راز صرف اس بات میں نہیں۔ شاعر جب ذات میں کائنات کو سمیٹ لیتا ہے تو مست و بے خود ہو کر پکار ہی اٹھتا ہے۔

اس سینے میں کائنات رکھ لی میں نے
کیا ذکر صفات ذات رکھ لی میں نے
ظالم سہی، جاہل سہی، نادان سہی
سب کچھ سہی تیری بات رکھ لی میں نے

تصوف کی اساس، تزکیہ نفس، عشق و محبت اور اطاعت الٰہی پر ہے۔ صرف اطاعت الٰہی کا دوسرا نام شریعت اور عشق و محبت کا دوسرا نام طریقت ہے۔ اسلامی تصوف میں احسان پر خاص زور ہے اور شریعت اور طریقت کے راستے علاحدہ نہیں ہیں۔ مگر یہ بات سمجھ میں آنے والی ہے کہ عشق و محبت کے جذبے سے سرشار ہو کر صوفیوں نے طریقت پر زیادہ زور دیا۔ جس میں خدا اور اس کی مخلوق سے ہر رنگ میں محبت کو فضیلت حاصل تھی۔ شہنشاہیت کے دور میں فقہا کی موشگافیوں کے ہجوم میں، جنگوں کی تباہ کاری میں، رنگ و نسل اور طبقے اور درجے کے امتیازات میں، دولت کی فرعونیت کے مظاہروں میں، انسان دوستی، مساوات، اخلاق، عدل، نیکی، فرض شناسی، دلداری کی روایات صوفیوں سے زندہ رہیں۔

دلچسپ بات یہ ہے کہ جب کچھ صوفی اپنے عشق کے نشے میں سرشار ہو کر دنیا اور اس کے معاملات کو نظر انداز کرنے لگے تو ابو صفیہ بن ابو المنیر نے کہا کہ سچا صوفی لوگوں کے درمیان رہتا ہے۔ ان کے ساتھ کھاتا پیتا اور سوتا ہے۔ بازار میں خرید و فروخت کرتا ہے، شادی کرتا ہے اور سماجی لین دین میں شریک رہتا ہے اور خدا کو ایک لمحے کے لے

فراموش نہیں کرتا۔ (بحوالہ مقالات نکلسن) ازمنہ وسطیٰ میں علوم کے سلسلے میں عام طریقہ یہ تھا کہ "سیکھو، تسلیم کرو، اور دہراؤ۔" صوفیوں نے اس معاملے میں حریت فکر کا ثبوت دیا۔ یعنی انہوں نے سوال کرنے اور مسلم نظریات کی نکتہ چینی کرنے کی بھی ہدایت کی۔ علماء ذہن پر زور دیتے تھے اور اس سے ایک طور پر سماجی مساوات کی بھی نفی ہوتی تھی۔ اس سے صوفیوں نے عشق کی عقل پر، فضیلت پر زور دیا اور معرفت کو علم سے بڑا درجہ دیا مگر اس کے معنی یہ ہرگز نہیں لینے چاہئیں کہ صوفیوں نے علم کو نظر انداز کیا۔ اسلام کا تاریخ میں صوفیوں کا علمی کارنامہ دوسرے علما سے کم نہیں ہے، ہاں انہوں نے بعض علماء کی طرح علم کو حجاب الاکبر نہیں بنایا بلکہ اس سے صداقت، خیر اور حسن کی قدروں کی ترویج کا کام لیا۔

شاعری کی زبان دو اور دو چار کی زبان نہیں ہوتی۔ شاعر کا ہر لفظ گنجینہ معنی کا طلسم ہوتا ہے۔ یہاں جو بات کہی جاتی ہے اس میں ماورائے سخن بات بھی ہوتی ہے۔ شاعر اپنے دل کا مطلب استعاروں میں بیان کرتا ہے۔ اشارہ، رمز و ایما اور علامت سے کام لیتا ہے۔ فارسی شاعری میں جو رموز و علامات استعمال ہوئے ان سے اردو شاعری نے بھی فائدہ اٹھایا۔ کچھ تنگ نظر حضرات نے اس پر اعتراض بھی کیا مگر عجمی روایت ایک شاندار شعری روایت ہے اور اس شعری روایت کو حقیقت نگاری اور واقعاتی حس (PRACTICAL SENSIBILITY) کے پیمانے سے نہیں ناپنا چاہئے۔ پروفیسر مجیب نے اپنی کتاب ہندی مسلمان (THE INDIAN MUSLIMS) میں اس سلسلے میں بڑے پتے کی بات کہی ہے۔ یہاں ترجمہ پیش کیا جاتا ہے،

"فارسی روایت (اردو میں) غالب رہی کیوں کہ شاعروں کے لئے ایک پس منظر ضروری ہے اور شاعر کی شخصیت کے لئے یہ ضروری ہے کہ اس کی ذات کی تکمیل کی راہ

میں دوسری شاعرانہ شخصیتیں اس کے لیے سنگ میل ہوں۔ اردو نے اس روایت سے کبھی رشتہ نہیں توڑا اور اگر یہ ایسا کرتی تو ایک نقصان عظیم ہوتا کیوں کہ فارسی روایت ایک منفرد انداز سے روحانیت اور مادیت کے امتزاج کی نمائندگی کرتی ہے، اس میں الٰہی اور انسانی صفات بلند ترین جمالیاتی سطح پر مل جاتے ہیں اور اس کی امیجری اور آداب ذہن کو اظہار کی جستجو میں لامحدود آزادی عطا کرتے ہیں۔"

ایرانی شعرا کے یہاں تصوف کا گہرا اثر سبھی تسلیم کرتے ہیں۔ بعض ایرانی شعرا کا شمار بڑے برگزیدہ صوفیوں میں ہوتا ہے۔ عطار، رومی، نظامی، سنائی، جامی، عراقی، سعدی اور حافظ وغیرہ شاعری اور تصوف دونوں کے لحاظ سے بڑے بلند ہیں۔ اردو میں بھی ایک قابل لحاظ حصہ صاحب سلسلہ وخانقاہ صوفیوں کا ہے۔ مگر یہ بھی واقعہ ہے کہ محض تصوف کے مسائل بیان کرنا شاعری نہیں ہے جس طرح فلسفہ نظم کرنا یا سیاسی موضوعات پر طبع آزمائی کرنا شاعری نہیں ہے۔ حضرت شاہ نیاز بریلوی، شاہ تراب علی قلندر، شاہ رکن الدین عاشق اور حضرت جی غمگین گوالیاری تاریخی اہمیت رکھتے ہیں۔ ان کی شاعرانہ اہمیت کم ہے۔

دردؔ، مظہر جان جاناں بلند پایہ صوفی تھے مگر درد کے یہاں تصوف ایک رنگ ہے، پوری شاعری نہیں ہے اور مظہر کی شاعری بھی زیادہ بلندی تک نہیں پہنچی مگر ہمارے بعض شعرا مثلاً میرؔ، نظیرؔ، آتشؔ، غالبؔ، اکبرؔ، حسرتؔ، اصغرؔ، اقبال اور فانیؔ کے یہاں تصوف کی مرکزی حیثیت ہے۔ بقول حسرت موہانی ان کے یہاں فاسقانہ، عاشقانہ اور عارفانہ تینوں رنگ ملتے ہیں۔ اس سلسلے میں آسی غازی پوری اور امجد حیدرآبادی کا نام لینا بھی ضروری ہے جن کے یہاں عاشق، عارف ہے اور فاسقانہ جذبات سے مکمل تنقیہ ہوگیا ہے۔

مسائل تصوف میں میکش اکبر آبادی نے صوفی شعرا کی ان اصطلاحات کی وضاحت کی ہے جو وہ اپنے اشعار میں استعمال کرتے تھے۔ بت کدہ، شراب خانہ، دیر، عارف کامل کے باطن کو کہتے ہیں۔ پیر مغاں، مرشد کو ترسا اس سالک کو جس نے نفس امارہ سے نجات حاصل کرلی ہے۔ ترسا بچہ واردات غیبی کو، گبرو کافر وہ شخص ہے جو وحدت میں یک رنگ ہو جائے اور ماسوا سے منہ پھیر لے، 'نے' وہ ذوق ہے جو سالک کے دل سے پیدا ہوتا ہے اور اسے خوش وقت کر دیتا ہے، ساغر و پیمانہ مشاہدۂ انوار غیبی اور ادراک مقامات کو کہتے ہیں۔ زنار یک رنگ اور یک جہت ہو جانے کی علامت ہے۔ یار، دلبر، محبوب، صنم، دوست، تجلی صفاتی کو کہتے ہیں۔ لب ودہاں صفت حیات ہے، خال سیاہ، عالم غیب ہے، ساقی و مطرب، باطنی فیض پہنچانے والے ہیں، شراب و بادہ محبت کے معنی میں آتا ہے۔ مستی عشق کے تمام صفات کے ساتھ حاوی ہو جانے کا نام ہے۔ اوباش وہ ہے جو ثواب و عذاب کا غم نہ کرے، شمع خدا کا نور ہے۔ دیر عالم انسانی گیسو طالب کے ظاہر کو بھی کہتے ہیں۔ قلندر، ارباب صفا اور اہل فنا کو بھی کہا جاتا ہے۔ مجرد بیان میں لذت نہیں ہوتی۔ انسان خوگر پیکر محسوس ہے۔ اس لئے بقول غالب،

ہر چند ہو مشاہدۂ حق کی گفتگو
بنتی نہیں ہے بادہ و ساغر کہے بغیر
مطلب ہے ناز و غمزہ و لے گفتگو میں کام
چلتا نہیں ہے دشنہ و خنجر کہے بغیر

اس لئے ان اصطلاحات سے واقف ہوئے بغیر اور ان کیفیات تک پہنچے بغیر صوفیانہ شاعری کو مطعون کرنا سراسر نادانی ہے۔ میرؔ کے یہ اشعار دیکھئے،

مسجد ایسی بھری بھری کب تھی

میکدہ اک جہاں ہے گویا

میرؔ کے دین و مذہب کو پوچھتے کیا ہو ان نے تو
قشقہ کھینچا دیر میں بیٹھا کب کا ترک اسلام کیا

فانیؔ کہتے ہیں،

عشق وہ کفر جو ایمان ہے دل والوں کا
عقل مجبور وہ کافر جو مسلماں ہو جائے

حرم و دیر کی گلیوں میں پڑے پھرتے ہیں
بزم رنداں میں جو شامل نہیں ہونے پاتے

ہے منع راہ عشق میں دیر و حرم کا ہوش
یعنی کہاں سے پاس ہے منزل کہاں سے دور

آسیؔ غازی پوری کا یہ شعر بھی ذہن میں رکھئے،

اتنے بت خانوں میں سجدے ایک کعبے کے عوض
کفر تو اسلام سے بڑھ کر ترا گرویدہ ہے

اس تناظر میں اقبال کے اس شعر کی معنویت آشکار ہوتی ہے،

اگر ہو عشق تو ہے کفر بھی مسلمانی
نہ ہو تو مرد مسلماں بھی کافر و زندیق

صوفی شعرا نے خدا کو پہچاننے کا راستہ اپنے آپ کو پہچاننے اور انسان کو سمجھنے کا قرار دیا ہے۔ اس سے انسان کی عظمت روشن ہوتی ہے اور انسان دوستی کی راہیں کھلتی ہیں، انسان دوستی کا مسلک تصوف کی تعلیم کا مرکزی نقطہ ہے اور اردو کے شعرا نے اس پر طرح طرح سے زور دیا ہے۔ چند شعر ملاحظہ کیجئے،

پہنچا جو آپ کو تو میں پہنچا خدا کے تئیں
معلوم اب ہوا کہ بہت میں بھی دور تھا

میرؔ

ہم اگر آپ کو جانیں تو انہیں بھی جانیں
ان کے ارماں سے ہے پہلے ہمیں ارماں اپنا

میرؔ

آئینہ کیا ہے؟ جان ترا پاک صاف دل
اور خال کیا ہے تیرے سویدائے رخ پہ تل
زلف دراز فہم رسا سے رہی ہے مل
لاکھوں طرح کے پھول رہے ہیں تجھی میں کھل
ہر لحظہ اپنے جسم کے نقش و نگار دیکھ
اے گل تو اپنے حسن کی آپ ہی بہار دیکھ

نظیرؔ

جلوہ ترہر ایک طرح کا ہر شان میں دیکھا
جو کچھ کہ سنا تجھ میں سو انسان میں دیکھا

دردؔ

انساں کی ذات سے ہیں خدائی کے کھیل یاں
بازی کہاں بساط پہ گر شاہ ہی نہیں

دردؔ

باغ جہاں کے گل ہیں یا خار ہیں تو ہم ہیں

گر یار ہیں تو ہم ہیں اغیار ہیں تو ہم ہیں

دردؔ

مت سہل ہمیں جانو پھرتا ہے فلک برسوں

تب خاک کے پردے سے انسان نکلتے ہیں

میرؔ

آدم خاکی سے عالم کو جلا ہے ورنہ

آئینہ تھا یہ مگر قابل دیدار نہ تھا

میرؔ

انسان دوستی جو مغرب میں نشاۃ الثانیہ کے بعد پروان چڑھی، فرد کی اہمیت کے احساس سے چلی تھی لیکن رفتہ رفتہ قومیت کے تصور نے اس کی وسعت کو محدود کیا۔ اب یہ بات مغرب میں بھی تسلیم کی جانے لگی ہے کہ تصوف کی انسان دوستی چونکہ عالم گیر انسانی برادری پر زور دیتی ہے اور آدمی کو انسان بناتی ہے اس لئے اس کے سہارے مذاہب کے اختلافات، قوموں کے تصادم، طبقاتی کشمکش، سب کے حل کے لئے راہ ہموار کی جاسکتی ہے۔ آج آدمی کو ہر رنگ میں پہچاننے پر جو زور ہے اس کی طرف بڑے پرجوش لہجے میں انیسویں صدی کے آغاز میں نظیر اکبر آبادی نے اپنی نظم "آدمی نامہ" میں اشارہ کیا تھا،

دنیا میں بادشاہ ہے، سو ہے وہ بھی آدمی

اور مفلس و گدا ہے، سو ہے وہ بھی آدمی

زردار، بے نوا ہے، سو ہے وہ بھی آدمی

نعمت جو کھا رہا ہے، سو ہے وہ بھی آدمی

ٹکڑے جو مانگتا ہے، سو ہے وہ بھی آدمی

ابدال و قطب و غوث وولی آدمی ہوئے
منکر بھی آدمی ہوئے اور کفر کے بھرے
کیا کیا کرشمے کشف و کرامات کے کئے
حتیٰ کہ اپنے زہد وریاضت کے زور سے
خالق سے جاملا ہے، سو ہے وہ بھی آدمی

یاں آدمی ہی نار ہے اور آدمی ہی نور
یاں آدمی ہی پاس ہے اور آدمی ہی دور
کل آدمی کا حسن وقبح میں ہے یاں ظہور
شیطاں بھی آدمی ہے جو کرتا ہے مکر وزور
اور ہادی رہ نما ہے، سو ہے وہ بھی آدمی

یاں آدمی پہ جان کو وارے ہے آدمی
اور آدمی ہی تیغ سے مارے ہے آدمی
پگڑی بھی آدمی کی اتارے ہے آدمی
چلا کے آدمی کو پکارے ہے آدمی
اور سن کے دوڑتا ہے سو ہے وہ بھی آدمی

اشراف اور کمینے سے لے شاہ تا وزیر
ہیں آدمی ہی صاحب عزت بھی اور حقیر
یاں آدمی مرید ہیں اور آدمی ہی پیر
اچھا بھی آدمی ہی کہاتا ہے اے نظیرؔ

اور سب میں جو برا ہے، سو ہے وہ بھی آدمی
(آدمی نامہ)

یہ نظم اس قابل ہے کہ پوری سنائی جاتی، مگر قلت وقت کے خیال سے اس کے چند ہی بند پیش کئے گئے ہیں۔

غالب خاصے دنیا دار تھے، مگر ان کی شاعری میں وحدت الوجود کے عقیدے کی مرکزی اہمیت ہے۔ انہوں نے صوفیوں کے کئی عقیدوں کو بڑے شاعرانہ کمال کے ساتھ نظم کیا ہے۔ کہا جاتا ہے کہ خدا کی تجلی میں تکرار نہیں ہے اور ہر آن وہ نئی شان کے ساتھ جلوہ گر ہے، اب غالب کا یہ شعر دیکھئے،

آرائش جمال سے فارغ نہیں ہنوز
پیش نظر ہے آئینہ دائم نقاب میں

غالب کے ذہن کی تہہ داری اور اس کی جامعیت کا ثبوت یہ ہے کہ یہی شعر ار تقا اور تخلیق پیہم کے لئے بھی شمع ہدایت ہے، مگر اس میں شک نہیں کہ غالب کے یہاں ابن عربی کے نظریہ تجدد امثال کی نشان دہی کرتا ہے۔ حضرت رابعہ بصری نے اس عبارت کی مذمت کی تھی جو خدا کے لئے نہ ہو بلکہ جنت کے لالچ یا دوزخ کے خوف سے ہو۔ غالب اس خیال کو کیسے دل کش انداز سے پیش کر کے ایک بلند اخلاقی معیار کی طرف ہماری رہ نمائی کرتے ہیں۔

طاعت میں تا رہے نہ مئے و انگبیں کی لاگ
دوزخ میں ڈال دو کوئی لے کر بہشت کو

منصور حلاج کا خیال تھا کہ تمام دین اپنی حقیقت کے اعتبار سے ایک ہیں۔ ان کا فروعات میں اختلاف ہے لیکن اصل کا جہاں تک تعلق ہے، وہ ایک ہی ہے۔ تمام دینوں

کا مرکز اور منبع خدا ہے۔ شاہ ولی اللہ نے حجتہ اللہ البالغہ میں لکھا ہے کہ مذہب کی اصل ایک ہی ہے۔ اس کے طریقے اور راستے مختلف ہوا کرتے ہیں۔ اب غالب کے ان اشعار پر غور کیجیے۔

ہم موحد ہیں ہمارا کیش ہے ترک رسوم
ملتیں جب مٹ گئیں اجزائے ایماں ہو گئیں
وفاداری بشرط استواری اصل ایماں ہے
مرے بت خانے میں تو کعبے میں گاڑو برہمن کو

اقبال نے یہی بات اپنے مخصوص اسلوب میں کہی ہے،

من کی دنیا میں نہ دیکھا میں نے افرنگی کا راج
من کی دنیا میں نہ دیکھے میں نے شیخ و برہمن
عقل و دل و نگاہ کا مرشد اولیں ہے عشق
عشق نہ ہو تو شرع و دیں بت کدۂ تصورات

تصوف نے دنیا کی بے ثباتی کی طرف توجہ دلا کر حب جاہ و مال پر کاری ضرب لگائی اور مکارم اخلاق پر زور دیا۔ میرؔ کا مشہور قطعہ ذہن میں ہے،

کل پاؤں ایک کاسہ سر پر جو آگیا
یکسر وہ استخواں شکستوں سے چور تھا
کہنے لگا کہ دیکھ کے چل راہ بے خبر
میں بھی کبھو کسو کا سر پُر غرور تھا

صوفیوں نے دلداری اور خلق پر بہت زور دیا تھا۔ اردو شاعری میں اس کے اثر سے کسی کا دل توڑنے کو بہت بڑا جرم قرار دیا گیا۔ اقبال کے یہ اشعار غور طلب ہیں،

ہجوم کیوں ہے زیادہ شراب خانے میں
مگر یہ بات کہ پیر مغاں ہے مرد خلیق
کوئی کارواں سے ٹوٹا کوئی بدگماں حرم سے
کہ امیر کارواں میں نہیں خوئے دل نوازی

تصوف میں عشق کو علم پر فوقیت دی گئی تھی۔ موجودہ دور میں اسے رجعت پرستی اور ظلمت پسندی سمجھا گیا مگر اب مغرب کے مفکرین بھی ذہن کی نارسائی پر زور دینے لگے ہیں۔ ایچ جی ویلس نے اپنی آخری کتاب "ذہن اپنی آخری حد پر" (THE MIND AT THE END OF ITS TETHAR) میں عقلیت کے حدود کی طرف اشارہ کیا تھا۔ اس کتاب پر ریویو کرتے ہوئے لافیل ٹرلنگ نے کہا تھا کہ "ذہن پر ضرورت سے زیادہ زور سماجی مساوات کی نفی کرتا ہے اور جو لوگ ذہن کی پرستش کرتے ہیں ان کے ذہن میں خود کوئی کمی پیدا ہو جاتی ہے۔" اقبال نے بانگ درا کے دور میں آگاہ کر دیا تھا۔

بے خطر کود پڑا آتش نمرود میں عشق
عقل ہے محو تماشائے لب بام ابھی

اور بال جبریل میں انہوں نے اعلان کیا،

خرد سے راہ رو روشن بصر ہے
خرد کیا ہے چراغ رہ گزر ہے
درون خانہ ہنگامے ہیں کیا کیا
چراغ رہ گزر کو کیا خبر ہے

غرض اردو شاعری میں تصوف کی روایت سب سے زیادہ وسیع اور گہری رہی ہے۔

اس نے اپنی اصطلاحی اور رمز و ایما کے پردے میں انسان دوستی، رواداری، خدمت خلق، وسیع المشربی، اخلاقی بلندی اور قلبی طہارت پر زور دیا ہے۔ آج کا ذہن شعر کی زبان نہیں سمجھتا، وہ اسے بھی ایک نثری بیان سمجھتا ہے۔ پھر وہ قناعت، توکل، استغنا کو مذموم سمجھنے لگا ہے۔ وہ دل کی دولت کی قدر نہیں کرتا، دنیا کی دولت کے پیچھے پھرتا ہے۔ کچھ صوفیوں نے اشغال پر جو حد سے زیادہ زور دیا اس کی وجہ سے بھی وہ ان سے بدگمان ہو گیا۔ کچھ صوفیوں نے سیاست کی ہنگامہ آرائی اور ارباب اقتدار کی چیرہ دستی سے گھبرا کر جو خلوت نشینی اختیار کی، اس کی وجہ سے بھی صوفیوں کی داستان بے عملی اور تقدیر پرستی کی لے سمجھی جانے لگی۔ اقبال نے اس روش پر بجا طنز کیا ہے۔

کمال ترک نہیں آب و گل سے مہجوری
کمال ترک ہے تسخیر خاکی و نوری
میں ایسے فقر سے اے اہل حلقہ باز آیا
تمہارا فقر ہے بے دولتی و رنجوری

اقبال نے صوفیوں پر جو اعتراضات کئے ہیں اور عجمی تصوف پر جو نکتہ چینی کی ہے اس کی وجہ سے کچھ حلقوں میں یہ خیال بھی پیدا ہو گیا ہے کہ اقبال تصوف کے مخالف تھے۔ اقبال کے کچھ اشعار اور ان کے خطوط اور مثنوی اسرار خودی کے دیباچے سے اس خیال کو تقویت بھی ملتی ہے مگر اقبال کے ذہنی ارتقا کو سمجھتے ہوئے اور ان کے سارے کلام نظم و نثر کو ملحوظ رکھتے ہوئے، اقبال کی پوزیشن واضح ہو جاتی ہے۔ اقبال کو تصوف کی روایت ورثے میں ملی تھی۔ انگلستان جانے سے پہلے وہ حضرت نظام الدین اولیا کے مزار پر حاضر ہوئے تھے۔ بزرگوں اور درویشوں سے انہیں بڑی عقیدت تھی اور ان کی زندگی میں باوجود نشیب و فراز کے ایک درویشانہ بے نیازی ملتی ہے۔ انہیں تصوف پر نہیں مزاج

خانقاہی پر اعتراض تھا۔ وہ جب یہ کہتے ہیں،

کرے گی داور محشر کو شرمسار اک روز
کتاب صوفی و ملا کی سادہ اوراقی

تو یہ بات ذہن میں رکھنا چاہئے کہ جس طرح ملا، کٹھ ملائیت کا ترجمان ہے، اسی طرح یہ صوفی حقیقی صوفی نہیں ہے۔ گو تصوف کا دم بھرتا ہے۔ حقیقی تصوف اور حقیقی فقر کے متعلق اقبال کے یہ اشعار دیکھئے،

فقر کے ہیں معجزات تاج و سریر و سپاہ
فقر ہے میروں کا میر فقر ہے شاہوں کا شاہ

علم کا مقصود ہے پاکی عقل و خرد
فقر کا مقصود ہے عفت قلب و نگاہ

علم فقیہ و کلیم، فقر مسیح و حکیم
علم ہے جویائے راہ فقر ہے دانائے راہ

فقر مقام نظر علم مقام خبر
فقر میں مستی ثواب علم میں مستی گناہ

علم کا موجود اور فقر کا موجود اور
اشہد ان لا الہ اشہد ان لا الہ

چڑھتی ہے جب فقر کی سان پہ تیغ خودی
ایک سپاہی کی ضرب کرتی ہے کار سپاہ

دل اگر اس خاک میں زندہ و بیدار ہو
تری نگہ توڑ دے آئینہ مہر و ماہ

وہ صوفی کے مرتبے کو جانتے ہیں، انہیں اس سے صرف یہ شکایت ہے وہ بتان عجم کے پجاریوں میں شریک ہو گیا ہے۔ ساقی نامہ میں کہتے ہیں،

وہ صوفی کہ تھا خدمت حق میں مرد

محبت میں یکتا، حمیت میں فرد

عجم کے خیالات میں کھو گیا

یہ سالک مقامات میں کھو گیا

اقبال جو حرکت، کشمکش، عمل میں یقین رکھتے ہیں، وہ کسی طرح اس نتیجے پر پہنچے۔ یہ وحدت الوجود کا نظریہ فارسی شاعری میں بڑے پر فریب طریقے سے لوگوں کو بے عملی کی طرف لے جاتا ہے۔ اقبال کی عظمت کا اعتراف کرتے ہوئے بھی اقبال کی ہر بات پر آمنا و صدقنا کہنا قطعاً ضروری نہیں ہے۔ انہوں نے حافظ کی شاعری کی روح پر غور نہیں کیا اور ان کی شاعری کے ظاہری اثرات کو ہی اہمیت دی۔ عجمی افکار کی انہوں نے جابجا مذمت کی ہے مگر اپنی نظم 'مدنیت اسلام' میں وہ عجم کے حسن طبیعت کو بھی سراہنا ضروری سمجھتے ہیں۔ نظم یوں شروع ہوتی ہے،

بتاؤں تجھ کو مسلماں کی زندگی کیا ہے

یہ ہے نہایت اندیشہ کمال جنوں

اور جس شعر کی طرف آپ کو توجہ دلانا ہے، وہ یہ ہے،

عناصر اس کے ہیں روح القدس کا ذوق جمال

عجم کا حسن طبیعت عرب کا سوز و دروں

اسٹیفن الینڈر نے کہا ہے کہ QUALITY تمدن کی وہ خصوصیت ہے جو اسی وقت پیدا ہوتی ہے جب ماضی کا احساس ایک حیات بخش قوت کی حیثیت سے اس سماج

میں کام کرے۔ ہمارے یہاں حال کے کرب کا احساس ہے مگر ماضی کا یہ احساس اور عرفان نہیں ہے۔ اردو شاعری کے کلاسیکی سرمائے میں تصوف کی وجہ سے جو بلندی، بصیرت اور انسان دوستی آئی ہے، اس سے ہمیں اب بھی ذہنی غذا مل سکتی ہے اور شعر کی زبان میں جس طرح ان اسرار ورموز کو پیش کیا گیا ہے، ان کو سمجھنے سے حال کے آگہی کے بحران میں بھی ایک عزم تازہ حاصل ہو سکتا ہے۔ غالب نے غلط نہیں کہا تھا،

بے مے کسے ہے طاقت آشوب آگہی

* * *

شاعری اور نثر کا فرق

اسلوبیات اور ساختیات کے ماہروں کا کہنا یہ ہے کہ NORM یا معمول نثر ہے اور شاعری دراصل اس معمول میں وقفے PAUSE یا انحراف DEVIATION کا نام ہے۔ ان لوگوں نے یورپ کی کلاسیکی شاعری، رومانی شاعری اور جدید شاعری کے جائزے اور اعداد و شمار کی مدد سے یہ ثابت کیا ہے کہ کلاسیکی شاعری میں وقفوں یا انحراف کا تناسب زیادہ نہیں ہے، رومانی شاعری میں اس سے زیادہ ہے اور جدید شاعری میں سب سے زیادہ۔

یہاں دو سوال پیدا ہوتے ہیں۔ پہلا یہ ہے کہ کیا نثر کو فارم سمجھا جائے اور شاعری کو انحراف۔ دوسرا یہ کہ کیا یہ جائزہ قابل اعتماد کہا جا سکتا ہے اور اس کی بنا پر ایسے اہم معاملات میں کوئی حکم لگایا جا سکتا ہے۔ بات یہ ہے کہ ایسے مسائل پر قواعد داں، ماہر لسانیات، شاعر، نثر نگار، نقاد، منطقی، سب اپنے اپنے نقطۂ نظر سے بات کرتے ہیں۔ ادب کے طالب علموں کا یہ حق ہے کہ ہم ادب کی زبان کی روشنی میں ان مسائل پر بات کریں۔ دوسرے پہلوؤں پر غور ہو سکتا ہے مگر بنیادی مسئلہ ادبی زبان اور ادبی اظہار کا ہے۔

ہمارے کلاسیکی نقادوں کے نزدیک شاعری سب کچھ تھی اور نثر اس کے مقابلے میں کمتر۔ بات یہ ہے کہ ادبی تنقید تخلیق کے پیچھے چلتی ہے اور اس کی روشنی میں اپنے اصول اور قواعد و ضوابط متعین کرتی ہے۔ یونانی ادب کے کتنے شاندار سرمایے کے

مقابلے میں اردو نثر کا سرمایہ کیفیت اور کمیت کے لحاظ سے کتنا کمتر تھا، جب شاعری اور نثر کی خصوصیات اور اقسام پر بحث شروع ہوئی۔ اس لیے اس بحث میں قدما کی تعریفوں کو ملحوظ رکھنا تو ضروری ہے مگر ان پر تکیہ کرنا اور انھیں قول فیصل سمجھنا درست نہ ہو گا کیونکہ اس عرصے میں گنگا میں بہت پانی بہہ گیا ہے اور اب جہاں تک ان زبانوں کا سوال ہے نثر کا بھی اچھا خاصا سرمایہ فراہم ہو گیا ہے۔

اردو شاعری کی عمر ابتدائی نمونوں کو نظر انداز کرتے ہوئے ساڑھے تین سو سال کی ہے اور نثر کی عمر پونے دو سو سال کی اور ادھر سو سال میں اس نے نمایاں ترقی کی ہے، اس لیے اب سارے ادبی سرمایے کو ذہن میں رکھتے ہوئے، ہمیں شاعری اور نثر کے فرق کو سمجھنا ہو گا۔ اس کا مطلب یہ ہے کہ کلاسیکی نظریات کو نظر انداز کرنے کے بجائے ہمیں ان کے ساتھ جدید نظریات پر بھی غور کرنا ہو گا اور حسب ضرورت کلاسیکی نظریات میں تبدیلی کرنی ہو گی۔ اردو تنقید صرف عربی یا فارسی تنقید پر تکیہ نہیں کر سکتی، اسے سنسکرت اور ہندی تنقید کو بھی ذہن میں رکھنا ہو گا اور مغربی تنقید کو بھی، جو بڑی حد تک عالمی معیاروں کی نمائندگی کرتی ہے۔ ہاں ان عالمی معیاروں کو بجنسہ اختیار کرنے کے بجائے ان کی روح کو جذب کرنا ہو گا۔ ہر ادب کی اپنی بنیاد ہوتی ہے، مگر اس پر جو رنگ محل تعمیر کیا جاتا ہے اس کے نقش و نگار عالمی ہوتے ہیں۔ مقامیت اور آفاقیت دونوں میں ایک گہرا رشتہ ہے۔

ایک اور بات شروع میں کہنی ضروری ہے۔ میرے نزدیک نظم اور نثر کے فرق پر غور کرنے کے بجائے شاعری اور نثر کے فرق پر غور کرنا چاہیے۔ ہمارے یہاں شاعری کی دو قسمیں کہی جا سکتی ہیں۔ ایک نظم، دوسری غزل۔ غزل بھی ایک طرح کی نظم ہے مگر اسے اپنی روایت اور تاریخ کی بنا پر الگ حیثیت مل گئی ہے۔ سہولت کے لئے ہم یہ بھی

کہہ سکتے ہیں کہ وہ شاعری نظم ہے جس میں مربوط اور مسلسل اظہار ہے، وہ شاعری غزل ہے جس میں ہر شعر منفرد ہوتا ہے مگر دوسرے اشعار سے قافیے اور اکثر ردیف کے ذریعہ سے منسلک ہوتا ہے۔

جدید ادبی سرمایے کی روشنی میں نظم کی پھر دو قسمیں ہو جاتی ہیں، ایک پابند نظم، جس میں بحر ایک ہی ہوتی ہے اور عام طور پر مختلف ہیئتوں سے کام لیا جاتا ہے مگر قافیے کا التزام ہوتا ہے اور کبھی کبھی ردیف کا بھی۔ دوسرے آزاد نظم، جس میں ہر مصرعے میں بحر کے ارکان میں تبدیلی کی گنجائش ہوتی ہے۔ اردو میں آزاد نظم دراصل ایک بحر سے آزاد نہیں ہے اس لیے صحیح معنی میں آزاد نظم نہیں کہی جاسکتی بلکہ جسے آج نثری نظم کا نام دیا جاتا ہے، دراصل وہ آزاد نظم ہے مگر چونکہ ہمارے یہاں آزاد نظم اب خاصی رائج ہو گئی ہے، گو اس میں بحر ایک میں رہتی ہے، صرف ارکان چھوٹے بڑے ہوتے ہیں، اس لیے اسے آزاد نظم کہا جاسکتا ہے۔ ادبی نقادوں کو چلن کا لحاظ رکھنا چاہیے۔ گو اس کا غلام ہونے کی اسے ضرورت نہیں۔

جب ہم شاعری میں پابند نظم، آزاد نظم اور غزل سبھی کو شامل کرتے ہیں تو پھر شعر کی تعریف اسی لحاظ سے کرنی ہو گی اور نثر کی تعریف بھی شاعری سے بنیادی فرق کی روشنی میں۔ یہ کام اتنا آسان تو نہیں جتنا سمجھا جاتا ہے مگر اس کی کوشش بہر حال ضروری ہے۔ بحر الفصاحت میں شعر کی تعریف اس طرح کی گئی ہے،

"شعر اس کلام موزوں کا نام ہے جو اوزان مقررہ میں سے کسی وزن پر اور مقفیٰ ہو اور بالقصد موزوں کیا گیا ہو۔" (ص، ۵۰) مراۃ الشعر میں شعر کی تعریف یوں ملتی ہے، "و کلام موزوں ومقفے جو مقدمات موہوم پر مشتمل ہو اور ان کی ترتیب سے نتائج غیر واقعی پیدا کرے، مگر اس طرح کہ وہم کو حقیقت، حقیقت کو وہم کر دکھائے۔" (ص ۴)

اب اگر وزن اور قافیے کی شرط لازمی قرار دی جاتی ہے تو ہمارے یہاں آزاد نظم اور نثری نظم اور نظم معریٰ تینوں شاعری کے دائرے سے خارج ہو جاتی ہیں جو ہمیں گوارا نہ ہونا چاہئے، اس لیے قدما کی تعریفوں پر نظر ثانی کی ضرورت ہے۔ خوش قسمی سے حالی کو اس بات کا احساس تھا۔ انھوں نے مقدمہ ٔشعر و شاعری میں لکھا ہے کہ "شعر فی نفسہ وزن کا محتاج نہیں البتہ وزن کی شرط نظم کے لیے ہے۔" حالی قافیے کو بھی نظم کے لئے ضروری سمجھتے تھے۔ اگر ہم پابند نظم کی اصطلاح استعمال کریں تو حالی کی اس تعریف سے فائدہ اٹھا سکتے ہیں۔ عروضی تو صرف وزن ہی کے التزام کو شاعری کہتے ہیں، منطقی "اعلادرجے کے استعاروں اور عمدہ تشبیہوں پر زور دیتے ہیں جن کے ذریعہ سے تاثیر پیدا ہو اور فرحت یا رنج و غم حاصل ہو۔" (بحر، ص، ۵۲)

بہر حال اپنے سارے سرمایے اور عالمی میلانات پر نظر رکھتے ہوئے اب شاعری کے سلسلے میں کولرج کی اس تعریف سے مدد مل سکتی ہے۔ نثر ان مناسب الفاظ سے عبارت ہے جو اپنے مناسب مقامات پر ہوں اور شاعری ان سب سے زیادہ مناسب الفاظ پر جو اپنے مناسب مقامات پر ہوں، یعنی شاعری میں زور الفاظ اور ان کے حسن پر ہے اور نثر میں خیالات پر جن کے لیے لفظ صرف ایک آلہ ہے۔ غالبؔ کی اس نکتے پر نظر تھی تبھی تو انھوں نے کہا ہے،

گنجینۂ معنی کا طلسم اس کو سمجھیے
جو لفظ کہ غالبؔ مرے اشعار میں آوے

یعنی شاعری میں اکائی لفظ ہے۔ جب کہ نثر میں اکائی فقرہ یا جملہ ہے۔ اس بات کو اس طرح بھی کہہ سکتے ہیں کہ شعر تخلیقی اظہار ہے اور نثر تعمیری اظہار۔ اس کا مطلب یہ نہیں کہ نثر میں تخلیقی اظہار نہیں ہوتا۔ آخر ناول، افسانے، انشائیے وغیرہ میں نثر میں

تخلیقی رنگ تو ہوتا ہی ہے۔ مطلب یہ ہے کہ شاعری میں لفظ کی اہمیت بجائے خود ہے۔ نثر میں لفظ فقرے یا جملے ہی میں اپنی پوری توانائی ظاہر کرتا ہے۔ شاعری میں لفظ کا فنکشن یا تفاعل نثر میں لفظ کے فنکشن یا تفاعل سے مختلف ہے۔ شعر میں لفظ، استعاراتی یا تمثیلی یا علامتی پہلو لیے ہوتا ہے۔ نثر میں استعارے یا علامات استعمال ہوتے ہیں، مگر لفظ استعاراتی یا علاماتی اکیلا نہیں ہوتا، پورے فقرے یا جملے میں علاماتی یا استعاراتی ہوتا ہے۔ استعارہ عام فہم بھی ہو سکتا ہے اور نسبتاً ابہام یا اشکال کا حامل بھی۔ مگر ارسطو کے اس قول کو ذہن میں رکھنا چاہیے کہ استعارہ شعر کی روح ہے اور شاعر اس میں سب سے زیادہ اپنے آپ کو ظاہر کرتا ہے۔

شاعری میں تخیل صورت گر ہوتا ہے۔ اہمیت صورت گر تخیل کی ہے صرف تخیل کی نہیں۔ اہمیت بذات خود محاکات کی نہیں محاکات کے اس تصویر لینے کی ہے جو تجربے کے رس اور جس سے مالامال ہو۔ بحر الفصاحت اور مراۃ الشعر میں شعر کی جو تعریفیں ملتی ہیں وہ نامکمل ہیں۔ ان میں وزن اور قافیے پر زور ہے، لیکن لفظ کے خلاقانہ استعمال، اس کی جدلیاتی نوعیت، اس کی پہلو داری اور تہہ داری پر نہیں۔ شمس الرحمن فاروقی نے شعر، غیر شعر اور نثر میں، شاعری میں لفظ کے جدلیاتی استعمال، اجمال، ابہام پر زور دیا ہے۔ میرے نزدیک جدلیاتی سے پہلو داری بہتر ہے۔

جہاں تک اجمال کا تعلق ہے، اس سے بہتر لفظ کفایت ہے۔ شاعری میں لفظ بکفایت استعمال ہوتے ہیں، نثر کے مقابلے میں اس میں محذوفات زیادہ ہوتے ہیں لیکن مفہوم تک رسائی میں نہ صرف کوئی فرق نہیں پڑتا، کچھ زور بڑھ ہی جاتا ہے۔ ابہام میرے نزدیک شاعری کی لازمی خصوصیت نہیں۔ آخر ہمارے یہاں سہل ممتنع کی اصطلاح اور حالی کے یہاں سادگی پر زور بے معنی نہیں۔ جس طرح سہل ممتنع کو شاعری کی معراج

سمجھنا درست نہیں، اس طرح ابہام کو لازم سمجھنا بھی ضروری نہیں۔ اچھی شاعری سہل ممتنع کی بھی ہو سکتی ہے اور ابہام کی بھی۔ ابہام پر زیادہ زور دینے کی وجہ سے فاروقی کا اہم مضمون یک طرفہ ہو گیا ہے۔ اس طرح انھوں نے بندش کی چستی، برجستگی، سلاست، روانی، ایجاز، زور بیان کو نثر کے خواص ٹھہرا کر میرے نزدیک وقتِ نظر سے کام نہیں لیا۔

بات یہ ہے کہ اعلا درجے کی شاعری سہل ممتنع میں بھی جلوہ گر ہوتی ہے اور ابہام میں بھی۔ یہاں سوال شاعر کے انداز نظر اور موضوع کا آتا ہے۔ شاعر اگر لفظ کو محسوس خیال، مخصوص تجربے یا منفرد تصور کا گہوارہ بنا دے، اگر اس کی نظر نادرہ کار، تازہ کار اور لالہ کار ہو، اگر وہ مانوس چیزوں میں نئے جلوے اور نامانوس کیفیات میں مانوس بو باس پیدا کر سکے، اگر وہ لفظ کو نشتر یا تلوار یا موج مے یا رنگ شفق بنا سکے، اگر وہ لفظ میں ایک طلسمی دنیا سمو سکے تو لفظ کائنات بن جاتا ہے۔ اس طرح یہ لفظ لازمانی بن جاتا ہے۔

شاعری تاثرات، کیفیات دیتی ہے۔ نثر معلومات۔ شاعری ذہن میں کوندے کی لپک پیدا کرتی ہے۔ نثر ذہن میں چراغاں کرتی ہے۔ شاعری پہلے سب کچھ کرتی تھی۔ اس لیے کچھ لوگوں نے اس سب کچھ کو شاعری کی روح سمجھ لیا، لیکن جیسے جیسے زمانہ آگے بڑھتا گیا، شاعری کی زبان مخصوص اور اس کا کام ایک مخصوص معیار کا ہوتا گیا۔ اب عام ابلاغ کا کام نثر نے سنبھال لیا ہے اور ہر تمدن کی ترقی نثر کی ترقی کے ساتھ وابستہ ہے۔ اس کے یہ معنی ہر گز نہیں کہ شاعری کو زوال ہو گیا یا اس کا درجہ نثر سے گر گیا۔ اب اختصاص کے اس دور میں شاعری بھی اختصاصی ہو گئی۔ مضمون کے شروع میں، میں نے ماہرین اسلوبیات اور ساختیات کے حوالے سے یہ جو بات کہی تھی کہ جدید شاعری میں نثر کے نارم NORM سے جو انحراف بڑھ گیا ہے، اس کی وجہ ہی شاعری کے اپنے مخصوص

رول کو اپنانے کے ہیں۔ اس کے یہی معنی ہیں۔

چونکہ کلاسیکی شاعری نثر کے فارم سے زیادہ قریب تھی، اس لیے اس دور میں شاعری کی تعریف میں یا شعر کی تعریف میں بعض ایسے پہلوؤں پر توجہ تھی، جو نثر کی خصوصیت ہیں یا پھر وزن اور قافیے کی شرط تھی، جو شاعری میں یقیناً اہمیت رکھتے ہیں مگر شعریت کی روح دراصل ان میں بعض لفظ کے شاعرانہ استعمال میں ہے۔ وزن کی شاعری میں بنیادی اہمیت نہیں۔ اس کی اہمیت یہ ہے کہ اس طرح آہنگ کے مقررہ، باقاعدہ اور مرتب سانچے کام میں لائے جاتے ہیں۔ بہر حال شاعری میں آہنگ کی بنیادی اہمیت ہے۔ نثر بھی ایک آہنگ رکھتی ہے، مگر یہاں آہنگ زیادہ ڈھیلا ڈھالا، زیادہ آزاد اور بقول درائی ڈن DRYDEN ایک دوسرے قسم کا آہنگ ہے۔

لیکن شاعری کی ہر تعریف ایسی جامع ہونی چاہیے کہ اس میں غزلوں اور مختصر نظموں کے علاوہ طویل نظموں، مثنویوں اور مختلف اصناف اور مختلف ہیئتوں کے لیے گنجایش نکل سکے۔ یہاں یہ بات یاد رکھنی پڑے گی کہ طویل نظموں یا مثنویوں میں چونکہ ایک بڑی بساط ہوتی ہے، اس لیے اس میں شاعری کو شاعری کے علاوہ کچھ نثری صفات سے بھی کام لینا پڑتا ہے۔ ان میں ایک صفت تو تعمیری ہے۔ جس طرح سنگ مرمر کے ٹکڑوں کو جوڑنے کے لیے اور ایک ڈیزائن تیار کرنے کے لیے ایک ایسے مسالے کی ضرورت ہوتی ہے جو سنگ مرمر سے علاحدہ ہے، اس طرح طویل نظموں میں شاعری کو ایسی چیزوں سے بھی کام لینا پڑتا ہے جو دراصل شاعری کے ذیل میں نہیں آتیں۔ خالص سونے کا زیور نہیں ہوتا، اس میں ڈیزائن کچھ میل سے وجود میں آتا ہے، یہ لطافت بے کثافت جلوہ پیدا کر نہیں سکتی والی بات ہے۔

اس طرح شاعرانہ بیان تخیل کی صورت گری کی مدد سے لفظ کا تخلیقی استعمال کرتا

ہے۔ اس کے امکانات سے کام لیتا ہے۔ اس میں معنی کی تہوں اور پرتوں کو آشکار کرتا ہے۔ وہ زبان کی عام اسکیم یا اس کے مانوس نظام سے ایک خاص رشتہ قائم کرتا ہے اور اس خاص رشتے کے ذریعہ سے لسانی اجزا اپنا نیا نظام بنا لیتے ہیں۔ عام زبان سے یہ انحراف، شاعرانہ زبان کے اپنے نظام کے مطابق ہوتا ہے اور شاعرانہ زبان کی اسکیم سے انحراف عام زبان کے مطابق ہوتا ہے۔ دونوں کو اس طرح نئی تب و تاب اور نئی توانائی ملتی رہتی ہے۔ اس معنی میں شاعر نئی زبان بناتا ہے اور اس نئی زبان سے عام زبان زیادہ سرمایہ دار، زیادہ پہلو دار، زیادہ جاندار اور طرحدار ہو جاتی ہے۔ شاعر جو نئی ترکیبیں وضع کرتا ہے، ان کے ذریعہ سے معنی آفرینی، حسن آفرینی اور اختصار تینوں کا حق ادا ہوتا ہے۔

شاعری میں جو وقفے یا PAUSES آتے ہیں، ان میں ایک تناسب، ایک ترتیب، ایک موزونیت ہوتی ہے۔ آہنگ نثر میں بھی ہوتا ہے۔ اس کا تجربہ وقفوں یا PAUSES کے پیٹرن یا ڈیزائن سے کیا جا سکتا ہے، مگر شاعری میں یہ پیٹرن خاصا چوکس، خاصا باقاعدہ اور خاصا مترنم ہوتا ہے، نثر میں زیادہ آزاد۔ دونوں میں بل بھی ہے اور لہجے کی کھنک بھی مگر شاعری میں یہ زیادہ محسوس اور منظم ہوتا ہے، نثر میں نسبتاً خاموش۔ ایک میں تموج ہے دوسرے میں بہاؤ، ایک میں اتار چڑھاؤ کا مظاہرہ ہے دوسرے میں خاموش روانی کا۔ پھر نثر کے ایک فقرے یا جملے میں بر محل رابطے کے الفاظ ہوتے ہیں جن کا وجود ضروری ہے، شاعری میں یہ بر محل رابطے محذوف ہوتے ہیں۔ شاعری کم سے کم الفاظ سے زیادہ زیادہ اثر پیدا کرتی ہے، زیادہ سے زیادہ خیال کی دنیا میں ہلچل پیدا کرتی ہے۔

شاعری محشر خیال اور محشر الفاظ ہے۔ نثر روانی روش اور چراغ انگیز ہے۔ صناعی اور آرایش و زیبایش کی دونوں میں گنجایش ہے اور یہ عام طور پر کلاسیکی زبانوں کے الفاظ سے

آتی ہے مگر جس طرح انگریزی شاعری اور انگریزی نثر لاطینی زبان کی گرفت سے آزاد ہوئی، اسی طرح اردو بھی اب عربی، فارسی الفاظ کی گرفت سے آزاد ہو رہی ہے۔ ہاں لاطینی ہو یا عربی، فارسی دونوں سے کام شاعری اور نثر میں برابر لیا جائے گا، مگر انگریزی زبان کی جینس یا اردو زبان کے مزاج یا اردو پن کے دائرے کے اندر رہ کر۔

شاعری کے سلسلے میں تو ہمارے قدما کی تعریفیں اب بھی ایک حد تک مفید ہیں، گو ان میں بعض اہم پہلوؤں کی پاسداری نہیں ہے مگر نثر کے سلسلے میں ہماری پرانی تعریفیں ہماری مدد بہت کم کرتی ہیں، بلکہ ایک حد تک گمراہ کن ہیں مثلاً نثر مرجز، نثر مقفٰے، نثر مسجع، دراصل نثر کے اپنے حسن کو چھوڑ کر شاعری کے روایتی زیور سے آراستہ ہونے کی کوشش کرتی ہیں، اس لیے ان اصطلاحوں کی اب صرف تاریخی اہمیت ہے، ان میں جو قسم سب سے مفلس سمجھی گئی یعنی نثر عاری، وہی سب سے زیادہ سرمایہ دار ہے۔

بھلا بتائیے کہ وہ نثر جس میں "وزن ہو اور قافیہ ہو، یا جس میں قافیہ تو ہو مگر وزن نہ ہو یا جس میں پہلے فقرے کے تمام الفاظ دوسرے فقرے کے تمام الفاظ سے وزن و حرف آخر میں موافقت رکھتے ہوں۔" نثر ہے یا شاعری کی زنجیروں میں ایک قیدی۔ یہ نثر در اصل نہ نثر کی مردانگی رکھتی ہے نہ شاعری کی نسائیت بلکہ یہ ایک تیسری جنس ہے۔ اس لیے ہمارے نزدیک جسے نثر عاری کہا گیا ہے، وہی نثر کا جوہر رکھتی ہے۔ اس میں لنگڑا لنگڑا کر چلنے کے بجائے ایک بے پروا خرام ہے۔ یہ درست ہے کہ یہ تشبیہ، استعارے، پیکر وغیرہ سے زیادہ کام نہیں لیتی۔ غالباً سموئیل جانسن نے سویفٹ کے متعلق کہا تھا کہ یہ شیطان استعارے کا بھی خطرہ مول نہیں لیتا مگر اچھی نثر اگر اپنے آداب کو ملحوظ رکھے تو استعارے یا تشبیہ کی چاشنی اس میں کبھی کبھار مزا دے جاتی ہے۔

بنیادی نکتہ یہ ہے کہ شاعری میں اس کی جگہ اسٹیج کے مرکز میں ہے۔ نثر میں حاشیے

میں۔ شاعری دھنک ہے، نثر سفید رنگ۔ شاعری وہ چاندی ہے جس میں لطیف سایے بھی ہیں اور ہر شے کچھ طلسمی، کچھ پراسرار نظر آتی ہے۔ نثر وہ دھوپ ہے جس میں ہر شے آئینہ ہوتی ہے۔ متمدن انسان نثر سے زیادہ کام لے گا، لیتا رہے گا، مگر وہ شاعری کے مخصوص جادو، اس کی زبان کی سچائی اور چارہ گری، اس کی خیال انگیزی اور معنی آفرینی سے کبھی بے نیاز نہ ہو سکے گا۔ اردو شاعری میں میر، نظیر، انیس، غالب، اقبال، فیض، فراق، راشد، میراجی، سب نے اپنے اپنے طور پر شاعری کی ہے۔ نظیر نے سب سے زیادہ الفاظ استعمال کیے ہیں، مگر جیسا کہ شبلی نے کہا کہ شائستہ الفاظ انیس نے زیادہ استعمال کیے ہیں۔

شاعری لغت سازی نہیں ہے، میر نے سہل ممتنع کا بھی حق ادا کیا ہے مگر صرف سہل ممتنع کی وجہ سے میر کی میری مسلم نہیں، ان کے لفظ کے خلاقانہ استعمال کی وجہ سے ہم انھیں خدائے سخن کہتے ہیں۔ غالب اور اقبال استعارہ سازی کی وجہ سے اور تراکیب میں جہان معنی آباد کرنے کی وجہ سے زبان کو ہر موضوع کے اظہار پر قادر بناتے ہیں اور حدیث دلبری کو صحیفہ کائنات۔ فیض اور فراق ان شاہراہوں کو بارونق بناتے ہیں، مگر راشد اور میراجی کی اہمیت یہ ہے کہ انھوں نے ان پگڈنڈیوں کی سیر کی جو بقول اختر الایمان افق کو چھو سکتی ہیں۔

میرامن کی باغ و بہار سے پہلے میرے نزدیک اردو نثر میں اردو پن تھا ہی نہیں وہ فارسی کو بھونڈی نقل تھی۔ وجہی کی ترنگ دربار کی پر تکلف فضا کے دھندلکے میں غائب ہو چکی تھی۔ میرامن، خطوط کے غالب، سرسید، حالی، شبلی، نذیر احمد، عبد الحق اور حال میں عابد حسین، منٹو اور عصمت کی نثر، نثر کے جوہر سے آشنا ہے۔ محمد حسین آزاد ہوں یا ابوالکلام آزاد، یہ اچھی اور معیاری نثر برابر نہیں لکھ پاتے، کہیں نہ کہیں ٹھوکر کھا ہی

جاتے ہیں۔ موضوع کے لحاظ سے شاعری اور نثر دونوں میں ہلکے اور گہرے رنگ ہوتے ہیں۔ شاعرانہ نثر کی بھی نثر میں گنجایش ہے مگر اس کا مزاج نثر کا مزاج اور اس کا آہنگ نثر کا آہنگ ہونا چاہیے۔ نثر کو اوقاف کی سیڑھیوں کی ضرورت ہے۔ شاعری انھیں پھلانگ سکتی ہے۔ بقول غالب،

ہے رنگِ لالہ و گل و نسریں جدا جدا
ہر رنگ میں بہار کا اثبات چاہیے

٭٭٭

فکشن کیا؟ کیوں؟ اور کیسے؟

ڈی ایچ لارنس کہتا ہے، "میں زندہ انسان ہوں اور جب تک میرے بس میں ہے میرا ارادہ زندہ انسان رہنے کا ہے۔ اس لیے میں ایک ناولسٹ ہوں اور چونکہ میں ناولسٹ ہوں اس لیے میں اپنے آپ کو کسی سنت، کسی سائنٹسٹ، کسی فلسفی، کسی شاعر سے برتر سمجھتا ہوں، جو زندہ انسان کے مختلف حصوں کے بڑے ماہر ہیں مگر پورے انسان تک نہیں پہنچتے۔ ناول زندگی کی ایک روشن کتاب ہے۔ کتابیں زندگی نہیں، یہ صرف ایتھر ہیں، ارتعاشات ہیں، لیکن ناول ایک ایسا ارتعاش ہے جو پورے زندہ انسان کے اندر لرزش پیدا کر سکتا ہے۔ یہ ایک ایسی چیز ہے جو شاعری، فلسفے، سائنس یا کسی اور کتابی ارتعاش کے بس کی بات نہیں۔"

لارنس کے اس اقتباس سے سوفی صدی اتفاق ضروری نہیں، مگر اس میں ناول کی اہمیت کی طرف جو اشارہ ہے اور ناول کی وسعت، دائرہ کار، بلندی، گہرائی اور عظمت کا جو احساس ہے اسے ضرور دھیان میں رکھنا چاہئے۔

فکشن کا لفظ ناول اور افسانہ دونوں کے لیے استعمال ہوتا ہے۔ اردو میں فکشن کے لیے افسانوی ادب کی اصطلاح بھی برتی گئی ہے مگر چونکہ افسانہ ہمارے یہاں مختصر افسانے کے لیے مخصوص ہو گیا ہے، اس لیے افسانوی ادب کہا جائے تو پڑھنے والے کا دھیان مختصر افسانے کے سرمائے کی طرف جائے گا۔ ہم نہ صرف شارٹ اسٹوری کے لیے مختصر افسانے کی اصطلاح استعمال کرتے ہیں بلکہ لانگ شارٹ اسٹوری کے لیے طویل افسانے

کی اصطلاح بھی برتتے ہیں۔ اس لیے میرے نزدیک ناول اور افسانے دونوں کے سرمائے کے لیے فکشن اور فکشن کا ادب استعمال کرنے میں کوئی حرج نہیں ہے۔ انگریزی کی ایسی اصطلاحیں جن کے مترادف الفاظ ہمارے یہاں نہ ہوں اور جو ہمارے صوتی نظام کے مطابق ہوں، انھیں بجنسہ لے لینے میں تامل نہیں کرنا چاہئے۔

تمام نقادوں کا اس پر اتفاق ہے کہ ہمارے یہاں شاعری کا جو سرمایہ ہے، اس کے مقابلے میں ناول کا سرمایہ بہت کم ہے۔ یہاں مقدار کا ہی سوال نہیں معیار کا بھی سوال ہے۔ اس کی ایک وجہ تو یہ ہے کہ ہمارے یہاں شاعری کے سرمائے کی روایت تقریباً پانچ سو سال سے ملتی ہے، ناول کی روایت سو سال سے زیادہ نہیں۔ ہاں ہمارے یہاں ناول سے پہلے داستانوں کا ایک سرمایہ موجود ہے جس کی عظمت کا اعتراف ضروری ہے مگر جو ایک مختلف فن سے تعلق رکھتا ہے۔ ناول نوعمر ہے تو اس پر تنقید بھی نوعمر ہے۔ یہ بات افسوس کے قابل ہے مگر ماتم کے قابل نہیں۔ رینی ولیک اور آسٹن وارن نے Theory of Literature میں لکھا ہے، "ناول کے متعلق ادبی نظریہ اور تنقید کیفیت اور کمیت دونوں کے لحاظ سے شاعری کے نظریے اور تنقید سے کمتر ہیں۔"

ناول کا کوئی نقاد ارسطو، جانسن اور کولرج یا آرنلڈ اور ایلیٹ کے درجے کا نہیں ہے۔ مغرب میں بھی ناول کی صنف اور اس کی انفرادیت کا احساس زیادہ سے زیادہ دو سو سال کا ہوگا۔ ہمارے یہاں تو نذیر احمد کے تمثیلی قصے ناول کے لیے فضا سازگار کرتے ہیں۔ سرشار کہتے ہیں کہ "میاں آزاد کا ہر شہر و دیار میں جانا اور وہاں کی بُری رسموں پر جھلانا ناول کا عمدہ پلاٹ ہے۔" مگر وہ ناول کے ضبط و تنظیم کے فن سے واقف نہیں، ہاں کرداروں کا ایک نگار خانہ اور معاشرت کا ایک مرقع ضرور پیش کر دیتے ہیں۔ شرر ناول لکھنے کا عزم کرتے ہیں مگر رومان لکھتے ہیں۔

واقعہ یہ ہے کہ اردو کا پہلا ناول امراؤ جان ادا ہے۔ پریم چند نے جو دراصل افسانہ نگار تھے کچھ اچھے ناول لکھے اور ناول کی روایت کو آگے بڑھایا اور اسے وسعت بھی عطا کی مگر وہ عظیم ناول نگار کہلانے کے مستحق نہیں ہیں۔ ان کے اچھے ناول، 'میدان عمل' اور 'گئودان' ہی ہیں۔ پریم چند کے بعد اس فن میں خاصی ترقی ہوئی، اور چھوٹے بڑے ناولوں میں 'لندن کی ایک رات'، 'ٹیڑھی لکیر'، 'ایسی بلندی ایسی پستی'، 'آگ کا دریا'، 'آنگن'، 'اداس نسلیں'، 'علی پور کا ایلی'، 'ایک چادر میلی سی' اور 'خدا کی بستی' میرے نزدیک اردو کی قابل فخر ناولیں کہی جا سکتی ہیں۔ یہ فہرست مکمل نہیں ہے اور یہاں فہرست سازی میرا مقصد بھی نہیں۔ صرف یہ عرض کرنا ہے کہ اتنے تھوڑے سے سرمائے کے پیش نظر اگر ناول کے فن پر تنقید کم ہو اور وہ تنقید بھی تاریخی اہمیت زیادہ رکھتی ہو، تنقیدی کم تو بات سمجھ میں آتی ہے۔

اردو میں افسانہ ناول کے مقابلے میں نو عمر ہے مگر اس نے بلاشبہ ان پچاس ساٹھ سال میں کافی ترقی کی ہے مگر یہ بات بھی غور کرنے کی ہے کہ ہمارے یہاں افسانے کی اتنی ترقی کیوں ہوئی اور ناول کی کیوں نہیں ہوئی؟ کہیں ایسا تو نہیں کہ ناول کی ترقی کے لیے نثر کی جس پختگی کی ضرورت ہے وہ بہت دیر میں وجود میں آئی اور غزل کے اثر سے چونکہ مجموعی طور پر ہمارا فنی شعور چھوٹے پیمانے پر تصویریں بنانے یا Miniature painting سے زیادہ مانوس ہے، اس لیے مختصر افسانے میں اس نے زیادہ آسودگی پائی۔ ناول نسبتاً بھاری پتھر تھا اور اس کے مطالبات بھی زیادہ تھے اس لیے ان سے عہدہ برآ ہونا اتنا آسان نہ تھا۔

ناول کے لیے فضا اس وقت سازگار ہوتی ہے جب اول تو نثر کے تعمیری حسن کا پورا احساس ہو، دوسرے ہر قسم کی نثرے کے اچھے نمونے سامنے آچکیں، تیسرے شخصیت

اور اس کی عکاسی بذات خود ایک کارنامہ سمجھی جائے، چوتھے ایک ایسا متوسط طبقہ وجود میں آچکا ہو جس میں خواندہ لوگوں کی خاصی تعداد ہو، جسے اپنی اہمیت کا احساس ہو، جو اپنے اخلاق و عادات کو عزیز رکھتا ہو، جس کے پاس کچھ فرصت ہو، مگر جس کا نقطۂ نظر کاروباری ہو، جو اپنے سے نیچے تک کے بھدے اور بھونڈے طریقۂ زندگی سے اور اپنے سے اوپر کے طبقے کے بظاہر ناکارہ پن سے اپنے کو ممتاز سمجھتا ہو۔

اس متوسط طبقے سے ناول کو سرکار ہوتا ہے۔ کبھی اس کی امید و بیم کی معروضی عکاسی کرکے، کبھی جین آسٹن کی طرح متوسط طبقے کے طرز زندگی کا تجزیہ کرکے، کبھی فلابیر کی طرح اس کے اخلاق پر ضرب لگا کے یا ایک متوسط طبقے کے پس منظر میں اس طرز زندگی کے متبادل طریقے تعمیر کرکے جیسے ایمیلی برانتے اور کانریڈ کے یہاں ملتے ہیں، پانچویں جب چھپے ہوئے حروف کی اتنی عادت پڑھنے والوں کو ہو جائے کہ وہ تحریر کے آہنگ کو دیکھ سکیں اور اس سے لطف لے سکیں۔ تحریر میں تقریر اور اس کی خطابت کا لطف تلاش نہ کریں۔ چھٹے جب نثر اتنی پختہ ہو جائے کہ وہ شاعری سے زیور نہ مانگے بلکہ اپنے حسن کی رعنائی پر نازاں ہو سکے اور علمی اور فلسفیانہ یا سیاسی یا تاریخی شعور کی آئینہ داری کر سکے۔

ناول میں انفرادی تجربے کی بنیادی اہمیت ہے۔ یہ تعمیم کو شبہ کی نظر سے دیکھتی ہے۔ یہ انفرادی جذبے کے خام مواد سے اپنا تانا بانا تیار کرتی ہے اور اس سے فکر کے لئے لباس مہیا کرتی ہے۔ محض خیالات ناول میں زیادہ اہم نہیں لیکن اگر ذہنی فضا ایسی ہے کہ انفرادی تجربہ حقیقت سے ہمکنار نظر آتا ہے، ناول فلسفیانہ بھی ہو سکتی ہے۔

ناول کا موضوع انسانی رشتے ہیں، اس لیے اس میں حقیقت مقررہ، پہلے سے طے شدہ عقائد کے مجموعے کی شکل میں نہیں بلکہ حقیقت کے اس تجربے کی شکل میں ہوتی ہے

جس کا ایک ارتقائی عمل ہے۔ اس لیے ناول پر کوئی نظریہ لادا جائے تو ناول ناول نہیں رہتا جیسے ویلس کے یہاں۔ ویسے اس میں فن کے آداب کے مطابق ہر نظریے کی عکاسی کی گنجائش ہے۔ ناول تہذیب کا عکاس، نقاد اور پاسبان ہے۔ کسی ملک کے رہنے والوں کے تخیل کی پرواز کا اندازہ وہاں کی شاعری سے ہوتا ہے مگر اس کی تہذیب کی روح اس کے ناولوں میں جلوہ گر ہوتی ہے۔

میں نے جرمن، روسی، فرانسیسی، انگریزی، امریکی تہذیبوں کی روح کو ان ملکوں کے ناولوں کی مدد سے بہتر سمجھا ہے، انہیں سے یہ اندازہ ہوا کہ ان ملکوں میں سماج کس طرح بدلا ہے۔ برادری اور خاندان کے تصور میں کیا انقلاب ہوا ہے۔ انفرادیت پر کیوں زور بڑھا ہے۔ طبقے کس طرح بدل رہے ہیں اور شہروں کی کشش کیا رنگ لا رہی ہے، پھر ان سے یہ بھی معلوم ہوا کہ فرد کے ذہن میں یا باطن میں کیا انقلاب ہوا ہے۔ عقائد کس طرح تلپٹ ہو رہے ہیں۔ ایک سیکولر اخلاقیات کس طرح جنم لے رہی ہے۔ شخصیت کس طرح ٹکڑے ٹکڑے ہو رہی ہے اور پیشے یا سماج کا جبر اسے کس طرح خانوں میں بانٹ رہا ہے۔ انھیں سے یہ عقدہ بھی کھلا کہ نفسیات اور سوشیالوجی اور سائنسی طریقۂ کار نے تہذیب پر کس طرح اثر کیا ہے۔ ہیوم، برک، مارکس اور فرائیڈ کے کیا اثرات پڑے ہیں۔ گویا ذہنی تاریخ ناولوں میں محفوظ ہو گئی ہے۔

ناول کو جب جدید ایپک کہا گیا تو ظاہر ہے کی ایپک کے فن سے زیادہ اس کی وسعت اور اس کی عظمت کی طرف اشارہ ہے کیونکہ ناول ایپک کی طرح مصنف کی ہر وقت موجودگی گوارا نہیں کرتا بلکہ ناول کے کرداروں کی اپنی زندگی اس قدر اہم ہو جاتی ہے کہ بالآخر فن کار کی اپنی شخصیت غائب ہو جاتی ہے۔ جیمس جوائس نے اس انتہا کو بڑی خوبی سے اس طرح بیان کیا ہے،

"فن کار کی شخصیت پہلے ایک پکار، ایک دھن، یا ایک موڈ (غنائیہ میں) اور پھر ایک سیال اور سبک تاب بیان (ایپک میں) اور بالآخر اتنی لطیف ہو جاتی ہے کہ ڈرامے میں بالکل غائب ہو جاتی ہے۔"

ناول کی اہمیت پر اب کچھ روشنی پڑی ہوگی۔ اس لیے یہ نہایت مناسب معلوم ہوتا ہے کہ صنف ناول کے متعلق چند اصولی باتیں کہہ دی جائیں تاکہ ہمیں اپنے سرمائے کو پرکھنے میں آسانی ہو اور ہم آم سے املی کے مزے کی توقع نہ کریں نہ احمد کی ٹوپی محمود کے سر رکھ دیں۔ اس سلسلے میں مارس شر وڈر (Maurice Schroeder) نے ایک مضمون لکھا ہے۔ ناول کی عام طور پر تعریف یہ کی جاتی ہے کہ وہ نثر میں ایک افسانوی بیان ہے جو قابل لحاظ طوالت رکھتا ہے،

A fictional narrative in prose of substantial length .

اس تعریف میں ناول کا جس طرح ار تقاہوا ہے، اس کا لحاظ نہیں رکھا گیا۔ ناول کی تعریف کے لیے ضروری ہے کہ ادبی تاریخ کو ذہن میں رکھیں۔ خارجی روپ کا مطالعہ کریں اور ناولوں کے مواد کو بھی ملحوظ رکھیں۔ ناول ایک بیانیہ فارم ہے۔ اس میں ایک مثالی عمل ہوتا ہے جس کی موضوعی اہمیت ہے اور جو اس کے ساتھ مخصوص ہے۔ ناول معصومیت کے عالم سے Typical تجربے کی منزل تک کے سفر کا بیان ہے۔ اس نادانی سے جو بڑے مزے کی چیز ہے، یہ آدمی کو زندگی کے واقعی روپ کے عرفان تک لاتی ہے۔ ناول ظاہری حالت اور حقیقت میں امتیاز سے سروکار رکھتی ہے، ناول جس حقیقت تک ہمیں لے جاتی ہے اس سے اس کا تاریخی رشتہ ہے۔ یہ بورژوا زندگی، تجارت اور جدید شہروں کی زندگی ہے۔ ناول کو جس حقیقت نے جنم دیا وہ فالسٹاف میں سب سے پہلے جھلکی۔ ناول کا ہیر و ازالۂ فریب کے ایک سلسلے سے گزرتا ہے، وہ ایک طفلانہ امید سے

ایک قانع عقل تک سفر کرتا ہے۔

موضوع کے لحاظ سے ناول رومان سے بالکل مختلف ہے۔ رومان کا ہیرو اپنے کو ہیرو ثابت کرتا ہے۔ ناول کے ہیرو کا اینٹی ہیرو ہونا زیادہ قرین قیاس ہے۔ ایسا ہیرو جو تمام صفات کا مجموعہ نہیں ہے، ناول کا عمل (ایکشن) رومان کے عمل سے ملتا جلتا ہے۔ ناول کے ہیرو کے سفر کو نارتھ روپ فرائی نے quest یا تلاش کا نام دیا ہے جو ایک محدود فضا سے ایک وسیع فضا کے لیے ہے۔ یہ تلاش زماں و مکاں دونوں میں ہو سکتی ہے، اس جستجو کی منزل آئے یا نہ آئے مگر ناول کا ہیرو آخر میں یہ رمز پالیتا ہے کہ ہیروازم کے لیے کوئی مستقبل نہیں ہے اور وہ خود بھی ایک معمولی آدمی ہے۔ اس کا یہ مطلب نہیں کہ سارے ناولوں کا انجام المیہ اور سارے رومانوں کا طربیہ ہوتا ہے۔ ناول میں ہیرو اس لیے کامیاب ہوتا ہے کہ اس کی آنکھیں کھل گئی ہیں اور اس نے اپنے غرور کو ترک کر دیا ہے۔ ناول میں یہ زوال اچھا ہے کیونکہ اس طرح زندگی کے حقایق کا عرفان حاصل ہوتا ہے۔

ناول کا موضوع دراصل ایک ذہنی تعلیم کی تکمیل ہے۔ ناول کے ایک سرے پر رومان ہے اور دوسرے پر فلسفیانہ قصے جیسے کاندید یا گلیور کا سفر نامہ۔ ناول رومان کے مقابلے میں فلسفیانہ قصے سے قریب تر ہے مگر جب کہ فلسفیانہ قصوں میں ازالۂ فریب افکار کے ذریعے سے ہوتا ہے۔ ناولوں میں منطق کے ذریعے۔ ناول اور فلسفیانہ قصے دونوں رومان سے اس لیے گریزاں ہیں کہ رومان زندگی کو تخیل کے دھندلکے کی مدد سے دیکھتا ہے۔ یہاں شخصی ترجمانی ہوتی ہے اور یا تو اس میں جذبات کا رنگ ہوتا ہے یا اساطیر کی شاعری کی مدد سے اس میں ایک طلسماتی فضا پیدا کی جاتی ہے۔

ناول کا عمل۔ Demythicization کا عمل ہے۔ ناول ازمنۂ وسطی کے رومانوں سے پیدا ہوا اور اپنے فارم کے لحاظ سے اور صنفی لحاظ سے یہ رومان کے خلاف ہے۔ رومانی

حسیت کی اس میں گنجایش نہیں۔ ڈان کوئکزوٹ پن چکیوں کو دیو سمجھتا ہے۔ دیو کو پن چکی بھی کہنے والے مل جائیں گے لیکن سانکوپیزا پوچھتا ہے کیسے دیو، (What Giants) اس بنیادی سوال میں ناول اور رومان کا فرق مضمر ہے۔ ناول ازالۂ فریب، شکستِ طلسم اور کنایہ یا ہجو ملیح سے کام لیتا ہے۔ جیسے جیسے ناول ترقی کرتا گیا اس میں یہ کنایہ بڑھتا گیا۔ یہ کہا جاسکتا ہے کہ دراصل ناول ایک کنایاتی افسانوی فارم ہے۔ ناول اور رومان دونوں میں انسانی صورتِ حال بیان کی جاتی ہے، افکار یا خیالات سے بحث نہیں ہوتی۔ دونوں میں تجرباتی حقیقت سے بحث ہے، نظریاتی سوالوں سے نہیں۔

ناول اور فلسفیانہ قصے دونوں میں رومانی حسیت کو شبہ کی نظر سے دیکھا جاتا ہے جو چیز رومانوں کو دل کش بناتی ہے وہ ناول کے لیے زہر قاتل ہے۔ طلسمی اور عجیب و غریب کی ناول میں گنجایش نہیں۔ ناول اور فلسفیانہ قصے دونوں میں ایک معلمانہ مقصد ہوتا ہے۔ در اصل ناول اتنا مقبول نہیں جتنا ہم سمجھتے ہیں۔ رومان آج بھی زیادہ مقبول ہے کیونکہ یہ آج بھی انسان کے رباب کے بہت سے تاروں کو چھیڑتا ہے۔ رومان در اصل ایک فراری آرٹ ہے۔ ناول انسان کو حقیقت تک واپس لے جانے میں رومان کی بنیاد سے انکار کرتا ہے۔ ناولسٹ اپنی افسانوی دنیا کا خدا ہے جو اوپر سے اپنے کرداروں کو دیکھتا ہے اور ان کی حرکات کی نگرانی کرتا رہتا ہے۔ ناول کا ہیرو ایک اور آدم ہے جو بچپن کی جنت سے نکل آیا ہے، بچپن کی یہ جنت رومان کی اقلیم ہے۔

نارتھ روپ فرائی نے ہیرو کے لحاظ سے جو درجہ بندی کی ہے، وہ ہمارے لیے معنی خیز ہے۔ سب سے اوپر ایسے ہیرو ہیں جو انسان نہیں دیوتا ہیں۔ اس کے نیچے ایسے ہیروں ہیں جو انسان ہیں مگر ہم جیسوں سے زیادہ طاقت ور، عقلمند اور چالاک۔ اس کے نیچے ہماری طرح کے انسان اور آخر میں وہ ہیرو ہیں جنھیں ہیرو کہنا ہی مشکل ہے جو عام لوگوں سے کم

عقل اور کم صلاحیت کے مالک ہیں۔ ریفرے فالسٹاف اور خوجی اسی ذیل میں آتے ہیں۔ کوئی رومان تسلی بخش نہیں ہو سکتا، اگر اس کے ہیرو ہم جیسے ہوں اور اسی منطق سے کسی ناول میں رومانی یا ایپک صفات کا ہیرو کھپ نہیں سکتا۔

فرائی یہ تسلیم کرتا ہے کہ مکمل ناول میں رومان کے عناصر بھی ہوتے ہیں جس طرح رومان میں ناول کے عناصر مل سکتے ہیں مگر ناول کی اپنی حقیقت نگاری سب سے بنیادی چیز ہے، اس کے علاوہ وہ دو اور اہم عناصر کی طرف اشارہ کرتا ہے۔ ایک اعتراف جس کی وجہ سے خود نوشت کے نقوش ناول میں در آتے ہیں۔ دوسرے anatomy جس کے ذریعے سے فلسفیانہ اظہار خیال کی گنجائش نکل آتی ہے۔ فرائی کے نزدیک یولیسس اس لیے مکمل ایپک ہے کہ اس میں یہ چاروں عناصر بڑی خوبی سے جمع ہو گئے ہیں۔

ہمارے یہاں موضوع کو ضرورت سے زیادہ اہمیت دی جاتی ہے، اگر کسی سیاسی، سماجی، فلسفیانہ یا اخلاقی موضوع پر ناول لکھا گیا تو موضوع کی وجہ سے ہی اسے سراہا جاتا ہے۔ یہ کوئی نہیں دیکھتا کہ ناول سیاسی یا سماجی دستاویز بن گیا یا فلسفیانہ رسالہ یا اخلاقی وعظ، ناول نہ رہا۔ حد سے بڑھا ہوا سائنسی ایجادات سے شغف یا مستقبل سے دلچسپی ناول نگار کے لیے خطرہ ہو سکتے ہیں۔ ویلس، ہنری جیمس کے اعلیٰ درجوں کے ناولوں سے بہت خفا تھا، حالانکہ اس کے اپنے ناول چونکہ انسانی رشتوں سے زیادہ اس کے مخصوص نظریۂ حیات کی ترجمانی کرتے ہیں اس لیے اسی کے الفاظ میں اسے صحافت میں عافیت ملی۔ اسی طرح صرف ہیئت کے تجربے، فلمی ٹیکنیک یا فلیش بیک یا اخباروں کی سرخیوں پر مشتمل صفحات بھی ناول کو قابل قدر نہیں بناتے۔ مجھے صرف ایک تجربہ اس سلسلے میں قابل ذکر معلوم ہوتا ہے۔

سال بیلو کے ناول ہرزاگ کا ہیرو، ہر مسئلے پر خط لکھتا ہے جو بھیجے نہیں جاتے، یہ خود

کلامی کی ایک صورت ہے یا اس طرح ناول نگار اپنے ہیرو کے ذریعے سے الجھنوں کو سلجھانے کی ایک کوشش کرتا ہے جو ناکام ہے کیونکہ خط صرف لکھے جاتے ہیں۔ کہنا یہ ہے کہ ناول ہی بنیادی اہمیت کا فن ہے۔ اس بات کو مارک شورر (Mark shorer) نے اپنے ایک مضمون تیکنیک ایک دریافت (Technique as discovery) میں بڑی خوبی سے واضح کیا ہے۔ وہ کہتا ہے کہ کیٹس کے فارمولے حسن اور صداقت کو اس طرح بھی پیش کیا جا سکتا ہے کہ مواد یا مواد کا نام لینا کافی نہیں۔ مواد کی بات تجربے کو واضح کرنے کے لیے ہے۔ ہمیں حاصل شدہ مواد Achieved Content کی بات کرنی چاہیے۔ حاصل شدہ مواد ہی فارم ہے جو فن پارے کی خصوصیت ہے۔ مواد اور تجربے اور حاصل شدہ مواد اور آرٹ میں جو فرق ہے، اسی کو تیکنیک کہتے ہیں۔

تیکنیک کے دو پہلو ہیں۔ ایک تجربے کی نوعیت بیان کرنے میں الفاظ کا انتخاب اور استعمال، یعنی زبان کا تخلیقی استعمال اور چونکہ یہاں نثر کا سوال ہے اس لیے اس تخلیقی استعمال کے ساتھ نثر کے تعمیری اظہار کے ساتھ پورا انصاف، دوسرے نقطۂ نظر کی موجودگی جو نہ صرف ایک ڈرامائی حد بندی کرتی ہے بلکہ ایک طرح موضوع کو بھی متعین کرتی ہے۔ گویا ناول میں مواد اور ہیئت علیحدہ نہیں ہوتے۔ بلکہ دونوں ایک دوسرے میں حل ہو جاتے ہیں۔ یہ وہی من تو شدم تو من شدی والی بات ہے۔ ہاں اسی حل کو تیکنیک کہتے ہیں۔

جب تک زندگی کو طبیعیاتی علوم کے دیے ہوئے قوانین کی مدد سے سمجھا جاتا رہا، ہر چیز میں باقاعدگی، تناسب، تنظیم، پلاٹ کی چستی پر زور دیا گیا۔ جب یہ اندازہ ہوا کہ کائنات ایک ریاضی کا فارمولا نہیں ہے بلکہ وہ ایسی سڑک ہے جس پر کچھ بلب روشن ہیں، بلبوں کے نیچے اور کچھ دور تک روشنی ہے اور بیچ میں اندھیرا۔ اس لیے اب پلاٹ پر اتنا زور

نہیں جتنا پہلے تھا۔ فاسٹر نے کہا تھا کہ پلاٹ ناول کی ریڑھ کی ہڈی ہے لیکن اب پلاٹ اور کردار نگاری دونوں کے متعلق ہمارا تصور بدل گیا ہے، نفسیات کے علم اور لاشعور اور تحت شعور کے مطالعے نے کردار کے باطن کو روشن کر دیا ہے۔ کچھ عرصے پہلے تک ہم آئس برگ کا اندازہ سمندر کی سطح سے اوپر برف دیکھ کر لگاتے تھے۔ اب اندازہ ہو گیا ہے کہ اس کا تین چوتھائی حصہ سمندر کے نیچے ہے۔ یہی حال انسانی فطرت کا ہے جو صرف خارجی حالات کی مدد سے سمجھ میں نہیں آسکتی۔ اس کے لیے انسان کی پوری تاریخ اور ذہن کی ساری بھول بھلیاں میں جھانکنا پڑتا ہے۔

شعور کی رو کے علم نے ناول کی دنیا میں انقلاب برپا کر دیا، جیمس جوائس کے یولیسس کی اہمیت یہ ہے کہ اس میں ڈبلن کا ماحول بھی ہے اور شعور کی رو بھی، یورپ کے ذہنی سرمائے سے استفادہ بھی اور ان سب چیزوں کو اساطیر کی مدد سے گہری خصوصیت عطا کرتے اور آج کے انسان کو ابدی مسائل کی جستجو میں سرگرم دکھانے کی ایک کامیاب کوشش بھی۔ ناول کا بڑا سرمایہ حقیقت نگاری (Realism) کے ذیل میں آتا ہے مگر اس کے ارتقا میں علامتی اظہار کی بھی اہمیت مسلم ہے۔

علامتی ناول، حقیقت پسند ناول کے بعد وجود میں آیا مگر اس کا رشتہ فطرت کے ایک ناقابل انکار قانون کی بنا پر رومان سے مل جاتا ہے۔ یہ رشتہ جدید ادب کے دوسرے شعبوں میں بھی واضح ہے جہاں تخیل کی اہمیت ہے۔ جدید ناول میں جوایس، پروست، فاکنز، مان، کافکا، کانریڈ کی جو اہمیت ہے اس سے کون کافر انکار کر سکتا ہے۔ ان کے فن میں علامت اور اشارے کی جو مرکزیت ہے، وہ ظاہر ہے۔ علامت کسی غیر مرئی شے کی نشانی ہے۔ علامت سازی انسان کی فطرت ہے۔ یہ اس دور کا ہی عجوبہ نہیں ہے۔ وہایٹ ہیڈ علامت پرستی یا اشاریت کو perception کا طریقہ سمجھتا ہے جس کی وجہ سے غلطی

بھی ہو سکتی ہے۔ کیسی رر (Cassirer) کہتا ہے کہ آدمی ایک علامتی جانور ہے جس کی زبانیں، اساطیر، مذاہب، سائنس اور آرٹ سب علامتی فارم ہیں جن کے ذریعے سے وہ اپنی اصلیت کو پروجیکٹ کرتا ہے اور اسے سمجھتا ہے۔ وہ تو یہاں تک کہتا ہے کہ ان شکلوں کے علاوہ جو اصلیت ہے وہ مد فاضل ہے۔

ایک بنیادی مفہوم میں علامت پسندی ہر دور کی خصوصیت رہی ہے۔ ہاں اس دور میں علامت کا استعمال شعوری اور بالارادہ ہو گیا ہے، اس لیے علامتی ناول اور افسانے کو یہ کہہ کر نظر انداز نہیں کیا جا سکتا ہے کہ ترشے ترشائے، واضح، متناسب، صاف ستھرے، روز روشن کی طرح عیاں فن کو دھندلا، طلسمی، خواب آلود اور ہر شے کو کچھ اور بنا دیتی ہے۔ ہاں اس کے باوجود ناول کی اصلی اور بڑی روایت یعنی حقیقت پسندی ختم نہ ہو گی، بلکہ علامت پسندی کے دوش بدوش جاری رہے گی۔ اسے اس قسم کی لامعنویت کو بھی اپنانا ہو گا جو Theatre of the Absurd میں ملتی ہے اور جس کی وجہ سے "گودو کے انتظار میں" کچھ حقیر انسان ایک فنی عظمت اور معنویت پیدا کر لیتے ہیں۔

ناول چونکہ ہمارے یہاں مغرب سے آیا ہے، اس لیے ناول کے ارتقا کی کہانی ہمارے یہاں بھی اسی طرح دہرائی جا رہی ہے اور دہرائی جاتی رہے گی۔ ناول کے عالمی مزاج اور کردار کو بیرونی شے کہہ کر رد نہیں کیا جا سکتا، جس طرح یہ کہہ کر کہ ہماری آبادی کا بڑا حصہ دیہات میں رہتا ہے، شہروں کی طرف میلان سے آنکھیں بند نہیں کی جا سکتیں، ابھی حال میں ۱۹۷۱ء کی مردم شماری کے جو اعداد و شمار شایع ہوئے ہیں، ان سے نہ صرف شہروں کی طرف تیزی سے بڑھنے کی رفتار کا اندازہ ہوتا ہے بلکہ یہ بھی اندازہ ہوتا ہے کہ مغرب کے صنعتی ملکوں کی طرح بڑے شہروں کے اور بڑے ہونے کا میلان بھی ہے اس لیے اردو کا ناول موجودہ دور کی پر پیچ، ہنگامہ خیز، اپنے سے بیزار اور دنیا سے نالاں،

شہری زندگی سے اور اس کی نت نئی تعبیروں اور تفسیروں سے، کس طرح دامن بچا سکتی ہے۔

آزادی کے بعد ہمارے یہاں ناول پر توجہ زیادہ ہوئی ہے مگر ابھی قرار واقعی توجہ نہیں ہوئی۔ کچھ تو اس کی وجہ یہ ہے کہ جس طرح ایجاز و اختصار کی عادت غزل میں زیادہ ظاہر ہوئی اور نظم کی تعمیر کی طرف اتنی توجہ بعد میں ہوئی، اسی طرح نثر میں مختصر افسانے نے اپنی طرف زیادہ توجہ مبذول کرا لی اور چاند تاروں کی روشنی کے بجائے شہاب ثاقب کی چمک زیادہ پرکشش نظر آئی۔ دوسرے ہمارے یہاں متوسط طبقہ دیر میں ابھرا اور اسی لیے بنگالی اور مراٹھی اور دوسری زبانوں میں ناول کا سرمایہ شاید زیادہ وقیع ہے۔ تیسرے حقیقت پسندی جو کسی سیاسی یا مذہبی شکنجے کی پابند نہیں، ہمارے یہاں عام نہیں ہو سکی۔

ہماری تنقید میں بھی نظر سے زیادہ نظریے پر زور رہا اور بجائے بار بار دیکھنے کے ایک نظر دیکھنے کو کافی سمجھا گیا۔ ایک لمحے کی مصوری، ایک کیفیت کی عکاسی، ایک کردار کی مرقع کشی، بہر حال لمحوں کی برات، کیفیات کے زیر و بم اور کرداروں کے نگار خانے سے آسان ہے۔ میں یہ تو تسلیم کرنے کو تیار نہیں ہوں کہ افسانہ اعلیٰ ادب نہیں ہے، موپاساں، چیخوف، ہینری، مینسفلڈ اور خود ہمارے یہاں پریم چند، منٹو، بیدی، عصمت، کرشن چندر، قرۃ العین حیدر اور اس دور کے بہت سے افسانہ نگاروں کے قابل قدر کارناموں سے کیسے انکار ممکن ہے لیکن یہ ضرور کہوں گا کہ جس طرح غزل کی روایت کو تسلیم کرتے ہوئے اور غزل کے ہر دور میں بدلتے ہوئے رنگ کو مانتے ہوئے، میرے نزدیک اردو شاعری کا مستقبل غزل سے نہیں نظم سے وابستہ ہے، اسی طرح افسانے کی گہرائی اور تاثیر اور اس کی نشتریت کو تسلیم کرتے ہوئے اردو فکشن کا مستقبل اس کے ناول سے جانچا جائے گا۔

اس کے ساتھ یہ بھی تسلیم کرنا پڑے گا کہ آج ہمارا افسانہ جس منزل میں ہے، ہماری ناول وہاں تک نہیں پہنچی۔ ہماری ناول ابھی حقیقت پسندی کی معراج کو نہیں پاسکی اور افسانے میں علامتی اور تجریدی اظہار کو کامیابی سے برتا جانے لگا ہے۔ افسانوں کی ترقی اور مقبولیت میں رسالوں کا بڑا ہاتھ ہے۔ ناول کو یہ سہولت میسر نہیں اور بالاقساط ناول اب اٹھارہویں اور انیسویں صدی کی طرح پڑھنے والوں میں مقبول نہیں ہوتے۔ ناول کی کمی کا ایک سبب خالص اقتصادی بھی ہے۔ ناول لکھنے کے لیے فن کار کو پوراوقت چاہیے۔ افسانہ اس سے اتنا مطالبہ نہیں کرتا۔ اگر ہمارے بعض افسانہ نگاروں کو اپنے فن کی طرف توجہ کرنے کے لیے کچھ معاشی آسودگی نصیب ہوتی اور وہ اپنے فن پر زیادہ توجہ صرف کرتے تو انھیں افسانہ نگاروں میں سے کچھ لوگ اچھے ناول بھی لکھتے۔

اردو میں سستے ادب کی مانگ کافی ہے، اچھے، صحت مند اور سنجیدہ ادب کو پڑھنے والوں کا حلقہ بہت مختصر ہے۔ حلقہ مختصر تو ہر زبان میں ہوتا ہے مگر ہمارے یہاں جتنا مختصر ہے اتنا شاید کہیں نہیں ہوگا۔ پھر اس مختصر حلقے کو ہمارے نقادوں نے اور محدود کر دیا ہے جو طرفداری کے زیادہ مرتکب ہوتے ہیں، سخن فہمی کے پھیر میں نہیں پڑتے۔ ہماری تنقید میں نظریے کی آمریت بہت زیادہ ہے۔ مارکس کے ماننے والے فرائڈ کو مشکل سے ماننے پر تیار ہوتے ہیں۔ وہ تو وجودیت کے روز افزوں اثر کو بھی تسلیم نہیں کرتے۔ زندگی کی طرح فن میں بھی حقایق سے آنکھیں چرانا خطرناک ہے۔ مثال کے طور پر بیدی کی عظمت کا اعتراف ہوا ہے مگر کماحقہ اعتراف نہیں ہوا اور منٹو جس پائے کا فن کار ہے اس کی طرف اس کے بعض موضوعات سے شغف کی وجہ سے بیشتر نقادوں کا دھیان ہی نہیں گیا۔ 'آگ کا دریا' پر پاکستان میں لے دے ہوئی تھی۔ سیتا ہرن کے مسودے کو ہندوستان کے ایک ناشر چھاپنے پر آمادہ نہیں ہوئے۔

ہمارے یہاں گو تقریر و تحریر کی آزادی ہے مگر فن کار کو ابھی تک اپنی روح کو پکار سنانے کی وہ آزادی نہیں جو ہونی چاہیے۔ فن کار جب ہر ایک کو سر خم کرتے ہوئے دیکھتا ہے تو اپنی کلاہ کج کر لیتا ہے۔ اقرار کے شور میں اسے انکار کا سر بلند کرنے کی ضرورت محسوس ہوتی ہے۔ جب کوئی عمارت فرسودہ ہو جاتی ہے تو وہ نئی تعمیر کے لیے اسے گرا دیتا ہے۔ تخریب کے ہنگامے میں وہ تعمیر پر اصرار کرتا ہے، وہ پاسترناک کی طرح انقلاب کے جلوس کا شکوہ بھی دکھاتا ہے اور اس میں کچھ کچلی ہوئی روحوں کے زخم بھی۔ وہ کافکا بھی ہے اور کامیو بھی۔ بریخت بھی ہے اور بیکٹ بھی۔

آندرے ژید کا ایک کردار کہتا ہے،

I should like a novel which should be at the sametime as true and as far from reaality, as particular, and at the same time, as general, as human and fictitious as athalia or tortuffe or cini,

"And--- the subject of this novel ?

"It hasn't got one," answered Edouard brusquely .

And perhaps that's the most astonishing thing about it, my novel hans't got an subject, yes. I know, it sounds stupid, let's say if you prefer it, it hasn't got one subject --- "a slice of life' the naturalist school said "the great defect of that school is that it always cuts its slice in the same direction in time lengthwise, why not in breadth? Or in depth? As for me I should like not to cut at all. Please understand I should like to put every thing into my novel. I don't want any cut of these seissors to cut its substance at one point rather than at another. For more than a year now that I have been working at it nothing happens to me that I don't put into it.Evorytlning I see, every thing I know, everything that other people's lives and my one teach me ."

سوال یہ ہے کہ کیا اردو فکشن اس بلندی پر پہنچ گیا ہے؟

* * *

تنقید کیا ہے؟

مغرب کے اثر سے اردو میں کئی خوشگوار اضافے ہوئے، ان میں سب سے اہم فن تنقید ہے، اس کا یہ مطلب نہیں کہ مغرب کے اثر سے پہلے اردو ادب میں کوئی تنقیدی شعور نہیں رکھتا تھا، یا شعر وادب کے متعلق گفتگو، شاعروں پر تبصرہ اور زبان و بیان کے محاسن پر بحث نہیں ہوتی تھی۔ بڑے تخلیقی کارنامے بغیر ایک اچھے تنقیدی شعور کے وجود میں نہیں آسکتے۔ تخلیقی جوہر بغیر تنقیدی شعور کے گمراہ ہو جاتا ہے اور تنقیدی شعور بغیر تخلیقی استعداد کے بے جان رہتا ہے۔

اردو میں وجہی سے لے کر حسرت موہانیؔ تک ہر اچھے شاعر کا ایک واضح اور کارآزمودہ تنقیدی شعور بھی ہے، پھر بیاضوں، تذکروں، تقریظوں، دیباچوں اور مکاتیب کا سرمایہ شروع سے موجود ہے۔ مشاعروں اور ادبی صحبتوں میں شاعروں اور شعر وادب پر تبصرے برابر ہوتے رہتے تھے۔ میرؔ، جرأتؔ کی چوما چاٹی سے بیزار تھے۔ خان آرزوؔ، سوداؔ کے شعر کو "حدیث قدسی" کہتے تھے۔ آتشؔ، دبیر کے مرثیوں کو لندھور بن سعد ان کی داستان بتاتے تھے، شیفتہؔ، نظیرؔ کے کلام کو سوقیانہ بتاتے تھے اور اسلوب میں متانت کے اس قدر قائل تھے کہ کیسے ہی معنی ہوں، متانت کے بغیر نامعقول سمجھتے تھے، غالب کے نزدیک شاعری معنی آفرینی تھی، قافیہ پیمائی نہیں۔ وہ شعر میں "چیزے دگر" کے بھی قائل تھے اور آتشؔ کے یہاں ناسخ سے تیز تر نشتر پاتے تھے۔

یہ تنقیدی شعور بھی اچھی روایات کا حامل تھا، اس میں فن کی نزاکتوں کا احساس تھا

اور اس کی خاطر ریاض کرنے کا احترام، یہ قدرے محدود اور روایتی تھا اور ضبط و نظم کا ضرورت سے زیادہ قائل، یہ ہر نشیب و فراز کو ہموار کرنا چاہتا تھا اور ہر ذہن کو ایک ہی سانچے میں ڈھالنا چاہتا تھا، یہ بات اشاروں میں کرتا تھا، وضاحت صراحت، تفصیل کا قائل نہ تھا، اس میں مدح ہوتی تھی یا قدح، اس کا معیار ادبی کم تھا فنی زیادہ۔ اس میں کوئی کلام نہیں کہ تنقید صحیح معنی میں حالیؔ سے شروع ہوئی۔ حالیؔ سے پہلے شاعر استادوں کو مانتے تھے نقادوں کو نہیں، ان سے پہلے کسی میں اعلیٰ درجے کی تنقیدی صلاحیت اگر ملتی ہے تو وہ شیفتہؔ ہیں جن کی پسند کے بغیر غالبؔ بھی غزل کو غزل نہیں سمجھتے تھے مگر وہ بھی مانوس اور مہر شدہ حسن کے قائل ہیں، حسن کی دریافت نہیں کر سکتے۔

حالیؔ نے شاعری، ادب، زندگی، اخلاق، سماج غزل اور نظم کے متعلق اصولی سوال کئے۔ انہوں نے شاعری کا ایک معیار متعین کرنا چاہا اور اس معیار سے ہمارے ادبی سرمائے کا جائزہ لینے کی کوشش کی۔ اس معیار میں وہ مغرب سے بھی متاثر ہوئے۔ اگرچہ ان کا معیار خالص مغربی نہ تھا۔ اس میں انہوں نے فن کا بھی لحاظ رکھا مگر فطرت کو ہاتھ سے جانے نہیں دیا۔ انہوں نے بعض روایات کی نکتہ چینی کی مگر ادب کی روایات کو نظر انداز نہیں کیا۔ حالیؔ کا یہ طریقہ مفید ثابت ہوا اور تنقید اور اس کے اصول پر گفتگو شروع ہو گئی۔ چنانچہ اردو میں اس قسم کے مضامین، رسالے اور کتابیں بکثرت ہیں جن میں تنقید کے اصولوں سے بحث کی گئی ہے۔ یا بعض ادیبوں یا ادبی تحریکوں پر تنقید ہے یا کسی ادبی اصول کی تشریح و تفسیر ہے۔

مغرب میں تنقید نے کئی کروٹیں بدلی ہیں اور ان کا اثر بھی ہمارے یہاں محسوس ہو رہا ہے، پھر بھی یہ ایک حقیقت ہے کہ تنقید کے مفہوم، منصب، اس کی ضرورت، اس کی بنیادی شرائط، اس کے میدان اور خصوصیات کے متعلق آج بھی بہت سی غلط فہمیاں عام

ہیں، اس لئے واضح کرنے کی بھی بڑی ضرورت ہے کہ تنقید کیا ہے اور ادب اور زندگی میں اس کی کیا اہمیت ہے؟

کولرجؔ نے ایک جگہ ایک مرد اور ایک عورت کا ذکر کیا ہے جو کسی آبشار کا نظارہ کر رہے تھے۔ مرد نے کہا، "یہ کیسا جلال رکھتا ہے!" عورت نے جواب دیا، "ہاں بہت خوبصورت ہے۔" یہ نہ تھا کہ بے چاری عورت حسن کا احساس نہ رکھتی ہو، احساس تھا ذوق نہ تھا، شعور تھا مگر تربیت یافتہ اور مہذب نہ تھا، اس لئے وہ حسن اور حسن میں فرق نہ کر سکتی تھی اور دلیری اور قاہری کے فرق کو نہیں جانتی تھی یا جانتی تھی تو بیان نہ کر سکتی تھی۔ یہ مرض عوام ہی میں نہیں خواص میں بھی ہے، کتنے ہی بزرگ، "نظارے" سے نہیں ذوق نظر سے سروکار رکھتے ہیں۔ وہ چیزوں کا حسن نہیں دیکھتے، ان چیزوں میں ایک خاص خیال کا حسن دیکھتے ہیں۔

اب بھی کتنے ہی ترقی پسند ادب اور نئے ادب کو ایک ہی سمجھتے ہیں۔ کتنے ہی حسن کو ایک خاص لباس میں دیکھتے ہیں اور لباس کو حسن سمجھتے ہیں، کتنے ہی روایت کے پجاری ہیں، کتنے صرف بغاوت کے علم بردار ہیں، کچھ ایسے بھی ہیں جو فانیؔ و جگرؔ کی طرح غزل کو اصل شاعری سمجھتے ہیں اور نظم کو فقط قافیہ پیمائی، کچھ کلیم الدین کی طرح غزل کو نیم وحشیانہ صنف شاعری کہتے ہیں، کچھ کرشن چندر کی طرح ہیں جو راشدؔ کی شاعری میں فرار اور جنسی الجھنیں دیکھتے ہوئے بھی اس کی ترقی پسندی پر اصرار کرتے ہیں، کچھ انقلابی شاعری کے معنی بغاوت اور خون کی ہولی کے لیتے ہیں۔ کچھ اختر رائے پوری کی طرح اپنے جوش میں اکبرؔ کے کلام کو طنزیہ تک بندی کہہ جاتے ہیں، کچھ ادب کو پروپیگنڈہ بنانا چاہتے ہیں، کچھ اصول بناتے ہیں مگر ان پر عمل نہیں کر سکتے اور کچھ علیحدہ علیحدہ تصویریں اچھی بنا لیتے ہیں مگر کثرت سے وحدت نہیں دیکھ سکتے۔

اس افراط و تفریط کی وجہ یہ ہے کہ ہمارے ادب کو دراصل ادب کم رہنے دیا گیا ہے یا اسے تصوف اور فلسفہ بنایا گیا ہے یا پروپیگنڈہ۔ ظاہر پرستوں نے اقبالؔ کی زبان میں اس کے "اندرون" کو نہیں دیکھا، اسے محض فن سمجھا۔ اس کے خون جگر کی رنگینی کو نظر انداز کیا، دوسروں نے رد عمل کے طور پر فن کے نکات کو نظر انداز کرنا چاہا اور اس طرح اپنی بات کا وزن کھو بیٹھے۔ اردو میں تنقیدیں اچھی اچھی لکھی گئیں مگر صحیح تنقید جس کا راستہ بال سے زیادہ باریک ہے، اسی وجہ سے زیادہ ترقی نہ کر سکی۔ مختلف ٹولیوں نے اسے اپنے مقاصد کے لئے استعمال کیا، اس کی خاطر ریاض کم کیا۔

حالیؔ کے بعد اردو میں کوئی ایسا نقاد نہیں ہے جو ٹی، ایس ایلیٹؔ کے الفاظ میں آفاقی ذہن (Universal Intelligence) رکھتا ہو، آفاقی ذہن سے مراد بین الاقوامی نہیں ہے۔ کتنے ہی نقاد اپنے حقیقی منصب کو بھلا کر دنگل میں داد شجاعت دینے لگے، کتنے ہی فلسفہ بگھارنے کے شوق میں رسوا ہوئے، کتنے ہی آمریت پر اتر آئے، کتنے ہی ایک اسکول، ایک دور، ایک روایت کے ترجمان ہو کر رہ گئے۔ نظریے اچھے اچھے پیش کئے گئے مگر ایسے کم جو تین سو سال پہلے کی شاعری، آج کی اور تین سو سال بعد کی شاعری، تینوں کے مطالعہ میں مدد دے سکیں، چاہے حرف آخر نہ ثابت ہوں۔

افسوس ہے کہ اردو میں کوئی ارسطوؔ پیدا نہ ہو، حالیؔ کی مشرقیت اور ان کی شرافت بعض اوقات معاصرین پر اظہار رائے میں انہیں ضرورت سے زیادہ نرم بنا دیتی ہے۔ بقول برنارڈ شاؔ کے ادیب کو پہلے ادب کا خیال کرنا چاہئے بعد میں شرافت اور مروت کا۔ مقدمہ اور مقالات کے حالیؔ میں یہی فرق ہے۔

اردو میں تنقید کی کمی کی سب سے بڑی وجہ یہ ہے کہ تنقید کو عام طور پر دوسرے درجہ کی چیز سمجھا گیا ہے۔ علی گڑھ میں میرے ایک کرم فرما ہیں جو کوئی تنقید پڑھتے ہیں تو

فرماتے ہیں، "یہ بات کیا ہوئی؟ کچھ ایسے اشعار لکھے، کچھ ان کا خلاصہ بیان کیا، کچھ افتتاحی الفاظ یا حواشی بڑھائے اور تنقید تیار ہوگئی۔" اس میں کوئی شک نہیں کہ ادبی رسالوں میں ایسی تنقیدیں کثرت سے ملتی ہیں مگر تنقید محض اس کا نام نہیں۔ شبلیؔ نے موازنہ انیس و دبیر میں طول طویل اقتباسات اس لئے دیے تھے کہ مرثیوں کی خوبی کا اندازہ دو ایک بندوں سے نہیں ہو سکتا۔ اقبال کے بہت سے نقادوں نے اقبال کے اشعار زیادہ لکھے اپنے خیالات کم بیان کئے۔

انتخاب تنقید تو نہیں ہے مگر انتخاب سے تنقیدی شعور زیادہ ہوتا ہے۔ انتخاب میں اپنی پسند سے زیادہ شاعر کی نمائندگی ضروری ہے۔ شاعری کی نمائندگی آسان کام بھی نہیں ہے مگر جو لوگ اقتباسات کی کثرت سے بدگمان ہو جاتے ہیں انہیں یہ سوچنا چاہئے کہ تنقید ہوائی نہیں ہو سکتی۔ اقتباسات تنقید کی صحت سے قریب رکھتے ہیں۔ جو لوگ اقتباسات کو دیکھتے ہیں، اس تلاش اور جستجو کو نظر انداز کر دیتے ہیں جو اقتباسات میں صرف ہوتی ہے اور ہونی چاہئے، وہ ادب کا کوئی اچھا تصور نہیں رکھتے اور ان کی ذہنی استعداد کے متعلق کوئی اچھی رائے قائم نہیں کی جاسکتی۔

اب بھی کچھ لوگ اس کے قائل ہیں کہ تخلیقی ادب براہ راست زندگی کے شعور کو ظاہر کرتا ہے اور تنقیدی ادب چونکہ اس تخلیق کی ترجمانی، تحلیل یا تجزیے کا فرض انجام دیتا ہے، اس لئے اس کی برابری نہیں کر سکتا، بعض لوگوں کا خیال یہ ہے کہ چونکہ نقاد خود شاعر کم ہوتے ہیں اور اگر ہوتے ہیں تو اچھے شاعر نہیں ہوتے اس لئے ان کی رائے پر زیادہ اعتماد نہیں کیا جاسکتا۔ آخر یہ کبوتران بام حرم مرغان رشتہ برپا کے متعلق کیا جان سکتے ہیں، اور کیا بتا سکتے ہیں ان دونوں تصورات پر غور کرنا ہمارا فرض ہے۔

اقبال کی شاعری پر یوسف حسین نے روح اقبال لکھی، جس میں ان کے کلام کی

ترجمانی کی کوشش کی، کسی نے روح اقبال پر تنقید لکھی، جس میں یوسف صاحب کے نظریے سے اختلاف کیا، کسی نے اختلاف سے اختلاف کیا۔ نتیجہ یہ ہوتا ہے کہ تعبیروں کی کثرت سے بعض اوقات خواب پریشاں ہو جاتا ہے۔ ٹیگورؔ پر بھی ایک دفعہ یہی واقعہ گزرا تھا، انہوں نے اپنے حلقے میں ایک نئی نظم سنائی، ایک صاحب نے کہا اس کا یہ مطلب ہے، دوسرے نے کہا، یہ نہیں ہے یہ ہے۔ اس پر دونوں میں بحث ہونے لگی اور ٹیگورؔ بیچ سے غائب ہو گئے۔ ہمارے قدیم نظام تعلیم میں شرحوں، حاشیوں اور تفسیروں کے سمجھنے کا جو دستور تھا اس کی وجہ سے جزوی چیزیں اصل سے زیادہ اہمیت اختیار کر لیتی تھیں اور نظر محدود ہو جاتی تھی۔ ذاتی، شخصی اور داخلی تنقیدوں سے اس قسم کا امکان ضرور ہے۔

کبھی کبھار یہ بھی ہوتا ہے کہ نقاد کی غیر معمولی شخصیت، اس کے شاندار اصول اور دلچسپ فقرے پڑھنے والے کو مرعوب کر لیتے ہیں۔ وہ نقاد کی عینک سے ہر چیز کو دیکھنے کا عادی ہو جاتا ہے (گو عام پڑھنے والوں کے لئے ایسے ذہنی رفیق بہتر ہیں بجائے اس کے کہ وہ ادبی مزاج کا شکار ہوں) مگر اچھی تنقید تخلیقی ادب کی طرف مائل کرتی ہے، وہ خود تخلیقی ہوتی ہے، وہ پڑھنے والے کے ذہن پر مہر نہیں لگاتی، اس کے ذہن کی تربیت کرتی ہے۔ تخلیقی ادب پر کوئی تنقید تخلیقی ادب سے بے نیاز نہیں کر سکتی، دونوں کے درمیان کوئی خلیج نہیں ہے۔ تخلیقی ادب میں تنقیدی شعور کی کارفرمائی ہوتی ہے، تنقید اس کو واضح کر دیتی ہے۔ تنقید خلاصہ یا تنقیص نہیں مگر اس کا تخلیق کے بنیادی خیال تک پہنچنا ضروری ہے، یہ تخلیق پر عرف عام میں عمل جراحی بھی کرتی ہے مگر یہ عمل شاعرانہ طور پر ہوتا ہے اور اسی فضا کے اندر رونما ہوتا ہے۔

تنقید کی طرف سے بدگمانی عام طور پر ان لوگوں کو ہوتی ہے جو ادب کو بہت گہری نظر سے دیکھنے کے عادی نہیں ہیں، جو اس میں تفریح یا اقبالؔ کے الفاظ میں "کوکنار کی

لذت "ڈھونڈتے ہیں۔ اگر وہ سطحی فرق کو نظر انداز کر دیں اور غور کریں تو انہیں معلوم ہو جائے کہ تخلیقی ادب کی زندگی کے لئے کتنا ضروری ہے کہ وہ تنقید سے مدد لے۔ بعض اوقات بدگمانی اس وجہ سے بھی ہوتی ہے کہ تبصروں، دیباچوں، مقدموں اور تعارفوں میں عام طور پر جو تنقید ملتی ہے اس میں تنقید کے علیحدہ علیحدہ رنگ ہیں۔ دراصل ان میں سے ہر ایک کا میدان الگ ہے۔

دیباچہ یا تعارف، کتاب یا صاحب کتاب کا تعارف کراتا ہے، اس کی اہمیت کو واضح کرتا ہے، اس کی قدر و قیمت متعین بھی کرتا ہے اور قول فیصل بھی پیش کر دیتا ہے۔ تبصرہ یا ریویو بعض اہم خصوصیات کی طرف اشارہ کرتا ہے۔ مگر عام طور پر مقدموں میں بالغ نظری سے زیادہ شرافت کا ثبوت دیا جاتا ہے۔ ان میں سے یقیناً بعض گمراہ کن ہوتے ہیں، محدود تنقید تو خیر محدود قسم کی ہوتی ہے زیادہ مضر نہیں ہوتی۔ لیکن وہ تنقید جس میں دعویٰ جامعیت کا کیا جائے مگر ہو محدود اور مخصوص، گمراہ کن اور فریب ہے۔ مجھے اس بات کا اعتراف ہے کہ داخلی تنقید میں اس قسم کا فیصلہ ناگزیر ہے اور یہ فریب مشرق و مغرب میں بہت عام ہے، اس لئے میں داخلی تنقید کو ناقص تنقید کہتا ہوں، وہ تحسین (Appreciation) کے درجے میں آتی ہے اس کی علیحدہ قدر و قیمت ہے مگر اسے بڑی تنقید کا درجہ نہیں مل سکتا۔ بڑی تنقید تخلیقی ادب سے کسی طرح کمتر نہیں ہوتی بلکہ وہ تخلیق ہو جاتی ہے۔

رہا یہ سوال کہ جو نقاد شاعر نہیں ہوتے وہ شاعری کے متعلق کیا بتا سکتے ہیں یا خود ناولسٹ نہیں وہ ناول کے متعلق کیا رائے قائم کر سکتے ہیں۔ تو یہ سوال ایک غلط فہمی پر مبنی ہے۔ مولوی عبدالحق کے متعلق دنیا جانتی ہے کہ وہ شاعر نہیں لیکن یہ بات ان کے ایک اچھے نقاد ہونے میں خلل انداز نہیں ہے۔ جگر ایک اچھے شاعر ہیں مگر وہ ایک اچھے نقاد

نہیں کہے جا سکتے، شاعری کے لئے ایک شیریں دیوانگی اور تنقید کے لئے ایک مقدس سنجیدگی کی ضرورت ہوتی ہے۔ آرنلڈ نے اس کو (High Seriousness) کہا ہے۔ کبھی کبھی یہ دونوں چیزیں ایک ہی شخص کے یہاں مل جاتی ہیں۔ ہر اچھا شاعر ایک فنی شعور بھی رکھتا ہے مگر یہ فنی شعور اسے ادب کے دوسرے اصناف کی قدر متعین کرنے میں چنداں مدد نہیں دیتا بلکہ ایک رکاوٹ ہی ثابت ہوتا ہے۔ ایک شعبے کی طاقت دوسرے کی کمزوری ہو ہی جایا کرتی ہے۔ غزل کے شاعر اکثر نظم کی تعمیری صلاحیتوں کا اندازہ نہیں کر پاتے، اشاروں کے دلدادہ تفصیل اور صراحت اور وضاحت کے حسن کو نہیں دیکھ پاتے، جس گہرائی اور سپردگی کی تخلیق میں ضرورت ہوتی ہے، تنقید میں اس سے ابھرنا بھی ہوتا ہے۔

ہر فنکار کی شخصیت کے دو حصے ہوتے ہیں۔ ایک حصہ تجربہ حاصل کرتا ہے، دکھ بھوگتا ہے اور تکلیف اٹھاتا ہے یا راحت اور مسرت حاصل کرتا ہے، دوسرا اس رنج و راحت کو ذرا بلندی سے دیکھتا ہے اور اس کی قدر و قیمت متعین کرتا ہے۔ اس لئے فنکار اگر بعض اوقات اپنے رنج و راحت کو ذرا بلندی سے دیکھ پائے تو یہ بات سمجھ میں آتی ہے مگر اس سے نقاد کی اہمیت اور عظمت کم نہیں ہوتی اور مسلم ہو جاتی ہے۔ میرؔ نے نکات الشعراء میں اپنا جو انتخاب کیا ہے اس سے میر حسنؔ کا انتخاب اچھا ہے۔ جنوری ۱۹۴۱ء کے نگار میں شاعروں نے اپنا جو انتخاب کیا تھا وہ یقیناً ہر جگہ کلام کا بہترین انتخاب نہیں تھا، اس لیے یہ بات واضح ہے کہ نقاد شاعر نہ ہوتے ہوئے بھی یا اس پائے کا شاعر نہ ہوتے ہوئے بھی اچھا نقاد ہو سکتا ہے۔ ہاں اس کے لئے سخن فہم ہونا ضروری ہے، اس کے لئے اس روح تک پہنچنا ضروری ہے جو شاعری کی ہے، اس کے یہاں اس وسیع ہمدردی کی، اس لچک دار ذہن کی، اس ہمہ گیر طبیعت کی موجودگی ضروری ہے جو شاعری کی فضا میں شاعر

کے ساتھ بلکہ کبھی اس سے بھی آگے پرواز کر سکے، فنکار تجربوں کو جنم دیتا ہے، سخن فہم نقاد فنکاروں کو صحیح معنی میں فنکار بناتا ہے۔

ٹی ایس ایلیٹ نے غلط نہیں کہا ہے کہ "جب تخلیقی ذہن میں دوسرے سے بہتر ہوتا ہے تو اکثر اس کی وجہ یہ ہوتی ہے، جو بہتر ہوتا ہے وہ تنقیدی صلاحیت زیادہ رکھتا ہے۔" ہڈسن نے تو اور صاف کہا ہے کہ "سچی تنقید بھی چونکہ اپنا مواد اور جذبہ زندگی سے لیتی ہے اس لئے اپنے رنگ میں وہ بھی تخلیقی ہے۔ اس لئے تنقیدی ادب سے اس وجہ سے بھڑکنا کہ وہ کتابوں کی مہک رکھتا ہے، صحیح نہیں۔ اچھی تنقید کسی طرح اچھی تخلیق سے کم نہیں بلکہ بعض وجوہ سے اس پر فوقیت رکھتی ہے۔"

غرض تنقید کو دوسرے درجے کی چیز سمجھنا ایک بہت بڑی غلطی ہے۔ اچھی تنقید محض معلومات ہی فراہم نہیں کرتی بلکہ وہ سب کام کرتی ہے جو ایک مؤرخ، ماہر نفسیات، ایک شاعر اور ایک پیغمبر کرتا ہے۔ تنقید ذہن میں روشنی کرتی ہے اور یہ روشنی اتنی ضروری ہے کہ بعض اوقات اس کی عدم موجودگی میں تخلیقی جوہر میں کسی شے کی کمی محسوس ہوتی ہے۔ انیسویں صدی کے شروع کا زمانہ انگلستان میں کس قدر غیر معمولی تخلیقی پیداوار کا زمانہ تھا مگر آرنلڈ کے نزدیک یہ شاعری باوجود اس قدر خلاقی کے، ذہن نہ رکھتی تھی، جانتی نہ تھی۔ اس کے بڑے بڑے شاعر تہی مغز تھے یا مبہم، یا ان میں تنوع اور رنگارنگی کی کمی تھی۔ یہ بات ہماری شاعری پر بھی ایک بڑی حد تک صادق آتی ہے۔ ہمارا قدیم ادب مغز کم رکھتا ہے، اس میں تنوع کی بھی کمی ہے مگر فن کے ایک خاص شعور کی وجہ سے یہ مبہم نہیں ہے۔

ہمارا جدید ادب اس کے مقابلہ میں مغز بھی رکھتا ہے اور وزن بھی اور تنوع بھی مگر اس میں ابہام زیادہ ہے۔ پہلے چاشنی یا چٹخارے پر زور تھا اب سنسنی پھیلانے یا چونکانے پر

توجہ ہے۔ اس کی وجہ یہ ہے کہ اول تو ذہن زیادہ نمایاں نہیں ہے جذبہ زیادہ نمایاں ہے۔ دوسرے ذہن میں روشنی کم ہے دھندلکا یا الجھن زیادہ (اس الجھن کے وجوہ اور ہیں، تنقید کی وجہ سے یہ الجھن نہیں) ذہن اور جذبے کے فرق پر ماہر نفسیات مسکرائیں گے مگر میں نے ان کو یہاں مستعار معنی میں استعمال کیا ہے۔ ممکن ہے کچھ لوگ ہرسؔ کی طرح صرف جذبے ہی کو شاعری سمجھتے ہوں مگر میں فکر و جذبے کی ہم آہنگی کو ضروری جانتا ہوں۔ ادب میں علم اور علمیت کی کمی، اس علم میں تہذیب و تربیت کی کمی ہے۔ یہاں محض کتابوں کا علم نہیں بلکہ زندگی اور کائنات کا علم مراد ہے۔ تنقیدی شعور کی طرف توجہ نہ کرنے اور ذوق کی صحت و اصلاح سے بے نیاز رہنے کی برکت ہے۔

ہر انسان میں حسن سے متاثر ہونے اور حسن کاری کا اثر قبول کرنے کی تھوڑی بہت صلاحیت ہوتی ہے مگر ہر شخص کا ذوق مہذب، پختہ اور رچا ہوا نہیں ہوتا۔ کچھ لوگوں کی ذہنی نشوونما ان کی عمر کے ساتھ نہیں ہوتی، کچھ کو غم دوراں اس نشوونما کا موقع نہیں دیتا، کچھ ادب میں سستا نشہ ڈھونڈتے ہیں اور اس پر قانع ہو جاتے ہیں جس طرح کتنے ہی تن آسانی کی زندگی بسر کرتے ہیں اور "درد و داغ و سوز و ساز اور آرزو و جستجو" اقبالؔ کے ابلیس کے لئے چھوڑ دیتے ہیں۔ بیسویں صدی، مست قلندر، کہکشاں اور اس قسم کے دوسرے رسالوں کی مقبولیت کا یہی راز ہے۔

مگر یہاں میرا خطاب ان لوگوں سے نہیں ہے جو ادب میں بے ادبی کی تلاش کرتے ہیں، بلکہ ان سے جو ادب کے ذریعہ سے آلام روزگار کو آسان ہی بناتے، آلام و روزگار سے کشمکش کا حوصلہ پیدا کرتے ہیں اور انسانیت اور زندگی کے امکانات کو بلند کرتے ہیں۔ یہ لوگ اچھے ادب سے محظوظ ہوتے ہیں۔ کسی ادبی شخصیت کے دوچار ہونے سے کسی ادبی کارنامے یا کسی ادبی فتح سے آشنا ہونے سے، انہیں مسرت حاصل ہوتی ہے لیکن ان

کی اس مسرت اور خوشی میں تحسین اور تعریف کا رنگ غالب ہوتا ہے۔ کسی دوسرے ادبی کارنامے سے دوچار ہونے پر یہ تحسین دوسرا رنگ اختیار کرلیتی ہے، اس تحسین میں توازن نہیں ہوتا، یہ گمراہ بھی ہوسکتی ہے۔ اس لئے ہر نئی دریافت کو اس کی مناسب جگہ دینا ہر نئے سچ کو زندگی کی بڑی صداقت کے سانچے میں سمونا، جھوٹ کو پہچاننا، جب وہ سچ کا قالب پہن کر سامنے آئے اور بھی ضرری ہوجاتا ہے۔ گویا تنقید ادیبوں اور ادیب سے مسرت اور خیر وبرکت حاصل کرنے والوں اور خود ادب کے لئے مشعل ہدایت ہے۔

تنقید کے منصب کو واضح کرنے کے بعد اب یہ دیکھنا ضروری ہے کہ تنقید کا کام کیا ہے؟ یہاں بھی یہی مشرق و مغرب کے سرمائے میں مختلف نظریے، سیکڑوں اقوال اور ہزاروں الگ الگ رجحان دکھائی دیتے ہیں۔ تنقید کا کام فیصلہ ہے، تنقید دودھ کا دودھ اور پانی کا پانی الگ کر دیتی، تنقید وضاحت ہے، صراحت ہے، ترجمانی ہے، تفسیر ہے، تشریح ہے، تحلیل ہے، تجزیہ ہے۔ تنقید قدر ہی نہیں متعین کرتی ہے ادب اور زندگی کو ایک پیمانہ دیتی ہے، تنقید انصاف کرتی ہے، ادنیٰ اور اعلیٰ، جھوٹ اور سچ، پست وبلند کے معیار قائم کرتی ہے۔ تنقید ہر دور کی ابدیت اور ابدیت کی عصریت کی طرف اشارہ کرتی ہے۔ تنقید ادب میں ایجاد کرنے اور محفوظ رکھنے دونوں کا کام انجام دیتی ہے۔ وہ بت شکنی بھی کرتی ہے اور بت گری بھی۔ تنقید کے بغیر ادب ایک ایسا جنگل ہے جس میں پیداوار کی کثرت ہے، موزونیت اور قرینے کا پتہ نہیں۔ یہ اور اس قسم کی بہت سی باتیں کہی جاسکتی ہیں اور ان میں سے کوئی بات غلط نہیں ہے۔

اگر اچھے نقادوں کی فہرست پر نظر ڈالی جائے تو معلوم ہوگا کہ کچھ نقاد فیصلے کی طرف مائل رہے ہیں، کچھ تحلیل اور تجزیے پر زور دیتے رہے ہیں۔ کچھ ترجمانی کا حق ادا کرتے رہے ہیں اور غیر جانبداری کی کوشش کرتے ہیں مگر ادب میں مستقل

غیر جانبداری مشکل ہی نہیں قریب قریب ناممکن ہے۔ تنقید محض تصویر کے دونوں رخ دکھانے کا نام نہیں ہے، نہ اس میں آدمی مفاہمے یا مصالحت کی کوشش کرتا ہے اور محض "عیبش نیز بگو" سے عہدہ برآ ہوتا ہے، بلکہ دونوں پہلوؤں پر نظر رکھنے کے بعد کسی کی اہمیت کا اعتراف ضروری ہے۔

لفظی تنقید بھی تنقید کی معمولی قسم ہے، الفاظ کے اندر فن کا جو شعور اور فن میں حیات و کائنات کا جو احساس ہے وہ زیادہ ضروری ہے۔ فاعلاتن فاعلات کی گردان اگرچہ تنقید نہیں ہے مگر اس سے یہ نہ سمجھنا چاہئے کہ کوئی بھی اچھا نقاد عروض اور اس کے قواعد سے بے نیاز ہو سکتا ہے۔ ادب کا اچھا نقاد زبان کا بھی اچھا نباض ہوتا ہے، وہ نہ صرف عروض، روزمرہ اور محاورے سے واقف ہوتا ہے بلکہ یہ بھی جانتا ہے کہ بعض اوقات ان کی فروگزاشت کے باوجود اچھی اور بڑی شاعری ممکن ہے۔ افسانہ نگاری میں اب بھی کچھ لوگ انشائے لطیف کی تلاش کرتے ہیں اور بیدیؔ کی غیر معمولی فنی بلندی سے اسی لئے انکار کر دیتے ہیں، یہ صحیح نہیں۔ شاعری میں بھی رومیؔ سے لے کر اقبالؔ تک محض شاعری کو سب نے اپنے اوپر تہمت قرار دیا ہے، محض شاعری سے یہاں غالباً محض فن کی بہار مراد ہے۔

زبان کے اس علم کے بعد اسالیب کا علم بھی ضروری ہے اور ہر اسلوب میں خلوص، انفرادیت، بیان اور حسن بیان کا احساس بھی۔ زبان و بیان کے حسن سے آب و رنگ آ سکتا ہے، روح نہیں آ سکتی۔ پہلی چیز مواد کی صحت یا واقعات کی صداقت ہے، اگر نقاد یہ علم نہیں رکھتا یا اس کا علم ناقص ہے تو اس کی بنیادیں ناقص ہیں، یہی وجہ ہے کہ جدید تنقیدوں میں بکثرت غلطیاں ناواقفیت یا غلط فہمی کی وجہ سے ملتی ہیں۔ نقاد محض واقعات تو بیان نہیں کرتا اس لئے وہ مسل بندی پر مجبور نہیں ہے اور تنقید ہرگز مسل بندی یا

واقعات کی کھتونی نہیں ہے مگر واقعات کے صحیح بیان اور صحیح احساس کے بغیر، یعنی صحیح تاریخی شعور کے بغیر اس کا ہر قدم اسے ترکستان کی طرف لے جائے گا۔

نقاد کے لئے ضروری ہے کہ ماضی کے کسی کارنامے کا تجزیہ کرتے وقت وہ خود ماضی میں پہنچ جائے، ماضی سے منہ موڑ کر بیٹھنا کسی حال میں صحیح نہیں۔ جدید تنقید میں پہلی کمزوری یہ ہے کہ وہ بعض واقعات کو نظر انداز یا مسخ کر دیتی ہے اور اپنے خلاف باتیں سننا گوارا نہیں کرتی۔ دوسری کمزوری یہ ہے کہ ماضی کا صحیح احساس نہیں رکھتی۔ اگرچہ ہمارے ادب میں ماضی پرستی بہت زیادہ رہی ہے اور برسوں شاعروں اور ادیبوں کے سامنے ایجاد کے بجائے تنقید، اپج کے بجائے رسمی اور روایتی اسلوب اور ادب کے بجائے فن، زیادہ اہم رہا ہے مگر اس کے معنی یہ نہ ہونا چاہئیں کہ ہم جلاپے کی ضد میں ماضی کے کارناموں سے بالکل بے نیازی برتیں۔ ترقی پسند تنقید شروع میں تبلیغ زیادہ تھی تنقید کم، اس لئے کہ ماضی کی قدر کرنا اس نے اس وقت تک نہ سیکھا تھا مگر اب جو تنقیدیں لکھی جا رہی ہیں ان میں تاریخی شعور ارتقا کا لحاظ اور ماضی کا صحیح احساس ملتا ہے۔

اچھی تنقید محض کلاسیکل یا رومانی کے پھیر میں نہیں رہ سکتی۔ وہ اس طرح تنگ خانوں میں نہیں بٹ سکتی۔ کتنے ہی نقاد اب بھی شاعروں اور ادیبوں کا تجزیہ اس طرح کرتے ہیں کہ وہ ان باتوں میں اپنے پیش رووٴں سے علیحدہ ہیں۔ یہ ٹھیک ہے مگر ناکافی ہے، یہ بھی دیکھنا چاہئے کہ وہ کس حد تک اس سرمائے کے امین، اس روایت کے آئینہ دار، اس مزاج کے مظہر ہیں، جو تہذیب و تمدن نے دیا ہے۔ وہ کس حد تک نئے اور کس حد تک پرانے ہیں، اور یہی نہیں ان کے نئے پن میں کس حد تک پرانا پن ہے۔ یعنی ان کی قدر و قیمت کا اندازہ محض ان کی خدمت و ندرت سے نہیں، ان کی ادبیت سے بھی کرنا چاہئے اور ادبیت سے یہاں مراد اس ادبی معیار سے ہے جو اس عرصے میں بن چکا ہے۔

اقبالؔ کی مثال سے یہ بات واضح ہو جائے گی۔

اقبالؔ کے شمع و شاعر میں یا بال جبریل کی غزلوں میں ہمیں نئے خیالات ملتے ہیں مگر یہ نئے خیالات اس شعریت کے ساتھ ملتے ہیں جو مانوس ہے اور مقررہ سانچوں کے مطابق، یعنی اقبال جدید ہیں مگر ان کی جدت انہیں قدیم شعریت سے بے پرواہ نہیں کرتی، جس بادہ و ساغر کے پردہ میں مشاہدہ حق بیان ہوتا تھا، اسی کو مشاہدۂ حیات کے لئے استعمال کرتے ہیں۔ اقبال باوجود جدت کے محض باغی نہیں ہیں، نہ حالی محض باغی ہیں۔ دونوں ایک نئی روایت ضرور قائم کرتے ہیں مگر یہ روایت جبر سے زیادہ اختیار اور ترک سے زیادہ توسیع اور اضافے کی ہے۔ حالیؔ اور اقبالؔ، بجنوری اور عظمت اللہ خاں سے اس لئے بلند ہیں کہ وہ اپنے دور میں آزاد ہونے کے باوجود ماضی سے اتنے بیگانہ نہیں ہیں، نہ اتنے انتہا پسند ہیں، نہ اس قدر (Exclusive)۔

کلیم الدین بہت سے نقادوں سے زیادہ نئی باتیں، سوچی ہوئی باتیں اور خیال آفریں باتیں کرتے ہیں مگر ان کی تنقید اور بلند ہوتی، اگر وہ اپنے قدیم سرمائے سے اس قدر بیزار نہ ہوتے اور ان کے یہاں تاریخ و ادب کے تسلسل کا شعور اور زیادہ نمایاں ہوتا اور ان کی تنقید گلستاں میں کانٹوں کی تلاش نہ بن جاتی۔

مگر ماضی کا احساس اور چیز ہے اور ماضی کا پابند ہونا اور چیز۔ اگر نقاد محض روایات کا احترام کرتا ہے، محض لکیر کا فقیر ہے، محض بیسویں صدی کے ذہن کو سترہویں صدی کی طرف لے جانا چاہتا ہے تو وہ اپنے مقام سے گر جائے گا، ماضی کا احساس اور ماضی کے دھندلکے میں ایک ادبی تسلسل کا جلوہ بھی اسے تجربے، انوکھے پن، نئے پن اور اپج سے بے نیاز نہیں کر سکتا۔ آزاد شاعری کی ضرورت کیا ہے، نظم کافی ہے، اس کا جواب یہ ہے کہ خود نظم کی کیا ضرورت ہے۔ غزل میں کیا برائی ہے، آخر کمرے کی ترتیب کے لئے

جب کوئی ایک طریقہ نہیں ہے، جب حسن دائروں میں بھی ظاہر ہو سکتا ہے اور سیدھی لکیروں میں بھی، جب مصور کاغذ پر اپنا عکس ذہن سیکڑوں طریقوں سے اتار سکتا ہے تو الفاظ کی ترتیب اور موزونیت کا ایک ہی سانچہ کیوں نہ ہو، کیوں ہر خیال کے لئے ضروری ہو کہ وہ قافیہ کی تنگنائے سے گزرنے کے لئے اپنے آپ کو سکیڑ سکے، کیوں ایک خیال تک پہنچنے کے لئے کئی مصرعوں کو عبور کرنا پڑے۔

حالی نے بھی یہ تسلیم کیا ہے کہ شاعری کے لئے قافیہ وردیف ضروری نہیں صرف وزن ضروری ہے اس لئے ہر تجربے پر یہ اعتراض کہ وہ کیوں کیا گیا صحیح نہیں۔ تجربہ یہ ظاہر کرتا ہے کہ مانوس سانچوں سے لوگ مطمئن نہیں ہیں۔ تجربہ حسن کو محدود نہیں رہنے دیتا، تجربہ نئے حسن کو آشکار کر کے ذہن کو وسیع کرتا ہے۔ ہر ادب میں تجربے ضروری ہیں، مگر تجربوں کے لئے یہ ضروری نہیں کہ وہ صرف نئے فارم میں ظاہر ہوں، نئے موضوعات، نئے تصورات، نئے عنوانات میں بھی ظاہر ہونے چاہئیں۔ ہر اچھے نقاد کے لئے پرانے پن کی طرح اس نئے پن کا احترام بھی ضروری ہے، اس کے جاننے کی خواہش کو بھی مردہ نہ ہونا چاہئے۔

مداوآمیں نئی شاعری پر جو تنقید کی گئی تھی اس میں سب سے قابل اعتراض نئے پن سے اس قدر بیزاری تھی اور مانوس راہوں سے اس قدر اندھی محبت اور اس کی سطحیت۔ نقاد اور پجاری دو الگ مخلوق ہیں، نقاد پجاری نہیں ہوتا نہ محتسب یا کوتوال ہوتا ہے۔ اس دور کی نظموں یا انسانوں پر یہ اعتراض کہ ان میں تلخی کیوں ہے، اس میں مسکراہٹ یا امید پروری کیوں نہیں، ان کے لکھنے والے جنسی بھوک کے کیوں شکار ہیں، یہ روتے کیوں ہیں، ہنستے کیوں نہیں، ان میں کلبیت کیوں ہو گئی ہے، ظاہر کرتا ہے کہ معترض اس دور کے مخصوص مسائل کو سمجھنے کی کوشش نہیں کرتے، اس دور کی ایک خصوصیت میں ذرا

تفصیل سے بیان کرنا چاہتا ہوں۔

پہلے جنگ اس طرح سے ہوتی تھی کہ پیشہ ور سپاہی لڑتے تھے یا ان کے سردار باہم زور آزمائی کرتے تھے، سردار کی شکست پر یا فوج کی ہار جیت پر لڑائی فیصل ہو جاتی تھی۔ سب لوگوں کا کام لڑنا نہ تھا، نہ سب کا حسن سے محظوظ ہونا، کچھ لوگ چاندنی، سبزے، حسن اور عورت سے لطف اٹھانے کے لئے پیدا ہوتے تھے، کچھ ہل جوتنے، قرضہ ادا کرنے اور بھیڑ بکری کی طرح زندگی بسر کرنے کے لئے۔ اب صلح و جنگ کے پیمانے بدل گئے، لڑائی سب کی ہوتی ہے، صلح بھی سب کے لئے۔ چرچل انگلستان کا بچانے والا تھا، مگر صلح ہوتے ہی عوام نے اسے دودھ کی مکھی کی طرح پھینک دیا۔ جنگ نے دکھا دیا ہے کہ ہر خواب کی تعبیر ممکن ہے اور ہر جھونپڑا محل بن سکتا ہے۔ اس نے خوابوں کو اور رنگین اور ناکامیوں کو اور تلخ بنا دیا ہے، اس نے تعمیر و تخریب دونوں کے پیمانے بدل دیے ہیں، داغ حسرت دل کا شمار زیادہ ہو گیا ہے، اس کا اثر ادب پر پڑنا قدرتی ہے اور کوئی نقاد اس سے بے بہرہ نہیں رہ سکتا۔

قدیم تنقید ہر شاعر کو علیحدہ علیحدہ دیکھتی تھی۔ یہ یاسیات کا امام ہے، یہ رجائیت کا پیغمبر، یہ صوفی ہے، یہ دنیادار، ذاتی حالات اور شخصی تجربات کا تذکرہ ہوتا تھا۔ شخصیت کا احساس بھی موجود تھا مگر ماحول کس حد تک تخلیقی کارناموں کو متاثر کرتا ہے، شخصیت میں کیسے چھپ چھپ کر ظاہر ہوتا ہے، کیسے کیسے عجیب و غریب راستوں سے فن میں راہ پاتا ہے، اس کی اسے خبر نہ تھی۔ جدید تنقید نے خارجیت، واقعیت، سماجی شعور، تمدنی تنقید جیسی اصطلاحوں کو عام کیا ہے، اس نے جزئیات کی مصوری سے کل کے احساسات تک رہنمائی کی ہے، اس نے جذبات کی پرچھائیوں کو فکر کی روشنی دی ہے، ادب کو اس روشنی کی ضرورت تھی۔

حالی کی شاعری کو غدر اور سرسید کی تحریک سے علیحدہ کر کے دیکھئے تو بے روح نظر آئے گی اور اس کی عظمت کا راز سمجھ میں نہ آسکے گا، چکبستؔ اور اقبال اور موجودہ ترقی پسند شعراء میں اور پریم چند اور ان کے مقلدوں میں جو فرق ہے وہ ماحول کے احساس کے بغیر سمجھ میں نہ آسکتا۔ تنقید کا کام اس کی وجہ سے اور بھی مشکل ہو جاتا ہے۔ اسے فنکار کی شخصیت کو سمجھنا، اس کے اپنے تجربات کا تجزیہ کرنا ہے، پھر اس کے عناصر کو ماحول کی روشنی میں دیکھنا ہے تب جاکر صحیح ادبی بصیرت حاصل ہو سکتی ہے۔ اسی وقت فانی کی قنوطیت، اور جدید شعرا کی مایوسی، اداسی، تلخی، بیزاری بلکہ موت کی آرزو سمجھ میں آسکتی ہے۔

نقاد اپنے دور کو سمجھتا ہوا اور دوسرے دوروں سے واقف ہو تو بھی اس کے لئے ایک خطرہ باقی رہ جاتا ہے۔ وہ آسانی سے فلسفے، سیاست یا نفسیات کی آغوش میں پہنچ سکتا ہے۔ آرنلڈ نے جب ادب کے لئے قیدیں متعین کرنا چاہیں تو ان کو عام کرنے کے لئے اپنے دور کے گم کردہ راہ لوگوں کے خلاف بھی جہاد کرنا پڑا۔ وہ جہاد کامیاب ہوا یا نہیں مگر آرنلڈؔ کے لکھنے سے ادب کی محرومی آشکار ہوگئی۔ یہ خطرہ صرف معلم اخلاق کو ہی نہیں سیاست کے علمبرداروں کو بھی ہے۔

تنقید کو سیاست کی غلامی نہیں کرنی چاہئے، سیاست کا ساتھ دینا چاہئے، اس کی رفاقت کرنی چاہئے، اسی طرح تنقید نفسیات کی دلدل میں بھی گرفتار نہیں ہو سکتی۔ نفسیات کا علم ہمارے لئے بڑا مفید ہے مگر وہ بڑا پر فریب بھی ہے، وہ اس آئینے کی طرح ہے جو بڑی چیزوں کو چھوٹا اور چھوٹی چیزوں کو بڑا کر دیتا ہے، چہروں کو چپٹا اور لمبوترا بنا دیتا ہے، وہ رائی کو پہاڑ کر کے دکھاتا ہے، وہ ایک گرہ کھولتا ہے مگر سیکڑوں ڈال دیتا ہے۔ نفسیاتی تنقید ہلدی کی گرہ لے کر پنساری بن بیٹھی ہے، یہ سائنس ہونے کا دعویٰ کرتی ہے

اور سائنس کے بعض حربے بھی مستعار لیتی ہے مگر ابھی سائنس نہیں بن سکی۔ اسی لئے میں نفسیاتی شعور کی اہمیت کو تسلیم کرتے ہوئے موجودہ نفسیاتی تنقید کو گمراہ کن سمجھتا ہوں ابھی تک نفسیات کے پیمانے سمندر کو کوزے میں بھرنے کی کوششیں ہیں۔

غرض نقاد محض فلسفی یا مبلغ یا ماہر نفسیات نہیں ہوتا، وہ صاحب نظر ہوتا ہے۔ وہ بقول رچرڈس کے ذہن کے ساتھ وہی عمل کرتا ہے جو ڈاکٹر جسم کے ساتھ۔ وہ قدروں کا خالق، برتنے والا اور پھیلانے والا ہے۔ قدروں کے خالق کی حیثیت سے وہ قدروں کے برتنے کے تماشے کو ذرا بلندی سے بھی دیکھ سکتا ہے اور برتنے والے کی حیثیت سے وہ محض پھیلانے والے (یا مبلغ) سے اونچا مقام رکھتا ہے۔ اس وجہ سے اس کی تبلیغ دوسرے کی تبلیغ سے بہتر ہوتی ہے۔ اس میں زیادہ ابدیت ہوتی ہے۔

یہ واضح کرنے کے بعد کہ تنقید میں روایت اور بغاوت، ماضی و حال، ماحول اور انفرادیت، فن اور فلسفہ میں توازن قائم کرنا ہوتا ہے، اتنا اور کہنا ضروری ہے کہ کچھ نقادوں نے اس توازن کو قربان کرکے بھی اہمیت حاصل کی ہے۔ شیفتہؔ اپنے دور کے بڑے اچھے نقاد تھے، وہ کلاسیکل ضبط و نظم کے قائل تھے اور ادب کو فن شریف سمجھتے تھے، عوام سے انہیں سروکار نہ تھا، نظیرؔ کو نظرانداز کرکے انہوں نے اپنا نقصان کیا مگر ان کی اہمیت کا اعتراف بھی ضروری ہے۔ وہ حالیؔ سے پہلے نقادوں میں سب سے اچھا تنقیدی شعور رکھتے تھے اور ان کا گلشن بے خار اپنے زمانہ کا بہترین کارنامہ ہے۔ عظمت اللہ خاں نے نئے پن کے جوش میں یہاں تک کہہ دیا کہ "غزل کی گردن بے تکلف مار دینی چاہئے۔" اس وجہ سے ان کا درجہ زیادہ بلند نہ ہو سکا۔ مگر نئے راستے پر چلنے والوں میں بھی ان کا بڑا درجہ ہے لیکن ان سے بڑا درجہ ان لوگوں کا ہے جنھوں نے اپنا توازن ذہنی قائم رکھا۔ جن کا ایک قدم یہاں ہے اور ایک وہاں، جو اپنے زمانے کے بھی ہیں اور ہر

زمانے کے بھی، یعنی جو آفاقی ذہن رکھتے ہیں۔

اب صرف سوال یہ رہ جاتا ہے کہ آیا تنقید کے لئے کوئی ایک جامع اصطلاح وضع کی جاسکتی ہے یا نہیں، میرے خیال میں اس کے لئے پرکھ کا لفظ سب سے زیادہ موزوں ہے۔ اس میں تعارف ترجمانی اور فیصلہ، سب آجاتے ہیں۔ پرکھ کے لفظ کے ساتھ ہمارے ذہن میں ایک معیار یا کسوٹی آتی ہے۔ نقاد کے ذہن میں ایک ایسا معیار ضروری ہے۔ پرکھنے اور تولنے کے لئے ترجمانی اور تجزیہ ضروری ہے، مبصر یا پارکھ اپنا فیصلہ منوانے کے درپے نہیں رہتا اور تمام نقاد اس بات سے متفق ہیں کہ نقاد کو بھی آمر نہیں ہونا چاہئے۔ ایلیٹ کہتا ہے کہ "اہم معاملات میں نقاد کو زبردستی نہیں کرنی چاہئے اور نہ اسے اچھے یا برے کا فیصلہ (جھٹ سے) صادر کرنا چاہئے، اسے صرف وضاحت کرنی چاہئے اور پڑھنے والا خود ہی ایک صحیح نتیجے پر پہنچ جائے گا۔"

نقاد جب کسی کا تعارف کرتا ہے تو اس کا تعارف کسی نقیب کی پکار نہیں ہوتا۔ ایک سیاح کی دریافت ہوتا ہے۔ نقاد بھی اپنی دنیا کا کولمبس ہے، وہ پڑھنے والوں کو ایک ہی فضا لے جاتا ہے جس کا حسن اس نے دریافت کیا ہے۔ ہر تنقید ایک ذہنی سفر کا آغاز ہے، تعارف کا اعلان نہ ہونا چاہئے اور نہ ترجمانی کو فلسفہ۔ نقاد کو ترجمانی کے فرض سے اچھی طرح عہدہ برآ ہونے کے لئے خارجیت سیکھنی چاہئے۔ خارجیت کو بعض لوگ اخلاق کی بنیاد کہتے ہیں۔ اگر نقاد مصنف کو یہ موقع دیتا ہے کہ وہ اس کی آواز سے بولے اور اس کے قلم سے لکھے، اسے تھوڑی دیر کے لئے اپنے اندر سما جانے دے اور اس طرح اس کے ساتھ انصاف کرے تو وہ اچھا نقاد ہے۔ سائنس ہمیں ایک بڑی حد تک یہ خارجیت سکھاتی ہے۔ اس لئے نقاد کو سائنٹفک اصولوں سے مدد لینی چاہئے۔ اس ترجمانی کے لئے بعض اوقات اپنے خلاف بھی بولنا پڑتا ہے۔ اس میں "ہونا چاہئے" کو تھوڑی دیر کے لئے

"ہے" کی خاطر پس پشت بھی ڈالنا پڑتا ہے اس مرحلے سے گزرنے کے بعد نقاد کو حق حاصل ہے کہ وہ "چاہئے" پر بھی اصرار کرے۔

مثلاً عصمت چغتائی کے بہت سے افسانوں میں جنسی میلان ہی نہیں، جنسی کج روی بھی ہے، ان کے افسانے بقول پطرسؔ کے جسم کی پکار ہیں اور ان کا مرقع دوزخمی، باوجود اپنی بے مثل حقیقت نگاری کے کچھ مریض (Morbid) سا ہے، مگر اس کے باوجود عصمت کی حقیقیت نگاری، خلاقی، کردار نگاری، فنی پختگی، زبان پر قدرت، اپنے ماحول سے واقفیت اور ادبیت میں کلام نہیں۔ ان کی اتنی خوبیوں کو تسلیم کرنے کے بعد ان پر اعتراض کرنے کا حق پہنچتا ہے۔ نقاد معلم اخلاق بھی ہوتا ہے مگر محض معلم اخلاق نہیں ہوتا، وہ جج بھی ہوتا ہے مگر محض جج نہیں، وہ مبصر یا پارکھ ہوتا ہے۔ تنقید میں بھی جوش اور جذبے کی ضرورت ہے مگر بری تنقید محض جوشیلی یا جذباتی ہوتی ہے، اچھی تنقید میں جذبے کو ایک نازک، پختہ اور مہذب احساس کا نکھار مل جاتا ہے، اسی لئے اچھی تنقید محض تخریبی نہیں ہوتی، محض خامیوں کو یا کوتاہیوں کو نہیں دیکھتی، وہ بلندیوں کو دیکھتی ہے اور یہ اندازہ لگاتی ہے کہ یہ بلندی کیسی ہے۔

حالیؔ کے الفاظ میں وہ حیرت انگیز جلوؤں کا پتہ لگاتی ہے، وہ پستی کا احساس رکھتی ہے مگر پست نہیں ہوتی، وہ میرؔ کے اشعار میں امرد پرستی کی طرف اشارے دیکھ کر میرؔ کے مزاج اور تحت الشعور کی ادھیڑ بن میں کھو نہیں جاتی، شاعر کی بلندیوں پر بھی نظر رکھتی ہے۔ اچھا نقاد پڑھنے والے کو شاعر سے شاعری کی طرف لے جاتا ہے۔ معمولی نقاد شاعر میں الجھ کر رہ جاتا ہے۔ اردو میں بھی اب تک خواص و عوام دوسرے کی رائے کے پابند ہوتے ہیں، وہ ہر فیصلے کو آنکھ بند کر کے قبول کر لیتے ہیں، اس میں ہیرو پرستی کے علاوہ ذہنی کاہلی بھی شامل ہے، اسی لئے تصویر کے دورخ دیکھنے کی تکلیف نہیں گوارہ کرتے،

ایک رخ، ایک فیصلہ، ایک فارمولہ انہیں مطمئن کر دیتا ہے، وہ ہر چیز کو پرکھنے کی تکلیف نہیں گوارہ کرتے۔ پارکھ بننے کے لئے بڑے ضبط و نظم، بڑے ریاض اور رسا ذہن کی ضرورت ہے، جب ہی تو اردو تنقید میں مبلغ اور نقیب بہت ہیں، پارکھ اور مبصر کم۔

***

اردو تنقید ایک جائزہ

جناب وائس چانسلر صاحب، صدر شعبۂ اردو، مہمانان گرامی، خواتین و حضرات،

حالیؔ کا مقدمہ شعر و شاعری ۱۸۹۳ء میں شائع ہوا۔ مقدمہ ہماری تنقید کا پہلا صحیفہ ہے۔ مقدمہ سے پہلے محمد حسین آزادؔ کے افکار اور سرسید کے تہذیب الاخلاق میں بعض مضامین کی اہمیت بھی مسلم ہے۔ آزادؔ اور حالیؔ دونوں کی تنقید پر ان کی تخلیق کا سایہ ہے۔ عالمی تنقید کا معلم اوّل ارسطو، ہومر کی ایپک نظموں اور یونانی ڈراما نگاروں کی روشنی میں (بوطیقا یا شعریات) مرتب کرتا ہے۔ انگلستان میں ڈرائیڈن، جانسن، کولرج، آرنلڈ اور ایلیٹ سب کی شاعری نے ان کی تنقید کے لیے راہ ہموار کی۔

اردو میں کئی اہم شاعروں نے شعراء کے تذکرے بھی مرتب کیے۔ میرؔ، مصحفیؔ، قائمؔ، شیفتہؔ کے نام اس سلسلے میں لیے جاسکتے ہیں۔ ان تذکروں میں جو تنقیدی اشارے ہیں ان کی مدد سے شعراء کے تنقیدی شعور اور ان کے دور کے تنقیدی شعور کو سمجھنے میں مدد ملتی ہے۔ غرض تنقید خلا میں وجود میں نہیں آتی۔ اس کے پیچھے معنی خیز تخلیقات کا ایک سلسلہ ہوتا ہے۔ تخلیق کی معنویت اور معیاروں کی طرف توجہ کے ذریعے سے یہ نہ صرف قاری کو ذوق سلیم تک لے جاتی ہے بلکہ بعد کے تخلیق کاروں کے لیے روشنی بھی مہیا کرتی ہے۔ اس لیے ادب میں تخلیق کی اولیت کو تسلیم کرتے ہوئے تنقید کی اہمیت سے بھی کسی طرح انکار نہیں کیا جاسکتا۔

جارج اسٹائینر George Steiner اپنی کتاب زبان اور خاموشی Language

And Silence میں تو یہاں تک کہتا ہے کہ اسٹائل کی صفت کی وجہ سے تنقید بھی ادب ہو سکتی ہے۔ By Virtue Of Style Criticism Can Itself Become Literature اچھا نقاد وہ ہے جو قاری کو تخلیق کے متعلق نئی بصیرت دے۔ تنقید ایک کتاب کے مطالعہ کے لیے ذہن کو آمادہ کرتی ہے۔ فن کار اور قاری دونوں کے لیے تنقیدی شعور کی ضرورت ہے۔ فنکار کبھی اپنے آتش کدے کی راکھ کو ہی کرید تا رہتا ہے، کبھی اپنے ہی اسلوب کا شہید بھی ہو جاتا ہے۔ نقاد اس کے فن کو تنظیم سکھاتا ہے اور قاری کو تجربے اور تجربے کی پہچان عطا کرتا ہے۔ نقاد جج کی طرح فیصلہ بھی نہیں کرتا، نہ کوئی فرمان جاری کرتا ہے۔ وہ فتویٰ بھی نہیں دیتا، وہ تخلیق کار کا رہنما فلسفی اور ساتھی ہے۔

مگر تنقید ہے کیا؟ اپنے ایک مضمون میں جو ۱۹۴۶ء میں لکھا تھا میں نے اس سوال کا جواب دینے کی کوشش کی تھی، شاید اس کا اقتباس یہاں بے محل نہ سمجھا جائے۔

"میرے خیال میں اس کے لیے پرکھ کا لفظ سب سے زیادہ موزوں ہے۔ اس میں تعارف، ترجمانی اور فیصلہ سب کچھ آجاتے ہیں۔ پرکھ کے لفظ کے ساتھ ہمارے ذہن میں ایک معیار یا کسوٹی آتی ہے۔ نقاد کے ذہن میں ایسا ایک معیار ضروری ہے۔ پرکھنے اور تولنے کے لیے ترجمانی اور تجزیہ ضروری ہے۔ مبصر یا پارکھ اپنا فیصلہ منوانے کے درپے نہیں رہتا اور تمام نقاد اس بات سے متفق ہیں کہ نقاد کو آمر نہیں ہونا چاہیے۔ ایلیٹ کہتا ہے کہ اہم معاملات میں نقاد کو زبردستی نہیں کرنا چاہیے اور نہ اسے اچھے برے کا فیصلہ (جھٹ سے) صادر کر دینا چاہیے۔ اسے صرف وضاحت کرنی چاہیے اور پڑھنے والا خود ہی ایک صحیح نتیجہ پر پہنچ جائے گا۔ مگر نقاد جب کسی کا تعارف کراتا ہے تو اس کا تعارف کسی نقیب کی پکار نہیں ہوتا۔ ایک سیاح کی دریافت ہوتا ہے۔ نقاد بھی اپنی دنیا کا کولمبس ہے۔

وہ پڑھنے والے کو ایک نئی فضا میں لے جاتا ہے جس کا حسن اس نے دریافت کیا ہے۔ ہر تنقید ایک ذہنی سفر کا آغاز ہے۔ تعارف کو اعلان نہ ہونا چاہیے اور نہ ترجمانی کو فلسفہ۔"

آزادی کے بعد ہندوستانی ادبیات میں یہ میلان بڑھا ہے کہ تنقید میں ہمیں اپنی جڑوں، اپنی تاریخ اور اپنے ماحول کو ہی ملحوظ رکھنا چاہیے۔ مغربی ادب میں جو معیار عام ہیں، ان کے مطابق اپنی ادبیات کو پرکھنا قطعی ضروری نہیں۔ اس کے معنی یہ ہیں کہ عربی، فارسی، سنسکرت میں جن ادبی اصولوں پر زور دیا گیا ہے یا شعری معیاروں کا تذکرہ ہے، ان پر ہی ہماری تنقید کی بنیاد ہونی چاہئے۔ مغربی ادب کی صورت حال ہماری ادبی صورت حال سے بالکل مختلف ہے۔ اس لیے اس سے اپنے فن کاروں اور فن پاروں کی تفہیم میں مدد نہیں مل سکتی۔ یہ لوگ تو یہاں تک کہتے ہیں کہ یہ ذہنی غلامی ہے اور نوآبادیاتی ذہن میں توسیع۔ یہ بات اس حد تک صحیح ہے کہ ہمیں اپنی بنیادوں، اپنی تاریخ اور اپنے ماحول کو بہر حال پیش نظر رکھنا چاہیے مگر مغربی معیاروں کو نظر انداز کرنا، جو بڑی حد تک اب بھی عالمی معیار ہیں، میرے نزدیک کسی طرح مناسب نہیں۔ ویسے بھی یہ دور صرف یہ یا صرف وہ کا نہیں، یہ بھی اور وہ بھی کا ہے۔

تقریباً دو سو سال سے مغربی اثرات ہماری زندگی، سماج اور ادب پر پڑ رہے ہیں، جس طرح قدیم ہندوستان کی کلید سنسکرت ہے اور ازمنہ وسطیٰ کی ایک حد تک فارسی، اسی طرح جدید دور کی کلید انگریزی ہے۔ مارکس کا یہ قول میرے نزدیک بڑی صداقت رکھتا ہے کہ خواہ مغرب کا اقتدار ہندوستان پر یہاں کی دولت کے استحصال کے لیے ہوا ہو، مگر اس نے تاریخ کے ایک آلے کا کام بھی انجام دیا۔ غور سے دیکھا جائے تو قومیت، جمہوریت، سیاسی وحدت کا تصور ہمیں مغرب نے دیا ہے۔ ہاں حب وطن اور گاؤں کی پنچایت میں جمہوری تصورات ہمارے یہاں پہلے سے موجود تھے۔ مغربی افکار کا سرچشمہ

یونانی فکر ہے اور اس کے بعد روما کے قانون کا تصور، پھر انجیل مقدس۔

یونانی فکر، خلفائے عباسیہ کے زمانے میں عربی ادبیات اور علوم پر اثر انداز ہوئی۔ اس فکر نے ازمنہ وسطیٰ کے دھندلکے میں علم و عمل کی شمعیں روشن کیں۔ نشاۃ الثانیہ کے بعد یورپ میں جو تخلیقی سرگرمیاں شروع ہوئیں، ان میں عربوں کے خونِ جگر کی آب و تاب بھی شامل ہے۔ کہنا یہ ہے کہ مشرق اور مغرب اس طرح الگ دنیائیں نہیں ہیں جس طرح کپلنگ کی ہمنوائی میں کچھ لوگ کہتے رہے ہیں اور اپنی فکری بنیادوں کے ساتھ عالمی میلانات کا مطالعہ نہ صرف مفید ہے بلکہ میرے نزدیک ضروری بھی۔ اس لیے ہمیں اپنی تنقید میں مشرقی افکار کے ساتھ عالمی افکار کو بھی ملحوظ رکھنا چاہیے۔

ازمنہ وسطیٰ کے تنقیدی افکار زیادہ تر ہدایات یا نکتوں اور اشاروں کی شکل میں ہوتے تھے۔ علمی و ادبی مشاغل ایک مخصوص طبقے کا کاروبارِ شوق تھے۔ جب متوسط طبقہ بڑھا تو ان اشاروں سے داستانیں مرتب ہونے لگیں۔ فن کے اسرار و رموز پر پہلے مضامین اور پھر کتابیں وجود میں آئیں۔ ادبی بساط پر ایک جدلیاتی طریق کار کی کارفرمائی ہوتی ہے۔ یہاں ایک میلان جب اپنے عروج کو پہنچ جاتا ہے تو اس کا ردعمل شروع ہوتا ہے اور جب یہ ردعمل مکمل ہو جاتا ہے تو ایک نئے مجموعی میلان کا آغاز ہونے لگتا ہے۔ یہ ایک طرح کا امتزاج ہے۔

اگر غور سے دیکھا جائے تو روایت ایک وحدت نہیں ہے۔ اس میں کثرتیں رفتہ رفتہ ایک وحدت کو جنم دیتی ہیں اور انہیں کے بطن سے بغاوت وجود میں آتی ہے جو کسی بھولی ہوئی روایت کی توسیع یا ترمیم بھی ہوتی ہے، اس لیے تنقید میں بقول رینی ویلک صرف تاریخیت Historicism یا مستقلیت Futurism رہنما نہیں ہو سکتی۔ تناظریت Perspectivism کی بھی ضرورت ہے۔ اس طرح ہم ماضی کے سرمائے اور حال کے

موج در موج سمندر سے انصاف کر سکتے ہیں۔ ادب میں کوئی نظریہ اس طرح باطل نہیں ہوتا جس طرح سائنس میں، ادب وہ دریا ہے جس میں مختلف اوقات میں نئے دھارے آکر ملتے رہتے ہیں اور پورے دریا کی روانی کو متاثر کرتے رہتے ہیں۔ دریا ایک معنی میں وہی رہتا ہے اور ایک معنی میں کچھ اور بھی ہو جاتا ہے۔

زندگی میں تسلسل اور تغیر کی طرح ادب میں بھی تسلسل اور تغیر ہوتا ہے۔ اگر ہم اس نکتے کو ملحوظ رکھیں تو بہت سی غلطیوں اور گمراہیوں سے بچ سکتے ہیں۔ میں مغربی افکار سے استفادہ اردو ادب کے لیے مفید سمجھتا ہوں لیکن ان افکار کی روح کو دیکھتا ہوں، میں جدید کاری کا قائل ہوں، لیکن جدید کاری کو تمام تر مغرب کی پٹری پر چلنا نہیں مانتا۔ نئی مشرقیت مغرب کے آشوب کو نظر میں رکھتی ہے۔ یہ ماضی پرست نہیں ماضی شناس ہے مگر اس کی توجہ کا مرکز حال کا آشوب اور مستقبل کے امکانات ہیں۔

سوال یہ ہے کہ اردو میں تنقید کی اصطلاح پہلے کب اس صنف کے لیے استعمال ہوئی۔ عربی کا لفظ 'نقد' تو پہلے سے موجود تھا۔ انتقاد اور انتقادیات کو نیاز فتح پوری نے رواج دیا۔ میرا خیال یہ ہے کہ بیسویں صدی کے آغاز میں لسان الصدق میں ایک مضمون میں ریویو اور تبصرہ پر گفتگو کرتے ہوئے مولانا آزاد نے یہ لفظ استعمال کیا، لیکن اس سلسلے میں مزید تحقیق کی گنجائش ہے۔ کلیم الدین احمد نے اردو میں تنقید کے وجود کو فرضی قرار دیا تھا۔ یہ ویسی ہی بات تھی جیسے غزل کو نیم وحشیانہ صنف شاعری کہنا۔ دونوں اقوال میں کچھ سچ بھی ہے، مگر مجموعی طور پر یہ انتہا پسندی ہے اور اس لیے گمراہ کن۔

تذکروں میں ایک تنقیدی شعور ملتا ہے گو باضابطہ تنقید نہیں ہے۔ آبِ حیات میں ایک رچے ہوئے تنقیدی شعور سے کیسے انکار کیا جا سکتا ہے اور نیرنگِ خیال میں آزاد کے ایک صحت مند تنقیدی شعور کو کیسے نظر انداز کر دیں۔ اس طرح تہذیب الاخلاق میں

سرسید کے وہ مضامین جو انھوں نے سال تمام ہونے کے سلسلے میں لکھے تھے، ادب اور انشا پردازی کے متعلق سرسید کے نظریات کی ایک واضح تصویر پیش کرتے ہیں۔ خود حالی نے مجموعۂ نظم حال کے دیباچہ، مسدس کے دیباچہ اور حیات سعدی میں اہم تنقیدی افکار پیش کیے ہیں۔ پھر بھی یہ درست ہے کہ مقدمۂ شعر و شاعری ہی اردو تنقید کا پہلی صحیفہ ہے۔ اس کی اہمیت تاریخی بھی ہے اور ادبی بھی۔ اس کے حوالے سے آج بھی بات ضروری ہے۔

ہمارے یہاں تنقید کی جو تاریخ اب تک بیان کی گئی ہے اس میں ناموں پر زیادہ زور دیا گیا ہے۔ میلانات پر اتنی توجہ نہیں۔ تاریخ کو بھی ایک زمانے میں مشاہیر کی سوانح عمری کہا جاتا تھا، مگر اب تاریخ اسباب و علل کی داستان ہے اور اس میں سماج کے ارتقا کے منازل، تہذیب کے مظاہر، سیاسی تبدیلیاں اور عوام و خواص سبھی کی صورت حال کا جائزہ آ جاتا ہے۔ گہری تحقیق، اب صرف جنگل کے تصور پر قناعت نہیں کرتی بلکہ نامیار Namiar کے اثر سے پیڑ بھی گنتی ہے۔ اول تاریخ، تاریخ کے اس تصور سے مدد لے کر تحقیق کو اس کا جائز مقام دیتی ہے۔

یہ بات بلا خوف تردید کہی جا سکتی ہے کہ گذشتہ سو سال میں اردو تحقیق اور اردو تنقید دونوں میں خاصا اضافہ ہوا ہے۔ گو ابھی دونوں میں جانب داری کی لے زیادہ ہے، سخن فہمی کی اتنی نہیں۔ ادب میں اعلیٰ روایت اور ادنیٰ روایت دونوں Great Tradition And Little Tradition پر زور دیا جانے لگا ہے۔ گویا ادنی کی اصطلاح مجھے مناسب نہیں معلوم ہوتی اس کے بجائے روایت کی اصطلاح زیادہ موزوں ہے۔ علاقائی کارناموں کا جائزہ بڑھا ہے مگر اس میں رائی کو پہاڑ ثابت کرنے کی کوشش بھی ہے۔

مغرب میں تنقید کے جو دبستان سامنے آئے ہیں، ان پر یہاں ایک نظر ڈالنا ہمارے لیے اس لیے مفید ہو گا کہ ہمارے یہاں یہ اثرات کبھی بر ملا اور کبھی ڈھکے چھپے ملتے ہیں۔ ولبر اسکاٹ نے اپنی کتاب ادبی تنقید کی پانچ راہیں Five Approaches To Literature میں تو انسان دوست یا اخلاقی، نفسیاتی تنقید، سماجی تنقید، فنی یا فارمل تنقید اور اسطوری اور آر کی ٹائپل تنقید کے دبستان قائم کیے ہیں۔ اس نے تاثراتی تنقید کی طرف توجہ نہیں کی، اس لیے کہ اس کے ڈانڈے کسی نہ کسی طرح کسی دوسرے دبستان سے مل جاتے ہیں۔ ہمیں اسکاٹ کی درجہ بندی میں روسی فارملزم اور تشکیل یا ساخت اور لا تشکیل یا رد ساخت کے دبستانوں کو بھی ملحوظ رکھنا ہو گا۔

یہ اثرات گذشتہ چالیس پچاس سال میں ابھرے ہیں۔ اخلاقی زاویۂ نظر کی تاریخ سب سے پرانی ہے۔ افلاطون، سڈنی جانسن، آرنلڈ سب کا سروکار اخلاقیات سے تھا۔ آرنلڈ کی اعلیٰ سنجیدگی اس کی نمایاں مثال ہے۔ بیسویں صدی میں یہ اخلاقی نقطۂ نظر تو انسان دوستی میں ظاہر ہوتا ہے۔ ادب تنقید حیات ہے۔ تکنیک کا مطالعہ وہ ذریعہ ہے جو ہمیں ادب کے مقصد تک لے جاتا ہے اور بالآخر تہذیب کے فروغ اور مہذب انسان کے نصب العین تک رسائی رکھتا ہے۔ یہ نیچر لزم اور رومانیت دونوں سے گریزاں ہے۔ ایلیٹ اور ایف آر لیوس دونوں کے یہاں یہ اخلاقی نقطۂ نظر اپنے طور پر ظاہر ہوتا ہے۔

ایلیٹ نے جب یہ کہا کہ "ادب کی عظمت صرف ادبی معیاروں سے متعین نہیں کی جاسکتی، اگرچہ ہمیں یاد رکھنا چاہیے کہ یہ ادب ہے یا نہیں اس کا تعین صرف ادبی معیاروں سے کیا جا سکتا ہے۔" تو اس نے بالآخر اخلاقی نصب العین یا سماجی نقطۂ نظر کے لیے بھی گنجائش چھوڑی، مگر ادبی معیاروں کی مرکزیت کو ملحوظ رکھا۔

نفسیات کے علم نے ادب کے مطالعے میں ایک تور چرڈس کے ادبی تنقید کے اصول

Principles Of Literary Criticism میں جمالیاتی تجربہ کا تجزیہ کیا اور حسن کو حواسوں کے ایک نئے توازن کا نام دیا۔

Beauty Is That Which Is Conducive To Synesthetic Equilibrium اس سے مراد قاری کا وہ موزوں رد عمل ہے جو ایک فن پارہ عطا کرتا ہے اور جس میں ایک حس کو دوسری حس کے ذریعے سے پیش کیا جاتا ہے۔ دوسرے جو ایڈمنڈ ولسن کے یہاں فن کاروں کی زندگی کے مطالعے کی طرف مائل کرتا ہے، تاکہ اس سے ان کے سمجھنے میں مدد ملے۔ ڈی ایچ لارنس نے بھی کہا تھا کہ حسن فن کار کو اپنے مرض سے چھٹکارا پانے میں مدد دیتا ہے۔ "زخم اور کمان" میں ولسن نے یہ واضح کرنے کی کوشش کی ہے کہ اس طرح نہ صرف فن کار کو سمجھنے میں مدد ملتی ہے بلکہ فن کے اندرونی سانچوں کو بھی سمجھا جا سکتا ہے۔ پھر نفسیات، فکشن اور ڈرامے کے بعض کرداروں کے مطالعے کے ذریعے سے ان کے عمل اور رد عمل کو سمجھنے میں مدد دیتی ہے۔

ہولٹ کا تجزیہ اس کی اچھی مثال ہے۔ فرائڈ کو مارکس کے ساتھ اس دور کا پیغمبر کہا گیا ہے لیکن فرائڈ کا نظریہ در اصل ادب کے ساتھ انصاف نہیں کرتا لیکن یُنگ کے نظریات کا اثر ادب پر بہت گہرا ہے اور اس نے بالآخر ایک اسطوری دبستان کے لیے راہ ہموار کی ہے۔ فن بہر حال خواب سے واضح طور پر مختلف ہے۔ فن کار کو ایک حد تک اپنی تخلیق پر قابو ہوتا ہے جب کہ خواب دیکھنے والا مجبور ہے۔ اردو میں میرا جی نے فرائڈ کے نظریات سے متاثر ہو کر اردو کے بعض شعراء پر ادبی دنیا میں جو مضامین لکھے تھے ان میں یہی کمزوری تھی۔ گو یہ دلچسپ ضرور تھے۔ بہر حال اس دبستان کے ذریعہ سے تخلیقی عمل کے سلسلے میں کچھ معنی خیز باتیں ضرور کہی گئی ہیں۔

سماجی دبستان اس دور میں کافی مقبول رہا ہے، خصوصاً مارکسی نقطۂ نظر کی وجہ سے

اسے خاصی اہمیت حاصل ہوئی۔ دراصل اس کا آغاز تانیے سے ہوتا ہے جس کا لمحے، نسل اور ماحول کی وجہ سے اسے خاص اہمیت حاصل ہوئی، کا تصور ہی وہ بنیاد ہے جس کے سہارے مارکس نے ذرائع پیداوار کو مرکزی اہمیت دی۔ ہاں یہ ضرور ہے کہ مارکس کا ادب کا تصور اس کے جدلیاتی مادیت کے فلسفے کا ہی ایک پہلو ہے۔ ادیب بہرحال کسی سماج کا فرد ہوتا ہے، مگر اس کی انفرادیت کو صرف اس کے سماجی دائرے کی مدد سے ہی سمجھا نہیں جاسکتا۔ وہ ایک آزاد وجود بھی رکھتا ہے۔ سماجی تنقید خصوصاً مارکسی تنقید نے ادب پر گہرے اثرات چھوڑے ہیں جیسا کہ ایک نقاد نے کہا ہے ادب اور سماج کا رشتہ باہمی (Reciprocal) ہے۔ ادب صرف سماجی اسباب کا نتیجہ نہیں ہے۔ یہ سماجی اثرات کا سبب بھی ہے۔ Literature Is Nor Only The Effect Of Social Cause, It is Also The Cause Of Social Effect بیشتر مارکسی نقادوں نے ادب کے مخصوص تجربے اور رول کے ساتھ انصاف نہیں کیا مگر کرسٹوفر کاڈویل، لوکاج اور حال میں ٹیری ایگلٹن کے یہاں جو کوشش ہے وہ ہر لحاظ سے قابل قدر ہے۔

کچھ لوگ فارملسٹ تنقید کے دبستان کو اس دور میں سب سے زیادہ اہمیت دیتے ہیں۔ میرے نزدیک اس کے نقطۂ نظر کی اتنی اہمیت نہیں جتنی اس کے طریقۂ کار Methodology کی ہے۔ اس دبستان کا رشتہ ایلیٹ سے دیکھا جاسکتا ہے جس نے فن کو فن کی وجہ سے اہمیت دی نہ کی سماج، مذہبی، اخلاقی یا سیاسی افکار کی وجہ سے اور جس نے فن پاروں کے گہرے مطالعے پر زور دیا۔ ایلیٹ کا یہ کہنا ہے کہ فن کار جذبے اور شخصیت سے اپنے فن میں فرار حاصل کرتا ہے۔ نقادوں کو فن کاروں کی سوانح کے بجائے فن پارے کے فنی نظام کی طرف متوجہ کرنے میں مؤثر ثابت ہوا۔ دوسرا راہ نمار چرڈس ہے جس نے معنیات پر توجہ کی اور اپنی کتاب عملی تنقید میں نوجوانوں کی کچھ نظموں کے رد

عمل کا تجزیہ کیا۔ پھر اس کے شاگرد ایمپسن نے ابہام کی سات قسمیں لکھ کر اس نئے دبستان کے لیے میدان بالکل صاف کر دیا۔

نئی تنقید کے علمبردار یہ کہتے ہیں کہ شاعری اپنی جگہ علم کا سرچشمہ ہے اور اس کا ابلاغ صرف اسی کے دائرے میں ہو سکتا ہے۔ یہ لوگ ذاتی، سماجی اخلاقی قدروں کو خارجی چیز کہتے ہیں اور صرف نظم کی ساخت اور اس ساخت کے ان اجزاء سے سروکار رکھتے ہیں جو مجموعی شعری تجربے سے متعلق ہیں۔R. P. Warrenوارن کہتا ہے کہ شاعری کسی خاص عنصر میں محدود نہیں ہے بلکہ اس کا دارومدار ان رشتوں پر ہے، اس ساخت پر ہے جسے ہم نظم کہتے ہیں۔ ان لوگوں کے نزدیک معنی فارم سے وجود میں آتا ہے یعنی بحر، پیکر، اسلوب، ڈکشن وغیرہ اور مواد سے جس میں لہجہ موضوع وغیرہ آتے ہیں۔ اس سلسلے میں ایگلٹن کا یہ اعتراض میرے نزدیک درست ہے کہ اس دبستان نے خواص پرستی کو فروغ دیا اور اصطلاحات کا ایک نظام بنا دیا جس تک عوام کی رسائی نہیں ہو پاتی قول محال Paradox بناوٹ Texture تناؤ Tension ابہام Ambiguity مصنف کا مقصد Intent of Author پر مباحث، ان تعبیروں کی طرح ہیں جن سے خواب پریشان ہو جاتا ہے۔

آرکی ٹائیپل یا اسطوری کا بھی ایک اہم میلان ہے۔ اس میں بھی متن کا گہرا مطالعہ ضروری ہے مگر یہ جمالیاتی تجربے کی قدروقیمت کا تعین کرنے میں، اس کی بنیادی، تہذیبی اور انسانی اپیل کو مدنظر رکھتی ہے۔ فریز اور ینگ دونوں کے نظریات نے جیمس جوائز کی تخلیقات پر گہرا اثر ڈالا۔ ینگ کے اجتماعی لاشعور کا لب لباب یہ ہے کہ انسان غیر شعوری طور پر قبل تاریخ کے اس علم کو محفوظ رکھتا ہے جو اس دور کے اساطیر میں بالواسطہ مل جاتا ہے۔ اس سے یہ نکتہ نکلتا ہے کہ اساطیر کے فوق فطری عناصر پر عقیدہ نہ ہونے کے باوجود

ان میں انسان اور انسانیت کے ارتقا کے کچھ ابدی نقوش ملتے ہیں۔ بقول ایرک فرام اسطور ایک ایسا پیام ہے جو ہماری طرف سے خود ہمیں کو دیا جاتا ہے۔ یہ وہ پوشیدہ زبان ہے جو ہمیں اس قابل بناتی ہے کہ داخلی واردات کو خارجی واردات بنا سکیں، یعنی فن کار ایک اسطور ساز ہے۔ اس سلسلے میں ڈی ایچ لارنس کے لہو کے شعور اور ارنسٹ کسیرر کے Essay On Man کے اثرات بھی قابل ذکر ہیں مگر نارتھ روپ فرائی کی کتاب تنقید کی اناٹومی Anatomy Of Criticism کے اثرات زیادہ گہرے ہیں۔

اخلاقی یا انسانی، سماجی، نفسیاتی، فنی اور اسطوری دبستانوں کے علاوہ ایک میلان ترکیبی یا امتزاجی بھی ہے۔ کسی ایک دبستان کو رہنما بنانے میں یہ خطرہ ضرور رہتا ہے کہ دوسرے دبستانوں سے جو روشنی مل سکتی ہے، اسے نظر انداز کر دیا جائے، اس لیے یہ میلان بھی مقبول ہو چکا ہے۔ اس صدی کی پانچویں دہائی میں روسی فارملسٹوں کا کارنامہ بھی توجہ کا مرکز بنا ہے۔ اس حلقے میں رومن جیکبسن کا نام مرکزی اہمیت کا حامل ہے۔ فارملسٹوں نے ہی ساختیات اور پس ساختیات کے لیے راہ ہموار کی۔ لسانیات کی مدد سے انھوں نے ادب کی زبان اور اس کی ہیئت پر زیادہ توجہ مرکوز کی۔ ادبی زبان کو انھوں نے ایک طور پر عام زبان سے انحراف قرار دیا۔ شاعری کی تقلید کے سلسلے میں ان کے نظریے کی اہمیت ضرور ہے مگر ادب صرف شاعری میں محدود نہیں۔ ادھر کئی سو سال میں نثر کا سرمایہ بھی اتنا ہو گیا ہے کہ اب متمدن انسان کے اظہار کا ذریعہ شاعری سے زیادہ نثر ہو گئی ہے اور نثر وہ کام بھی کرنے لگی جو پہلے شاعری کرتی تھی۔ فکشن اور ڈرامے نے افراد ہی نہیں بلکہ قوموں اور سماجوں کی روح کی جس طرح عکاسی کی ہے، وہ شاعری سے کسی طرح کم نہیں۔

ساختیات یا تشکیلیات کا طریقہ کار تجزیاتی ہے، اسے قدر شناسی سے دلچسپی نہیں۔ یہ سامنے کے معنی کے مقابلے میں کچھ ایسی بناوٹوں کو ترجیح دیتا ہے جو گہرائی میں کہیں کہیں

چھپی ہوئی ہیں۔ نشان Sign کیا کہتا ہے اس سے غرض نہیں۔ اسے صرف ان نشانات کے ایک دوسرے سے رشتے سے غرض ہے۔ ساختیات Structuralism آگے چل کر Semiology سے مل جاتی ہے۔ ساخیات ہر فن مولا ہے۔ سمیلوجی Semiology ادب کے مطالعے سے سروکار رکھتی ہے۔ ساختیات، فرد کو نظر انداز کرتی ہے۔ ادب کے اسرار کو فارمولوں میں مقید کرنا چاہتی ہے۔ ایگلٹن اسے Anti-Humanist انسان دوستی کی مخالف سمجھتا ہے۔ یہ تاریخ سے فرار کر کے زبان کی آغوش میں پناہ لیتی ہے۔ پس ساختیات، صداقت، حقیقت، معنی، علم، سب کے کلاسیکی تصور کی تخریب کرتی ہے۔

ہمارے یہاں حالیؔ کی اہمیت اور معنویت یہ ہے کہ انھوں نے نہ صرف ایک سنجیدہ اور قابل قدر نظریۂ شاعری پیش کیا، بلکہ اصناف شعری میں سے غزل، قصیدہ، مرثیہ، مثنوی پر خاصی تفصیل سے اظہار خیال کیا۔ ایک واضح نظریے کے بغیر کسی کو نقاد نہیں کہا جاسکتا۔ نظریاتی تنقید کے ساتھ اصناف پر محاکمہ اور عملی تنقید کے نمونے بھی ضروری ہیں۔ حالیؔ نے ان دونوں پہلوؤں پر جو کچھ کہا ہے، اس سے جابجا اختلاف کی گنجائش ہے مگر اس کے باوجود ان کے افکار کی اہمیت باقی ہے۔ بڑا نقاد اپنی بصیرت کی وجہ سے ادب کا وژن بدل دیتا ہے اور ہمارے ادبی شعور اور ادبی حسیت میں تبدیلی پیدا کر کے ہمیں ادب اور زندگی کو اس طرح دیکھنے اور دکھانے پر مائل کرتا ہے جس طرح پہلے نہ دیکھا گیا تھا۔ پھر وقت گذرنے کے ساتھ اور ذوق اور شعور میں تبدیلی کے باوجود اس وژن سے کچھ نہ کچھ بصیرت برابر ملتی رہتی ہے۔

ادب میں کوئی سنجیدہ نظریہ یکسر رد نہیں ہوتا۔ سوال یہ ہے کہ کون سا نظریہ مرکزی مسائل پر روشنی ڈالتا ہے اور کون سا کیری مسائل پر۔ حالیؔ کا نظریۂ شعر مرکزی

مسائل پر توجہ کی وجہ سے (ان سے بعض مقامات پر اختلاف کے باوجود) برابر اہم رہے گا۔ کلیم الدین نے اپنی انتہا پسندی کی رو میں حالیؔ پر جو اعتراض کیے تھے، ان کا خاصا شافی جواب ممتاز حسین نے اپنی کتاب "حالیؔ کے شعری نظریات، ایک تنقیدی مطالعہ" میں دے دیا ہے۔ حالیؔ نے تنقید کے لیے جو زبان اور اسلوب اختیار کیا وہ مستقل قدر و قیمت کا مالک ہے۔ گذشتہ سو سال میں تنقید میں بہت سی راہیں کھلی ہیں مگر حالیؔ کی شاہراہ کلیم الدین اور سلیم احمد کے فرمودات کے باوجود اردو تنقید کے لیے صراط مستقیم کہی جا سکتی ہے۔ بڑا نقاد وہ ہے جس سے اختلاف تو کیا جائے مگر جس سے انکار ممکن نہ ہو اور جس سے ہر دور میں بصیرت ملتی رہے۔ ادب اور سماج کے باہمی رشتے، شاعری کی خصوصیات، شعر کی زبان کے سلسلے میں حالیؔ کے چراغ سے چراغ برابر جلائے جاتے رہیں گے۔

حالیؔ کی اہمیت اور معنویت کے اعتراف کے ساتھ یہ بات بھی ملحوظ رکھنا چاہیے کہ شبلیؔ نے چونکہ طرز ادا پر خاص توجہ کی اور موازنہ میں انیسؔ کی شاعرانہ عظمت اور دبیرؔ کی استادی کے فرق کو واضح کر دیا۔ اس لیے نظریاتی پہلو کو گہرائی عطا کرنے کے ساتھ عملی تنقید کا بھی ایک قابل قدر نمونہ پیش کیا۔ یہ دوسری بات ہے کہ یہ در اصل موازنہ کم ہے، انیسؔ کی شاعری کی خصوصیات کا جائزہ زیادہ۔ عبد الحق در اصل حالیؔ کے نقطۂ نظر کی توسیع کے مظہر ہیں۔ تحقیق نے ان کی تنقید کو وژن عطا کیا۔ انھوں نے قدیم دور کے بہت سے تاریک گوشوں کو منور کیا۔ زبان کی ہندوستانیت اور چلن سے اس کے رشتے کو اجاگر کیا۔ میرؔ کے مطالعے میں سماجی اثرات کی نشان دہی کی۔ گو وہ میرؔ کے فن کے جادو تک نہ پہنچ سکے مگر میرؔ کی عظمت کے نقش کو گہرا کرنے میں کامیاب ضرور ہوئے۔

نیازؔ کی دانشوری، ان کی تنقید سے زیادہ اہم ہے مگر زبان کی صحت پر اصرار کے ساتھ انھیں نظیر اکبر آبادی کی معنویت کا بھی احساس ہے اور اس طرح یہ کہا جا سکتا ہے

کہ ادب کے بت ہزار شیوہ کے پرستار، وہ بھی ہیں، اور فراقؔ کو انھوں نے ایک معنی میں دریافت کیا اور تبصروں کی ایک اچھی روایت قائم کی، مگر سخن فہم ہوتے ہوئے بھی وہ پاسداری کے چکر سے نہ نکل سکے۔ جوشؔ اور جگرؔ پر ان کے فرمودات اسی ذیل میں آتے ہیں۔ ان کا زبان کا تصور خاصا بے لچک کہا جا سکتا ہے۔ یہ لغت کو زیادہ ملحوظ رکھتا ہے چلن کو کم۔

حالیؔ کے باوجود شعر کی زبان کے سلسلے میں ہمارا مزاج خاصا سخت گیر اور خواص پسند رہا ہے۔ متروکات کا سارا سلسلہ، صحت زبان کے سارے مباحث، بحور و قوافی کے سارے آداب پر بڑھا ہوا اصرار، ادبی اظہار کے ایک خاص معیار سے گہرا شغف، ایک خواص پسندی کا غماز ہے جو عوامی فضا کی ذراسی گرد بھی پورا نہیں کرتی۔ نظیر کی اہمیت اور معنویت کا اتنی دیر میں اعتراف اس وقت ممکن ہوا جب حالیؔ کے نظریۂ شعر نے اس خواص پسندی پر نکتہ چینی کی اور شعر میں دل فریبی کے بجائے دل گدازی، صنعت کے بجائے، سادگی اور مضمون آفرینی کے بجائے اصلیت اور واقعیت پر زور دیا۔

ترقی پسند تنقید کا ایک کارنامہ یہ ضرور ہے کہ اس نے حقیقت پسندی اور عوامی فضا پر توجہ کم کی۔ پریم چند کا یہ جملہ کہ "ہمیں حسن کا تصور بدلنا ہوگا" کلیدی اہمیت کا حامل ہے۔ ترقی پسند تنقید در اصل حالیؔ کی روایت کی توسیع ہے۔ اس نے ادب کے متعلق چند اہم سوال اٹھائے، ادب اور سماج کے رشتے پر از سر نو غور کیا۔ مہذب شعور پر توجہ مرکوز کی۔ ذوقیات اور وجدانیات کے دھندلکے کو چاک کرنے کی کوشش کی۔ روشن خیالی پر اصرار کیا۔ غزل کی آمریت پر اعتراض کیا، ماضی کے طلسم میں اسیر رہنے پر ٹوکا، حال کے آشوب پر نظر کی، مگر سچی بات یہ ہے کہ اس نے نظریے پر زیادہ زور دیا، نظر پر کم۔ ترقی پسندی پر زیادہ اصرار کیا، ادب پر کم۔ یہ الگ بات ہے کہ ترقی پسندی بذات خود کوئی

آئیڈیل یا آدرش ہونا چاہیے یا نہیں، اس لیے کہ ہر ترقی اپنے ساتھ کچھ تنزل بھی ضرور لاتی ہے۔

انیسویں اور بیسویں صدی میں انسان نے جو ترقی کی ہے وہ مسلم ہے مگر اس کے ساتھ انسانیت میں جو بحران آیا ہے اس کا بھی اعتراف ہونا چاہئے، آدرش اگر ہو سکتا ہے تو انسان دوستی اور آج اسی کو سب سے بڑا خطرہ ہے۔ ترقی پسند تنقید سیاسی نقطۂ نظر کو ادبی حریت فکر کے مقابلے میں زیادہ اہمیت دیتی ہے۔ یہ لٹریچر کی نہیں لینن کے جانبدار لٹریچر۔Partisan Literature کی قائل ہے جس میں ٹالسٹائی کے لیے بھی محفوظات ذہنی ہیں۔

اختر رائے پوری کا ٹیگور اور اقبال کی شاعری کے متعلق یہ خیال تھا کہ "یہ بیماروں کی طرح زندگی سے گریز کرتی ہے۔" اور اکبر الہ آبادی کے متعلق انھوں نے فرمایا کہ "المیہ طنزیہ تک بندی کے پیرائے میں کفر کے فتوے صادر کرتی ہے۔" ترقی پسند تنقید میں تین نقاد ایسے ہیں جن کی ادبی اہمیت ہے۔ مجنوں، احتشام حسین اور ممتاز حسین۔ دوسرے اشخاص کے یہاں سیاست ادب سے زیادہ اہم ہے۔ سیاست ادب میں شجر ممنوع نہیں جس طرح اخلاق یا فلسفہ ٹاٹ باہر نہیں۔ اخلاق ہو یا فلسفہ یا سیاست۔ میں تو یہاں تک کہنے کو تیار ہوں کہ بالآخر ادب ایک اخلاقی شعور دیتا ہے۔ ایک مہذب اور منظم معیار عطا کرتا ہے اور سماجی زندگی جو رخ اختیار کر رہی ہے اس کا محاسبہ بھی سکھاتا ہے۔ ادب میں ہر نظریے کی گنجائش ہے مگر اس کا اظہار ادبی پیرائے میں ہونا چاہیے یعنی مرکزیت ادب کو حاصل ہونی چاہئے، سیاست یا اخلاق یا فلسفے کو نہیں۔

ادب متاثر کرنے کے ساتھ ذہن کو منور بھی کرتا ہے۔ ترقی پسند تنقید میں مارکسزم سے جو شغف تھا وہ قابل اعتراض نہ تھا۔ مارکسزم روس میں اشتراکیت کے زوال کے

باوجود آج بھی ایک اہم مکتبِ فکر ہے جسے نظر انداز نہیں کیا جاسکتا۔ قابل اعتراض ادب کی ایک سیاسی پارٹی کے منشور کے مطابق تفہیم اور اسی کو سب کچھ سمجھنا تھا۔ ادب میں ہر نظریے کی گنجائش ہے۔ مارکسزم ہو یا وجودیت، ایلیٹ اور اقبال کا مذہبی اور اخلاقی وژن ہو یا ینگ کے اجتماعی لاشعور یا فرائڈ کے حظ اور کرب Pleasure And Pain کے متعلقات، مگر اس میں ادب کی مخصوص بصیرت، اس کے وژن اور اس وژن کے موزوں اظہار کا سوال مرکزی اہمیت رکھتا ہے۔ ادبی اظہار کے سانچے بدلتے رہے ہیں، مگر حسن کاری کے آداب کے مطابق یہ آرائش خم کاکل کے ساتھ اندیشہ ہائے دور دراز کا کاروبار انسان کے خوابوں اور ان خوابوں کی حقائق سے جنگ، مستی اندیشہ ہائے افلاکی کے ساتھ زمین کے ہنگاموں کو سہل کرنے کا عزم ابدی ہے۔

ادب وقتی، ہنگامی واقعات کو ابدی تناظر میں دیکھنے کا نام ہے۔ ہر لمحے کے ساتھ بدل جانے کا نام نہیں۔ یہ زندگی کے تسلسل اور تغیر دونوں کے تناظر کا نام ہے۔ یہ ذات کو کائنات کے احساس کی پہلو داری اور تہہ داری عطا کرتا ہے۔ مگر اس کی بات ذات کے گنجینہ معنی کا طلسم ہے۔ یہ زندگی کی کسی ایک سچائی کو نہیں، زندگی کی ساری اور بعض اوقات متضاد سچائیوں کو سامنے رکھتا ہے۔ یہ بریخت کو بھی مانتا ہے اور بیکٹ کو بھی، کافکا کو بھی اور کامیو کو بھی، اقبال اور ٹیگور کو بھی اور فیض میراجی کے ساتھ راشد کو بھی۔ ترقی پسند تنقید ادب کے اس ہزار شیوۂ حسن کو سمجھ نہیں سکی۔

جدیدیت کا میلان ترقی پسندی کی توسیع نہیں تھا۔ یہ ایک رد عمل تھا، یہ ایک ذہنی افق پر نظر مرکوز کرنے کے بجائے فضا میں پرواز کا عزم تھا۔ یہ سیاسی وابستگی Commitment کے بجائے آزاد فکر سے وابستگی اور ادب سے وابستگی کا اعلان تھا۔ ترقی پسند تنقید تصویر کا ایک سیاسی رخ دیکھتی تھی۔ رد عمل کے طور پر اس نے دوسرے رخ پر

زور دیا مگر ہمارے ملک میں ہر میلان بہت جلد کلیشے بن جاتا ہے۔ سرخ سویرے اور طبقاتی کش مکش کی جگہ کرب، ذات، تنہائی اور ریت کی دیوار کی تکرار نے لے لی۔ ماڈرنزم یعنی جدیدیت جلد Post-Modernism پس جدیدیت کی طرف مائل ہو گئی۔ میں ماڈرنزم کا قائل ہوں مگر پس جدیدیت نے جو انسان دوستی کی قدروں کے خلاف محاذ بنا رکھا ہے اسے اسٹائنر Steiner کے الفاظ میں "بربریت" سمجھتا ہوں۔

اردو تنقید کو آج جدیدیت سے آگے جا کر نئی انسان دوستی کی طرف جانا ہے۔ جدیدیت نے ایک اہم نقاد اردو کو دیا ہے۔ یہ ہیں شمس الرحمن فاروقی۔ یہ مشرقی اور مغربی دونوں معیاروں کا لحاظ رکھتے ہیں۔ پرواز میں نشیمن پر ان کی نگاہ رہتی ہے۔ میرؔ اور غالبؔ کی عظمت کو اور واضح کرنے میں ان کی تحریروں سے مدد ملی ہے۔ زبان کے اسرار و رموز پر ان کی نظر ہے۔ خود ان کی زبان تنقید کی مدلل اور پُر مغز زبان ہے۔ شاعری کی تہہ داری کا انھیں بھرپور احساس ہے۔ مگر انھوں نے افسانے کی اہمیت کا راز نہیں سمجھا۔ منٹو کا ٹوبہ ٹیک سنگھ اور بیدی کا لاجونتی جس طرح افسانے کے کوزے میں زندگی کا سمندر بھر دیتے ہیں، اس پر ان کی نظر نہیں گئی۔ جس طرح حسن شناس حسن کی ہر ادا کو پہچانتا ہے، اسی طرح ادبی نقاد کو بھی فن کے ہر جلوے کو اہمیت دینی چاہیے۔ کوئی کرن کسی دوسری کرن سے کمتر نہیں ہوتی۔ اس کا بھی لحاظ کرنا چاہیے۔

دوسری زبانوں کے تنقیدی سرمائے کی طرح ہمارے تنقیدی سرمائے میں بھی شاعری کی تنقید زیادہ ہے۔ نثر خصوصاً فکشن کی تنقید کم۔ یہ بات سمجھ میں آتی ہے۔ ہر زبان کی شاعری کی ایک خاصی، قدیم، ترقی یافتہ اور رچی ہوئی روایت ہے۔ پھر اس میں معنی خیز تجربوں کی رنگا رنگی ہے۔ نثر پر توجہ بہت بعد میں ہوئی اور مغرب میں فکشن کی روایت تو دو ڈھائی سو سال سے زیادہ کی نہیں۔ ہمارے یہاں ڈیڑھ سو سال کی ہے۔ نثر کی

ترقی میں بیانیہ کے ارتقا کی بڑی اہمیت ہے۔ اس کے مقابلے میں حقیقت نگاری کی داستانوں میں اس کی جھلک ضرور ہے، مگر اس کی ترقی فکشن کے ارتقا سے وابستہ ہوتی ہے اس میں بھی "چاہیے" پر زیادہ زور رہا ہے، پر توجہ کم ہوئی۔ مگر بیسویں صدی میں مختصر افسانے نے گہرائی اور بلندی کی جو منزلیں طے کی ہیں اور پچھلے چالیس سال میں ناول پر جو توجہ ہوئی ہے، ہمارے نقادوں نے ابھی تک اس کے ساتھ انصاف نہیں کیا۔

شاعری کی بلندی اور پرواز کو تسلیم کرتے ہوئے کہنا پڑتا ہے کہ متمدن انسان کی روح، سماج کے میلانات، زندگی کی رنگارنگی، فرد کے باطن کی جو عکاسی ادھر ناول میں ہوئی ہے اس کی قدرشناسی کی لے ابھی مدھم ہے، اسے تیز تر کرنا ہوگا کہ اس کے بغیر ہم اپنے ادبی سرمائے کے بڑے حصے کے ساتھ انصاف نہیں کرسکیں گے۔ عملی تنقید کے ضرور قابل قدر کارنامے سامنے آرہے ہیں۔ لیکن تقابلی تنقید بہت کم ہے۔ ہماری نثر ایک عرصے تک یا تو شاعری کے زیور سے کام لیتی رہی یا خطابت کی پرواز کے جوہر دکھاتی رہی۔ اسے لفظ کی وہ کفایت دیر میں آئی جسے کافکا "برف کاٹنے کے کلہاڑے" سے تعبیر کرتا ہے۔ ادھر تنقید نے شاعری کی زبان اور نثر کی زبان کے فرق کو بھی واضح کیا۔ شاعری میں لفظ اکائی ہے، نثر میں جملہ، نثر کا بھی ایک آہنگ ہے مگر بقول ڈرایڈن یہ "دوسرا آہنگ" ہے۔

باغ و بہار سے پہلے اردو نثر میں اردو پن تھا ہی نہیں۔ یہ فارسی کی بھونڈی نقل تھی۔ وجہی کی ترنگ دربار کی پرتکلف فضا کے دھندلکے میں غائب ہوچکی تھی۔ میر امن، اردو خطوط کے غالب، سرسید، حالیؔ، شبلیؔ، نذیر احمد، عبدالحق، عابد حسین، منٹو اور عصمت کی نثر، نثر کے جوہر سے آشنا ہے۔ محمد حسین آزاد ہوں یا ابوالکلام آزاد طرحدار ضرور ہیں مگر ایک تمثیل اور دوسرا خطابت کے بغیر لقمہ نہیں توڑتا۔ ہماری نثر کو ابھی جذباتیت سے

اور بلند ہونا ہے۔ مقصدیت کے دباؤ سے آزاد ہو کر زندگی کی معنویت کے ان گنت پہلوؤں کی عکاسی کے لیے اپنے آپ کو آمادہ کرنا ہے۔ پھر تنقید کے کسی ایک دبستان میں اسیر ہونے کے بجائے اخلاقی، نفسیاتی، سماجی، فنی اور اسطوری ہر دبستان سے بقدر ضرورت استفادہ کرنا ہے مگر ادب کی مرکزیت کو ہر حال میں ملحوظ رکھنا ہے اور اس کی مسرت اور بصیرت دونوں کی پاسداری کرنا ہے۔ کچھ لوگوں نے اس سلسلے میں امتزاجی تنقید پر زور دیا ہے۔ اس کے لیے میں نے ۱۹۸۵ء میں انتخابی کی اصطلاح استعمال کی تھی۔ مشرقی اصول تنقید ناقص نہیں محدود ضرور ہیں۔ مغربی اصول تنقید بھی آنکھ بند کرکے تسلیم نہیں کیے جاسکتے۔ ہمارے رنگ محل میں ہر کھڑکی کھلی رہنی چاہئے تاکہ تازہ ہوا برابر آتی رہے۔ مگر ایسی آندھی سے خبردار رہنا چاہیے جو ہمارے رنگ و محل کو ہی تہہ و بالا کردے۔ اقبال نے اس سلسلے میں پتے کی بات کہی ہے،

مشرق سے ہو بیزار نہ مغرب سے حذر کر
فطرت کا اشارہ ہے کہ ہر شب کو سحر کر

آج جب صارف سماج کا زور بڑھتا جارہا ہے اور ادب کے وجود، اس کی معنویت، زندگی میں اس کی اہمیت، اشتہاریت اور مارکیٹ Market کے جال کی وجہ سے جمالیاتی تجربے، روح کی بیداری، تہذیب اور انسان دوستی میں یقین محکم کی لے کمزور ہوتی جارہی ہے، آرنلڈ کے جہاد کی یاد آنی قدرتی ہے۔ آج تنقید کا کام صرف فن پاروں کی تشریح، توضیح، تفسیر اور تعبیر ہی نہیں، خود فن کی، تہذیب کی، ادب کی، انسانی قدروں کی، علم برداری کی اہمیت اور معنویت کی طرف سماج کی رہ نمائی کرنا بھی ہے۔

سائنس کے رول کی اہمیت کو تسلیم کرتے ہوئے ادب کے رول کو واضح کرنا، انسان کو انسان بنائے رکھنا، تہذیب اور اخلاق کی قدروں کو دلوں کی دھڑکن بنانا اور بھی ضروری

ہو گیا ہے۔ اپنی زبان کے شاندار سرمائے، لفظ کی کائنات، آداب سخن سے بیگانگی برتی جا رہی ہے۔ ہمارے نئی نسل کی تربیت ادب کی ناقص تعلیم کے ماحول میں ہوتی ہے۔ اسے اچھی اردو آئی، نہ اچھی ہندی، نہ اچھی فارسی، نہ اچھی انگریزی۔ اپنے علاقے کی زبان پر بھی کم لوگوں کو عبور ہے۔ نقاد کو زبان کی اہمیت اور ادب کی معنویت کا خاص طور سے احساس دلانا ہے۔ پھر اسے کلاسیکی ادب کے معیاروں کی پاسداری کے ساتھ نئے ادبی میلانات کا شعور بھی عطا کرنا ہے۔ اسے مہذب قاری پر اصرار کرنا ہے۔ اس کا مطلب خواص پسندی نہیں، معیاروں پر توجہ ہے۔

تنقید علوم سے مدد لیتی ہے مگر اسے کسی مخصوص علم کی شاخ نہیں بنانا چاہیے۔ اس کا کام ادب کے رمز و ایما سے آشنا ہونا، اس کی مسرت اور بصیرت کا رمز شناس ہونا، روح انسانی کے سفر کا محرم ہونا ہے اور پس جدیدیت کی بڑھتی ہوئی بربریت کے مقابلے میں تہذیب انسانی کی بقا، جمالیاتی تجربے کی معنویت، شعر کی تہہ داری اور نثر کی بلاغت کو عام کرنا ہے۔ ادب سستی تفریح نہیں عطا کرتا، زندگی کے معنی خیز تجربات اور خواب اور حقیقت کے تصادم کے احساس کے ذریعے سے زندگی کا عرفان عطا کرتا ہے۔ انسانیت کی اس دولت کی طرف توجہ دلانا نقاد کے لیے آج اور ضروری ہو گیا ہے۔ انجیل مقدس میں کہا گیا ہے کہ "پہلے لفظ تھا اور لفظ خدا کے ساتھ تھا اور لفظ خدا تھا۔" نقاد کا کام اس نکتے کی روشنی میں آج کے بدلتے ہوئے سماج میں زبان و ادب کے بنیادی کردار پر زور دینا ہی ہو سکتا ہے۔

***

ترقی پسند تحریک پر ایک نظر

آزادؔ نے آب حیات میں میرؔ کا ایک واقعہ نقل کیا ہے۔ ایک دفعہ ایک کرم فرمانے ان کے لیے ایک ایسے مکان کا انتظام کیا، جس کے ساتھ ایک بہت اچھا باغ بھی تھا۔ کچھ عرصے کے بعد انہوں نے جا کر دیکھا تو باغ کی طرف کی کھڑکیاں بند تھیں اور میرؔ فکر سخن میں مصروف۔ انہوں نے کھڑکیاں کھولیں اور میرؔ سے کہا کہ ادھر باغ ہے اور میں آپ کو اس لیے یہاں لایا تھا کہ آپ کی کچھ تفریح ہو۔ میرؔ نے اپنے اشعار کے مسودوں کی طرف اشارہ کر کے کہا میں تو اس باغ کی تیاری میں ایسا مصروف رہتا ہوں کہ اس باغ کی خبر ہی نہیں۔

ترقی پسند تحریک دراصل اس نقطۂ نظر کے خلاف ایک احتجاج کے طور پر شروع ہوئی۔ اس نے خون جگر کی اہمیت کو کبھی نظر انداز نہیں کیا۔ ایک ادبی تحریک ایسا کر بھی نہیں سکتی۔ لیکن اس نے خون جگر کے ساتھ فطرت کی رنگینی اور انسانی جدوجہد کی لالہ کاری پر بھی زور دیا۔ کوسلر نے اپنی کتاب یوگی اور کمیسار (The Yogi and Commissar) میں ترجنیف کے متعلق لکھا ہے کہ وہ لکھتے وقت گرم پانی کی بوتل پیروں کے قریب رکھتا تھا اور اپنا دریچہ کھلا رکھتا تھا۔ ہمارے یہاں یہ دریچے ایک عرصے تک بند رہے اور جب کھلے تو بعض لوگوں نے دریچے کی سیر ہی کو ادب سمجھا۔ مگر پوری ترقی پسند تحریک دریچے کا ادب نہیں ہے اور نہ دریچے کی سیر ہے۔ یہ دریچے تازہ ہواؤں اور نئے تصورات کے اندر آنے کے لیے اور اندر کے فتنوں کو دن کی روشنی میں لانے کے

لیے ہیں۔

یوں تو اردو ادب میں ترقی پسند عناصر غدر کے بعد سے نمایاں ہیں اور غدر کے پہلے کے ادب میں بھی جابجا ان کی جھلک ملتی ہے۔ یعنی ترقی پسندی محض آج کل کے ادیبوں کی جاگیر نہیں ہے۔ مگر حالیؔ کے زمانے سے یہ رجحان ادب میں اتنا اہم ہو گیا کہ اس نے ساری فضا کو متاثر کیا۔ حالیؔ کے بعد پریم چند، اقبالؔ اور جوشؔ نے اس روایت کو آگے بڑھایا اور اس میں بعض مستقل اضافے کئے مگر یہ تحریک باقاعدہ طور پر ۱۹۳۵ء سے شروع ہوئی۔ جب چند ترقی پسند مصنفین کا ایک اعلان شائع ہوا اور ملک کے بعض مقتدر ادیبوں نے اس کی حمایت کی۔

چنانچہ گزشتہ دس گیارہ برس میں اس تحریک نے چند اصولی سوال اٹھائے ہیں، زندگی اور ادب کے کچھ مطالعے کئے ہیں، تخلیقی جوہر کو ذہن دیا ہے، موضوع اور اسلوب کی دنیا میں کچھ تجربے کئے ہیں، کچھ بت توڑے ہیں، کچھ بنائے ہیں، کچھ فریبوں سے آزاد ہوئی ہے اور کچھ میں مبتلا ہو گئی ہے۔ کہیں فکر انسانی کو روایت پرستی اور فرسودگی کی لعنت سے آزاد کیا ہے۔ کہیں اس کے لیے بعض پابندیاں خوشی سے قبول کرلی ہیں۔ مگر بحیثیت مجموعی اپنے نصب العین، اپنے اثرات اور اپنے امکانات کی وجہ سے، علی گڑھ تحریک کے بعد اردو میں یہ دوسری بڑی تحریک ہے اور اب اسے شروع ہوئے اتنا عرصہ گزر گیا ہے کہ اس کی رفتار پر ایمان داری سے تبصرہ ہو سکتا ہے۔

علی گڑھ تحریک اور ترقی پسند تحریک دونوں میں بعض باتیں مشترک ہیں، اس لیے علی گڑھ تحریک کا موازنہ ترقی پسند تحریک سے کچھ ایسا غلط نہ ہو گا۔ علی گڑھ تحریک ایک خالص ادبی تحریک نہ تھی، ترقی پسند تحریک بھی صرف ادبی نہیں۔ لیکن علی گڑھ تحریک کے بانیوں میں بعض دیو پیکر اشخاص تھے، جو اس تحریک کو نصیب نہ ہوئے۔ سرسید،

آزادؔ، حالیؔ، نذیر احمد، قدیم سرمائے سے اچھی طرح واقف تھے۔ انہیں زبان اور متعلقہ علوم پر اچھی خاصی قدرت تھی۔ یہ قدرت ترقی پسند تحریک کے علمبرداروں کے یہاں عام نہیں ہے۔ علی گڑھ تحریک ایک اصلاحی تحریک تھی۔ ترقی پسند تحریک ایک باغیانہ تحریک ہے۔ علی گڑھ تحریک ایک نئے متوسط طبقے کی جینے کی خواہش پر مبنی تھی۔ ترقی پسند تحریک متوسط طبقے کے لیے ذہنی غذا فراہم کرنے کے بجائے ایک نئے اجتماعی نظام کی آواز ہے۔

دونوں تحریکیں محض ادب برائے ادب یا ادب برائے جمال کی قائل نہیں۔ دونوں نے ادب سے ایک کام لیا۔ علی گڑھ تحریک نے ادب ہی کے ذریعے سے اصلاح، تبلیغ اور تلقین کی۔ اس نے سب سے پہلے علانیہ ادب کو پروپیگنڈا بنایا اور اس پر زور دیا کہ اس پروپیگنڈے سے ادب کو بھی نفع پہنچ سکتا ہے۔ اس کے سامنے ایک اخلاقی اور سماجی نصب العین بھی تھا اور اگرچہ اخلاق اور سماج دونوں کے متعلق اس کا تصور قدرے محدود تھا، مگر نیچر، قوم، اخلاق کے نعرے ادب کی محفل میں نئے بھی تھے اور صحت بخش بھی۔ اس کے اثر سے ہماری ذہنی فضا وسیع ہوئی، مغرب اور مغربیت، مشرق کے سنگین قلعے میں درآئے اور اپنا رنگ دکھانے لگے۔ ادب، چٹخارے اور چاشنی کی جگہ غذا اور تغزیہ کی طرف مائل ہوا، اس نے اپنی ملکوتیت اور ماورائیت کچھ کم کی اور اس دنیا کے حسن کو بھی نظر بھر کر دیکھا۔

جذبات کے ہیجان کی بجائے ذہن میں روشنی پیدا کرنے کی فکر ہوئی۔ شاعری کے ساتھ ساتھ نثر کی خاموش اور دلنشیں آواز نے بھی اپنی طرف متوجہ کیا۔ لوگ الفاظ پر سر دھننے کی بجائے معنی اور مفہوم پر بھی غور کرنے لگے۔ ادبی شعور نے شاعری کو ایک "مقدس دیوانگی" تسلیم کرنے سے انکار کیا، اور عقلیت کی روشنی میں شعر اور اس کے

لوازم پر بحث ہونے لگی۔ ابھی تک ادب بغیر سہارے کے تو نہ چل سکتا تھا مگر اس نے جو سہارے لیے وہ برگزیدہ اور استوار سہارے تھے۔ اس وجہ سے باوجود ایک مدھم آغاز کے بیسویں صدی کے شروع ہی میں اس نے ساری ادبی دنیا پر قبضہ کر لیا اور پہلی جنگِ عظیم تک قدیم اور جدید کی جنگ کا پہلا معرکہ سر ہو چکا تھا۔

لیکن انیسویں صدی کے ختم ہوتے ہوتے، دو رنگ ادب میں نمایاں ہو رہے تھے۔ ایک وہ جو نیا کم تھا اور پرانا زیادہ، جو شبلیؔ و شررؔ کے یہاں اپنی بہار دکھاتا ہے۔ دوسرا مخزنؔ اور اس کے حلقے کا رنگ ہے۔ جو نئی تعلیم یافتہ نسل کی ادبی بلوغت کو ظاہر کرتا ہے۔ شبلیؔ نے ابوالکلام، محمد علی اور اقبال کو پیدا کیا۔ نئی نسل نے پہلے ادب لطیف کو گلے لگایا، اور مغربیت کے شوق میں نثر میں شاعری کی، مگر جنگ عظیم نے بہت جلد اس کا نشہ ہرن کر دیا اور جنگ کے بعد جو سیاسی خلفشار رونما ہوا اس کے نتیجے کے طور پر ادب میں وطن پرستی، مقامی رنگ، غنائیت، سادگی جذباتیت، ماحول کی مصوری، فطرت کے حسن کا احساس آیا۔ غزل کے خلاف تحریک شروع ہوئی۔ گیتوں کا رواج ہوا اور ۱۹۳۰ء کے لگ بھگ اقبال کے باوجود عظمت اللہ، افسرؔ، جوشؔ، حفیظؔ، اخترؔ شیرانی کی نظمیں اور حسرت وفانیؔ کی غزلیں بہت مقبول تھیں۔ نثر یا تو رنگین تھی یا نشہ آور۔

نئی نسل کے سب اچھے لکھنے والے ادب لطیف کے دلدادہ تھے، یا پھر عبدالحق اور پریم چند کے ذریعے سے حالیؔ کا رنگ اپنا اثر جما رہا تھا۔ ۱۹۳۰ء کے قریب پریم چند کے متعدد افسانوں اور کئی ناولوں کی شہرت آسمان پر تھی، یعنی شہری زندگی میں دیہات کی فضا کا نفوذ لوگوں کو بھا رہا تھا اور وہ جذباتی، اصلاحی اور صلح پسند پیغام جو پریم چند پیش کر رہے تھے، حریت اور مساوات کی شدید مگر قدرے سطحی خواہشات کے لیے آسودگی کا باعث ہو رہا تھا۔ اس وقت تک ادب کے متعلق وہ بات کچھ ایسی غلط نہیں ہے جو آرنلڈ نے

انیسویں صدی کے اپنے ادب کے متعلق کہی تھی کہ باوجود توانائی اور تخلیقی قوت کی بہتات کے، یہ علم کے لحاظ سے تہی مایہ تھی۔

With plenty of energy

Plenty of creative force

It did not know enough .

چنانچہ اس ادب میں جو امید پروری ملتی ہے، جو سنہرے خواب ہیں، جو جذباتیت اور شدت ہے وہ اس کی سطحیت کو ظاہر کرتی ہے۔ یہ ادب ابدیت کم رکھتا ہے۔ اس کے نغموں کی شیرینی کچھ عرصے کے بعد پھیکی معلوم ہونے لگتی ہے۔ اس کے پاس جذبات ہیں، ذہن نہیں ہیں۔ گرمی ہے، روشنی نہیں ہے، دل ہے، دماغ نہیں ہے، خیالات محدود ہیں اور معلومات ناکافی پھر بھی اس کی سچائی اور اس کا خلوص قابلِ قدر ہے۔ مجھے اب تک یاد ہے 1932ء میں علی گڑھ میں ایک مشاعرہ ہوا تھا، جس میں اور مقتدر شعرا کے ساتھ حفیظ بھی تھے۔ لیکن سب سے مقبول وہی ہوئے، چھ سات برس کے بعد وہ علی گڑھ آئے۔ ان کے کلام پر واہ واہ بھی بہت ہوئی مگر غالباً جیسی وہ چاہتے تھے، ویسی نہیں ہوئی۔ انہوں نے اس کی شکایت کرتے ہوئے کہا کہ شاید ان کے کلام میں وہ زور نہیں رہا۔ یہ بات نہ تھی، سننے والوں کا ادبی شعور کہیں سے کہیں پہنچ چکا تھا۔

یہی وجہ ہے کہ ہمیں ۱۹۳۰ء کے بعد ہی سے ایک نئی تلخی اور بیزاری ملتی ہے جسے مغرب کے اثر نے اور تیز کر دیا مگر جو محض مغربیت کی پیداوار نہیں ہے۔ جنگ عظیم نے جو اژدہے کے دانت بوئے تھے ان کی کھیتی اب تیار ہو چکی تھی۔ اقبال نے اگرچہ "خضرِ راہ" میں مزدور کی حکومت اور آنے والے دور کا پیغام سنایا تھا مگر لوگ پریم اور شانتی اور امن کے خواب دیکھنے میں اتنے محو تھے کہ انہوں نے اس آواز پر کان نہیں دھرا۔ یہاں

تک کہ نذرالاسلام کے ترجموں اور جوش کے نئے سماجی رجحان اور بعض مخصوص اقتصادی حالات نے "انگارے" کی اشاعت کو ایک ادبی بغاوت کا رنگ دے دیا۔

اس ادبی بغاوت کی موافقت اور مخالفت میں کیا کہا جا سکتا ہے؟ اس نے مریض روحانیت، تصوف اور نام نہاد مذہب کی آمریت کے خلاف جو آواز اٹھائی وہ صحیح تھی۔ اس نے خوابوں کی دنیامیں واقعیت کی ننگی تلوار سے ہل چل بھی ڈال دی۔ اس نے نفسیاتی تحقیق سے کام لے کر لاشعور کے سربستہ رازوں کو بھی خوب بے نقاب کیا، اس نے معاشرت کے زخموں کو کرید کر علاج کے لیے فضا بھی پیدا کی۔ اس کے فارم میں تجربے خیال انگیز بھی ثابت ہوئے۔ اس نے فن کاروں کے افق ذہنی کو وسیع بھی کیا۔ اس نے عوام سے قربت کی خواہش ظاہر کرکے گویا زندگی سے قریب بھی ہونا چاہا۔

مگر شروع میں اس نے بڑی رعونت سے کام لیا۔ اس نے ماضی کی بعض مفید قدروں سے انکار کر کے اپنی تحریک کو نقصان پہنچایا۔ اس نے مارکس کے خیالات کی مدد سے بعض تاریخی اور جدلیاتی حقائق کو عام کرنے کی کوشش ہی نہیں کی، اس نے مارکس کو ادیب بھی ثابت کرنا چاہا۔ اس نے اقبالؔ کی مذہبیت سے چڑ کر ان کے کلام میں مسولینی وغیرہ کی شخصیتوں کی تعریف سے دھوکا کھاکر (حالانکہ برنارڈ شانے بھی کئی دفعہ ہٹلر کی تعریف کی) اقبالؔ کی شاعری میں ترقی پسند، بلکہ انقلابی خیالات کو نظر انداز کر دیا۔ "ذوق یقین" کی اصطلاح میں اسے عقیدے کا پرتو بدنما نظر آیا۔ اس لیے اس نے بے یقینی میں پناہ لینی چاہی۔

پرانے لوگ چونکہ ماحول، سماج اور زمانے کے اثرات کا اعتراف کرتے ڈرتے تھے، حالانکہ ان کے جلوے ان کے کلام میں لازمی طور پر ہوتے تھے۔ اس لیے ردعمل کے طور پر اس نے انفرادی تجربے، ذاتی احساس اور مخصوص تخلیقی صلاحیتوں سے انکار

کرنا پسند کیا۔ ۱۹۳۸ءیا۱۹۳۹ء میں ایک مجموعہ "آزادی کی نظمیں" شائع ہوا تھا۔ اس کے پڑھنے سے یہ خیال ہوتا تھا کہ آزادی کے نام لیوا، ترقی پسند تحریک سے پہلے کچھ یونہی سے تھے۔ گویاوہابی تحریک، غدر، مومنؔ کی مثنویاں اور ذوقؔ کے اشعار، خلافت کی تحریک اور ترک موالات کے معرکے محض تبرک تھے۔

شروع شروع میں یہ تحریک بھی "میں" "ہم" اور "ہم لوگ" کے چکر میں گرفتار رہی۔ گروہ بندی سے نہ نکل سکی۔ اپنے نئے پن کے جوش میں "دوزخی" کی لکھنے والی کی طرح آٹھ دس سال پہلے کے ادب کو پرانا کہہ کر ٹھکراتی رہی۔ اس کا فنی شعور بہت گہرا نہ تھا۔ اس کی زبان ترجمہ معلوم ہوتی تھی۔ اس کے خیالات بیشتر اس کے اپنے نہ تھے۔ یہ ادبی مزاج سے گھبرا کر آمریت قائم کرنا چاہتی تھی اور فارمولے اور نظریے کے پیچھے شعریت، ادبیت اور حسن کو پس پشت ڈالنے کے لیے تیار تھی۔ اس نے تنقید پر جو زور دیا تھا وہ درست تھا۔ اس نے جو اصولی سوال اٹھائے تھے، وہ اہم تھے، اس نے مغز، وزن، اور استدلال کی طرف جو توجہ دلائی تھی وہ صحیح تھی۔

اس نے سائنس اور دوسرے علوم کے جن حقائق سے ہمیں آشنا کیا وہ ضروری تھے۔ اس نے ادب کے ساتھ جو بے ادبیاں کیں وہ بھی کچھ ایسی بری نہ تھیں۔ کیونکہ ادب کو خالص ادب اور جمالیائی اور ماورائی چکر سے نکالنا ضروری تھا۔ مگر اس میں مشرق سے زیادہ مغرب، ہندوستان سے زیادہ روس اور اردو سے زیادہ انگریزی جلوہ گر تھی۔ اقبالؔ اور جوشؔ کی بعض نظمیں اور پریم چند کے آخری افسانے اس دور کی سب سے وقیع پیداوار کو ظاہر کرتے ہیں۔ یہ عجیب بات ہے کہ اس دور کے غیر فانی حصے میں نوجوانوں کے مقابلے میں بزرگوں کا سرمایہ زیادہ ہے۔

ترقی پسند تحریک کے پہلے پانچ سال ادبی اہمیت سے زیادہ تبلیغی اہمیت رکھتے ہیں۔

اس زمانے میں ادب پر کم اور "ترقی پسند" پر زیادہ زور رہا۔ مگر اس تحریک کے اصولوں کو عام کر کے مقصدی، سنجیدہ اور سماجی ادب کے لیے پروپیگنڈا کر کے ادیبوں کو مل جل کر ادبی اور سماجی مسائل پر سوچنے کی ضرورت کا احساس دلا کر، انقلاب کے ترانے گا کر، انقلاب کی آمد کا اعلان کر کے، اس کے لیے ذہنوں کو تیار کر کے، اس نے ایک مفید خدمت انجام دی۔ اس نے آنے والی جنگ کے خطرے کی طرف توجہ دلائی۔ اس نے یورپ، امریکہ اور چین کے مسئلے کو اپنا مسئلہ قرار دیا۔ اس نے زبان کی ترقی، مقبولیت اور اصلاح کو ادیبوں کے لیے بنیادی اہمیت کا سوال ٹھہرایا۔

اس نے رسم الخط اور اصطلاحات پر غور کرنے کے لیے شاعروں اور افسانہ نگاروں کو بھی مجبور کیا تا کہ جس معاملے سے وہ من مانے کھیل کھیلتے اس کی قدرت اور امکانات سے وہ واقف بھی ہو سکیں۔ اس نے منہ کا مزا بدلنے کے لیے تخریب کے دیوتا کو دعوت دی اور ایک دریائے خون کی بشارت۔ کچھ شریف لوگ پہلے بھی چھپ چھپ کر لونڈیوں، باندیوں، سیدھی سادی دیہاتی لڑکیوں اور کم سن پجارنوں کو ایک رات کی رانی بناتے تھے۔ لیکن اب ادیبوں نے اس راز کو فاش کر دیا اور اس لمحے کو مقید کر دیا جب وہ پہلے پہلے عورت بنیں مگر بیوی نہ بن سکیں۔ اس رجحان نے سماج کے پوشیدہ زخموں کو چھیڑا اور بعض نفسیاتی الجھنوں کی طرف توجہ عام کی اور اس طرح ذہنی صحت کا ایک معیار قائم کیا۔

عمر کے ساتھ اس کے تبلیغی رجحان میں کمی آتی گئی۔ خطابت کی جگہ سنجیدہ دلائل نے لے لی۔ مزدور اور انقلاب یا جدلیاتی اور اشتراکی تصورات جادو کی چھڑی نہ رہے، ان کی وضاحت ضروری ٹھہری۔ ترقی پسند تحریک نے اپنے دوسرے دور میں اس سرزمین میں اپنی جڑیں مضبوط کیں، ماضی کی طرف نظر دوڑائی اور اس میں ایک مسلسل، بامعنی اور

روشن مقصد دیکھا اور پایا۔ نظیرؔ کو بعض لوگوں نے جوش میں آکر پرولتاری انقلاب کا علمبردار کہا تھا۔ اب اس جوش میں ٹھہراؤ پیدا ہوا۔ ہر مزدور ہیرو اور ہر کسان فرشتہ نہ رہا۔ ان کی انسانی کمزوریاں بھی نظر آنے لگیں۔ ایک بڑی تبدیلی یہ ہوئی کہ اس نے وقتی سیاست کی خاطر ادبی اصولوں کو پس پشت ڈالنا چھوڑ دیا۔ یہ زیادہ روادار، زیادہ وسیع القلب، زیادہ سنجیدہ اور زیادہ بیدار ہو گئی۔

جو لوگ اقبالؔ کو فاشسٹ بتاتے تھے اور اس پر زور دیتے تھے کہ ٹیگور اور اقبالؔ کی شاعری "بیماروں کی طرح زندگی سے گریز کرتی ہے۔" ان کی باتیں قابلِ اعتنا نہ رہیں، لوگ حالیؔ، چکبستؔ، اقبالؔ کے علاوہ غالبؔ، میرؔ، ولیؔ کے ادبی اور تاریخی کارناموں کو سراہنا ضروری سمجھنے لگے اور اس طرح صحیح و صالح ترقی پسند تنقید کا آغاز ہوا۔

بیسویں صدی میں سب سے زیادہ توجہ تنقید پر کی گئی۔ اور اس وقت تنقید پر ترقی پسند رجحانات غالب ہیں۔ مجنوںؔ، فراقؔ، فیضؔ، احتشام اور دوسرے ترقی پسند نقادوں نے ہمارے ادبی شعور کو وزن و وقار عطا کیا ہے۔ کلیم الدین احمد نے "اردو تنقید پر ایک نظر" میں ترقی پسند تنقید کے عام نقائص کا ذکر کیا ہے اور اس کے بعض ان نظریوں سے بھی اختلاف ظاہر کیا ہے جن پر اس تنقید کی بنیاد رکھی گئی ہے۔ ان کا خیال صحیح ہے کہ بعض ترقی پسندوں کی تنقیدوں میں تکرار پائی جاتی ہے۔ وہ انفرادیت نہیں رکھتے، وہ اشتراکیت کے پرچار کو ادبیت پر ترجیح دیتے ہیں، مگر انہوں نے ترقی پسند تنقید کی اس عظیم الشان خدمت سے انکار کیا ہے کہ اس نے جمالِ حسن، اخلاق، ابدیت جیسی اصطلاحوں کی اندھی پرستش سے ادب کو آزاد کیا ہے۔

اس نے اصطلاحوں کا فریب بھی ظاہر کیا ہے اور ان کی تنگی بھی۔ اس نے قالب، ظاہر، لباس یا جلد پر توجہ کرنے کے بجائے، روح، باطن یا اقبالؔ کے الفاظ میں "اندرون"

میں خلل ڈالا ہے۔ اس نے یہ بتایا ہے کہ ادب میں جان انفرادیت سے آتی ہے۔ مگر آزاد، مکمل اور شاداب انفرادیت کو سماج کے تعلق سے تازہ خون ملتا ہے۔ ترقی پسند تصور خودی میں ڈوبنے کو برا نہیں سمجھتا۔ مگر اس ڈوبنے کے بعد ابھرنے کا، اس خودی کے بعد بے خودی کا درجہ ہے۔ یہ تصوف کی بازی گری نہیں، زندگی کی ایک حقیت ہے۔ اقبال نے اپنے ایک شعر میں اس کی طرف اشارہ کیا ہے،

خودی میں ڈوبے ہیں پھر ابھر بھی آتے ہیں
مگر یہ حوصلہ ٔمردِ ہیچ کارہ نہیں

اگر ترقی پسند تنقید کے علم برداروں میں سب کے یہاں یہ ڈوب کر ابھرنا نہیں ملتا تو اس سے ان اصولوں میں کیا خرابی لازم آتی ہے۔ ترقی پسندی ایک رجحان، ایک کیفیت ذہنی، ایک میلان ہے۔ بعض کے یہاں اس میلان کے ساتھ چیزے دگر کی بھی آمیزش ہے۔ جس طرح آج بھی کچھ لوگ ذہنی طور پر اشتراکی، عملی دنیا میں سرمایہ دار، لاشعور میں جاگیر دار نظر آتے ہیں۔ جس طرح لوگوں کے یہاں وحدت کم ہوتی ہے، کثرت زیادہ۔ اسی طرح ترقی پسندوں میں بھی کم ترقی پسند اور زیادہ ترقی پسند ملتے ہیں۔ وہ بھی ہیں جو ماضی کی ہر زنجیر سے آزاد ہونے کو ترقی پسندی سمجھتے ہیں۔ اور وہ بھی جو کچھ عرصے تک ساتھ رہے اور پھر الگ ہوگئے یا کچھ دن الگ رہ کر قافلے میں آملے۔

تنقید میں بڑی اہمیت اس تجربے کی ہے جو شاعر یا ادیب کا ہے۔ یہ تجربہ کیسا ہے، کیسے حاصل ہوا، اس تجربے میں تخیل کی کارفرمائی کس حد تک ہے۔ خود تخیل کی طلسمی دنیا میں حقائق کے کتنے اجزا موجود ہیں۔ انفرادی تجربے میں میراث، ذاتی حالات اور عصری رجحانات کو کس قدر دخل ہے، کیا بعض چیزوں کی مصوری ہی ادب ہے یا اس مصوری میں کچھ فکر کا عنصر بھی ضروری ہے۔ حقیقت نگاری کے کیا معنی ہیں اور واقعیت

کس حد تک اچھی چیز ہے۔ تجربہ ممکن ہے قابل قدر ہو، لیکن تجربے کی زبان ناقص ہو سکتی ہے، ناقص زبان اور کارآمد زبان کے کیا معنی ہیں۔ زبان کیسے بنتی بگڑتی ہے۔ استعارے کا کیا کام ہے۔ ادبی اصول مستقل ہوتے ہیں یا نہیں اور قوموں اور ملکوں کے لیے علاحدہ علاحدہ اصول ہوتے ہیں یا عالم گیر بھی ہو سکتے ہیں۔ خارجیت اور داخلیت، انفرادیت اور اجتماعیت کس حد تک اشارے میں اور کس حد تک مستقل حیثیت رکھتے ہیں۔ مزے دار شاعری، اچھی شاعری اور بری شاعری میں کیا فرق ہے؟

یہ اور اس قسم کے بہت سے ایسے سوال ہیں جو تنقید کے لیے اہمیت رکھتے ہیں اور خوشی کی بات ہے کہ ترقی پسند نقادوں نے ان پر بحث شروع کرکے ادب اور ادیب دونوں کو فائدہ پہنچایا ہے۔ یہی ایک بہت بڑا احسان ہے۔

ترقی پسند تنقید نے لوگوں کو تنقید کے مطالعے کا شوق دلایا ہے اور آج لوگ تنقیدیں بھی ذوق و شوق سے پڑھنے لگے ہیں۔ اس نے تنقید کو محض لفظی یا صنعتی یا شعبدہ باز ہونے سے بچایا ہے۔ اصطلاحوں کے چکر سے یہ بھی ابھی تک آزاد نہیں ہو سکی ہے۔ ماحول اور زمانے کی خاطر اب بھی کبھی کبھی یہ شخصی اور ذاتی اور انفرادی خصوصیات کو نظر انداز کر دیتی ہے۔ مگر اس نے تحسین اور سخن فہمی کا معیار اونچا کیا ہے۔ اس نے غزل کی مقبولیت کو کم کیا ہے (اور غزل کے معیار کو بلند) اور شاعروں اور ادیبوں سے بعض مطالبے کرکے اور ان سے بعض توقعات وابستہ کرکے، انہیں سوچنے اور سیکھنے اور سوچنے اور سیکھتے رہنے پر مجبور کر دیا ہے۔

اس نے ادب میں جمہوریت کا میلان بڑھایا ہے۔ اس نے زبان کے مسئلے کو سیاست کی الجھنوں سے علاحدہ کرکے سماجی اور علمی نقطۂ نظر سے دیکھنے کی کوشش کی ہے، اس نے آزاد نظم، بے قافیہ نظم اور اسی قسم کے دوسرے تجربوں کے لیے میدان صاف کیا ہے،

اس نے شہر تیں بنائی اور بگاڑی ہیں۔ اس نے ہمارے ادب کو عصریت اور ارضیت عطا کی ہے اور ماضی کی نئی پہچان میں بھی حصہ لیا ہے۔ اس نے تجربے اور تجربے میں فرق کرنا سکھایا ہے۔ اس نے تنقید کو تخریب یا عیب جوئی یا نکتہ چینی نہیں ہونے دیا۔ اس نے بتایا ہے کہ تنقید محض گلستان میں کانٹوں کی تلاش نہیں ہے، بلکہ کانٹوں کے باوجود اس کی بہار کا احساس رکھنے کی کوشش ہے۔

یہ تنقید ذہنی صحت کا معیار قائم کرتی ہے، اور تجربے کی قدر وقیمت متعین کرتی ہے۔ اس میں کوئی شک نہیں کہ ذہنی صحت کا اجارہ صرف ترقی پسندوں نے نہیں لیا۔ دوسروں کے یہاں بھی یہ چیز جلوہ گر ہے، اور حال میں نفسیاتی تنقید کی بھی اچھی مثالیں ملتی ہیں مگر اب تک ہماری تنقید میں ترقی پسند تنقید کا کارنامہ سب سے زیادہ وقیع اور عظیم الشان ہے۔

ترقی پسند شاعری کے معیار کی بلندی سے انکار نہیں کیا جاسکتا۔ کلیم الدین احمد نے ایک جگہ قومی شاعری کو فوجی باجے سے تشبیہ دی ہے۔ وقتی نظموں کے متعلق یہ خیال غلط نہیں اور ترقی پسندوں نے بھرتی کے دفتر اور ۱۹۴۲ء کے ہنگامے پر کچھ ایسی نظمیں بھی لکھی ہیں، مگر بحیثیت مجموعی فراقؔ کی غزلوں، فیضؔ کی نظموں، اور مجازؔ، مخدومؔ محی الدین، اخترؔ انصاری، سردارؔ جعفری او جذبیؔ وغیرہ کی شاعری میں ہمیں انقلاب کی شعریت اور انقلاب کا حسن ملتا ہے۔ فراقؔ کی نظم "آج کی دنیا" یا فیضؔ کی نظم "ہم لوگ" میں ہمیں جو ادبی شعور ملتا ہے، وہ باوجود پچھلے شعرا سے ملتے جلتے ہونے کے اس سے مختلف بھی ہے۔

اس پر جنگ اور موجودہ زندگی کی تلخیوں نے اپنا اثر چھوڑا ہے۔ بعض کے یہاں ان تلخیوں کی وجہ سے مایوسی، تھکن، احساسِ شکست، فرار، نمایاں ہے۔ مگر یہ مایوسی محض

پچھلی قنوطیت کی طرح نہیں ہے، یہ غم سے لذت لینے کی وجہ سے نہیں ہے۔ یہ دوزخ میں سموئی ہوئی جنت دیکھ کر پیدا ہوئی ہے۔ ترقی پسند شاعری نے اس دور کے تمام واقعات سے بھی اثر قبول کیا ہے، اس کی علامات میں تازگی اور ندرت بھی ملتی ہے۔ اس کے استعارے بھی نئے ہیں۔ مثلاً فراقؔ کی شاعری کو لیجئے۔ اس میں مغربیت ہے۔ مگر یہ مغربیت ایک نئے تہذیبی احساس میں ظاہر ہوئی ہے۔ اس میں ہندو کلچر اور ایک آفاقی کلچر کا سنجوگ دکھائی دیتا ہے۔ فیضؔ اور راشدؔ کے بہت سے اشعار مغربی ادب سے واقفیت کے بغیر لکھے نہیں جاسکتے تھے۔ یہ لازمی طور پر کوئی اچھی بات نہیں ہے مگر نئی بات ضرور ہے اور اس کا اچھا اثر بھی ہوا ہے۔ اس سے زبان میں تازگی پیدا ہوگئی ہے۔

ترقی پسند شعرا نے فارم میں تبدیلی کو ضروری نہیں سمجھا۔ انہوں نے نظم کی آسانیوں سے اچھی طرح کام لیا۔ مگر خوشی کی بات ہے کہ سانیٹ کے طرز پر جو نظمیں لکھی گئی تھیں اور جن میں زیادہ گنجائش نہ تھی، مگر جن میں قافیوں کو اِدھر اُدھر کر کے ایک تازہ آہنگ پیدا کیا گیا تھا، ان کے بعد بعض شاعر بے قافیہ اور پھر آزاد نظموں کی طرف متوجہ ہوئے۔ فیضؔ کی شاعری میں بے قافیہ اور راشدؔ کی شاعری میں آزاد نظم کے کامیاب نمونے ملتے ہیں۔ پنجاب کے کئی نوجوان شاعر آج کل بے قافیہ اور آزاد نظمیں لکھنے میں مصروف ہیں۔ اور ان کی شعریت اور حسن سے کوئی ادب کا طالب علم انکار نہیں کر سکتا ہے۔

آزاد نظم یقیناً اس ذہنی فضا کی مرہونِ منت ہے جو ترقی پسند تحریک نے پیدا کی۔ اگرچہ راشدؔ اور میراجی کی بعض نظمیں ترقی پسند نقطۂ نظر سے قابل اعتراض ہیں۔ شررؔ، اسماعیلؔ، طباطبائی اور عظمت اللہ خاں نے بھی آزاد اور بے قافیہ نظمیں لکھی ہیں مگر آخر الذکر کے سوا ان کی حیثیت زیادہ تر تاریخی ہے۔ راشد کی آزاد نظموں میں جابجا

شعریت، حسن اور تکنیک کا ایک حیرت انگیز احساس ملتا ہے۔ ان کی لذتیت، سستا فرار اور احساس شکست ترقی پسندانہ نہیں، نہ میراجی کی ذہنی کج روی، ابہام اور جنسی مسائل میں غرق ہونا، ترقی پسندوں کے نزدیک اچھی چیز ہے۔ بلکہ واقعہ یہ ہے کہ اس ابہام، کج روی اور لذتیت کی وجہ سے ترقی پسند تحریک بہت بدنام ہوئی ہے۔ مگر فن اور فارم کے یہ تجربے ضرور قابلِ قدر ہیں۔ اور ان تجربوں کی وجہ سے شاعری کو فائدہ پہنچا ہے، نقصان نہیں پہنچا۔

یہ کہنا کسی طرح صحیح نہیں ہے کہ اس قسم کی نظمیں لکھنا بہت آسان ہے۔ غزل لکھنا بھی تو آسان ہے، لیکن ظاہر ہے کہ اچھی غزل لکھنا کتنا مشکل ہے۔ اسی طرح ایک مسلسل، مربوط اور فنی نقطۂ نظر سے مکمل آزاد نظم لکھنا معمولی کام نہیں۔ یہاں ایک لمحہ کی موسیقی کو دریافت کرنا ہوتا ہے۔ ایک سطر میں آہنگ پیدا کرنا ہوتا ہے۔ یہاں قافیے سے پیدا کردہ ترنم کے بجائے لفظ و معنی کا گیت گانا ہوتا ہے۔ اس میں دوسرے اصناف کی طرح دشواریاں بھی ہیں اور آسانیاں بھی۔ اس نو عمر صنفِ سخن کو ابھی دوسری ترقی یافتہ اور مرتب اصناف کے مقابلے میں پیش کرنا بھی صحیح نہ ہوگا، مگر اس کی اہمیت، اس کے امکانات اور اس کی بعض خوبیوں سے انکار کرنا تنگ نظری ہوگا۔ فکر بدل جائے تو فن کو بھی بدلنا ہی پڑتا ہے۔

بعض لوگ یہ اعتراض کرتے ہیں کہ ترقی پسند شاعری نے جنگ اور قحط بنگال کے متعلق، جو ترقی پسند ادب کے لیے بہترین موضوع ہوسکتے تھے۔ کوئی غیر فانی کارنامہ پیش نہیں کیا۔ وہ لوگ یہ نظر انداز کر جاتے ہیں کہ جنگ عظیم اور قحط پر نظمیں لکھنا ویسا ہی غیر متعلق ہے جیسا مارکس یا لینن کا فلسفہ نظم کرنا، جو ہر بم کی ہجو ضروری نہیں، جو ہر بم کے اثرات کا علم، اس کے امکانات کا اندازہ اور اس کے قیامت خیز اثرات کا احساس اہم

ہے۔ یہ احساس ہو گا تو اس احساس کا اظہار بھی ہو گا اور براہ راست نہ ہوا تو بالواسطہ ہو گا۔ ممکن ہے کہ قحط بنگال اور ہیروشیما Hiroshima کے متعلق کوئی طویل نظم آئندہ لکھی جائے، ابھی تو لوگوں کے احساسات اس قدر زخمی ہیں کہ مسلسل پرواز کے لیے اور ایک بڑی نظم کے لیے ان میں ہمت پیدا نہیں ہوتی۔ ملٹن نے اپنی نظم "فردوس گم شدہ" کتنی ذہنی کاوش کے بعد لکھی تھی اور کتنی ذہنی تیاری کے بعد۔ واقعہ نگاری ادب نہیں ہے ادب کو وقت کی روح سے متاثر ہونا ہے، وقتی بننے سے بچنا ہے۔

ترقی پسند تحریک کے اثرات اس وقت سب سے زیادہ نمایاں افسانوں میں ہیں۔ یہ اچھی بات بھی ہے اور بری بھی۔ اس کی وجہ سے افسانوں میں بڑی وسعت، بلندی اور گہرائی پیدا ہوئی ہے۔ اور اس وجہ سے کچھ لوگ یہ سمجھتے ہیں کہ افسانے ہی ادب ہیں اور اس طرح سے اس تحریک کے سنجیدہ اور وقیع اور گہرے مقاصد کو نقصان پہنچتا ہے۔ افسانوں کی غیر معمولی مقبولیت اور کثیر پیداوار سنجیدہ تہذیبی مزاج کے لیے خطرہ ضرور ہے۔ میں یہ ماننے کے لیے تیار نہیں ہوں کہ افسانوں کی مقبولیت ترقی پسند تحریک کا نتیجہ ہے کیونکہ اس کا راز ہماری تخلیقی قوتوں کے شعلۂ مستعجل ہونے میں ہے۔

کچھ غزل کے آرٹ نے ہمارے مزاج میں دخل کر لیا ہے۔ اس کا بھی یہ نتیجہ ہے کچھ سنجیدہ، تعمیری، علمی اور فنی کاوشوں سے بچنے اور سستی شہرت حاصل کرنے کا جذبہ بھی اس میں شامل ہے۔ مگر افسانوں کے موجودہ سرمایے کو دیکھئے تو اس میں ترقی پسندی کے تمام اثرات ملتے ہیں اور یہ اس تحریک کے بڑے اچھے آئینے ہیں۔ ان افسانوں کے ذریعہ سے حقیقت نگاری، نفسیاتی تخیل، سماجی تنقید، سیاسی مصوری، جنسی مسائل کی عکاسی، انسانیت کا حسن اور انسانیت کے زخموں کا حسن، کچلے ہوئے درماندہ لوگوں کی بلندی اور اونچی اٹاریوں کی ذہنی پستی سب کا ثبوت دیا گیا ہے۔

حقیقت نگاری نے جابجا عریانی اور عریانی نے کہیں کہیں جنسی کج روی کی جگہ لے لی ہے۔ عریانی اور لذتیت اس بچے کی سی ہے جسے سخت پابندیوں کے بعد کھل کھیلنے کی اجازت مل گئی ہو، لیکن عصمت اور منٹو کے یہاں جو عریانی ملتی ہے وہ سستی عریانی نہیں ہے۔ یہ حیرت انگیز فنی پختگی اور حقیقت نگاری کے اعجاز کی دلیل ہے۔ عصمت کا لحاف ایک اچھا افسانہ ہے۔ منٹو کا افسانہ "کالی شلوار" ایک شاہکار ہے۔ ان افسانوں کی مخالفت غلط ہے، اس رنگ کی مخالفت ہو سکتی ہے۔ اس عریانی کے باوجود عصمت اور منٹو اردو کے بہترین افسانہ نگاروں میں ہیں، جو لوگ اس رجحان کی وجہ سے ان افسانہ نگارں کی تمام خوبیوں سے انکار کر دیتے ہیں، ان کا ادبی شعور مرتب نہیں اور نہ ان کا ذہن حقائق سے آنکھیں چار کرنے کی صلاحیت رکھتا ہے۔

جنسی مسائل کی عکاسی بھی زندگی کے ایک بنیادی مسئلے کی عکاسی ہے۔ یہ ادب بھی ہے اور زندگی بھی۔ لیکن اس میں شک نہیں کہ یہ ساری زندگی نہیں ہے۔ یہ بڑی زندگی بھی نہیں ہے۔ اور بڑی زندگی اور صالح زندگی کے ہر تصور میں جنسی میلانات کی تہذیب ضروری ہے۔ اس لیے افسانوں کی کثرت اور اس قسم کے افسانوں کی کثرت جو فنی نقطۂ نظر سے بلند سہی مگر جنس کی دلدل میں گرفتار ہیں، دراصل ادبی اور تہذیبی نقطۂ نظر سے ایک خطرہ ضرور ہے۔ خصوصاً اس ملک میں جہاں قید و بند ٹوٹتے ہیں، تو ہر قید و بند سے انکار ضروری ہو جاتا ہے۔ جہاں عورت دور ہے اور جنسی ہیجان کو بڑھانے والی کتاب قریب، اور جہاں سخت جنسی پابندیوں نے لاشعور میں عجیب و غریب الجھنیں پیدا کر دی ہیں، وہاں ایک صحیح و صالح تہذیبی تحریک کے علمبرداروں کو بعض پابندیاں خوشی سے قبول کر لینی چاہئیں تاکہ یہ بڑی تہذیبی تحریک جنسیات کی دلدل اور سستی لذتوں کے طلسم میں گھر کر نہ رہ جائے۔

میرے خیال میں بیدی، کرشن چندر، عصمت، منٹو، اختر انصاری، اختر اورینوی، حیات اللہ، حسینی اور عسکری، اس دور کے بہترین افسانہ نگار ہیں۔ بیدی سب سے اچھا فنی احساس رکھتا ہے۔ اس کے افسانے ہیرے کی طرح ترشے ہوئے ہیں۔ کرشن چندر اپنی خطابت اور جذباتیت کے باوجود فضا پیدا کرنے میں جواب نہیں رکھتا۔ عصمت کے یہاں حیرت انگیز قوت، قدرت اور شدت ہے، نوجوان لڑکیوں کے نفسیات اور متوسط طبقے کے خاندانوں کی بظاہر پرسکون زندگی کے ہنگاموں کی عصمت سے پہلے کسی کو خبر نہ تھی، اس دنیا میں کیا کچھ نہیں ہوتا اور منٹو کے کئی افسانے باوجود ایک خطرناک میلان کے اردو کے بہترین افسانوں میں شمار ہوں گے۔ ان میں نیا قانون، ہتک، کالی شلوار، دھواں ضرور ہوں گے۔

اختر انصاری کا "ایک واقعہ" اختر اورینوی کی "کلیاں اور کانٹے" حیات اللہ کی "آخری کوشش" حسینی کی "میلہ گھومنی" اور عسکری کی "چائے کی پیالی" کے تذکرے کے بغیر یہ جائزہ مکمل نہیں ہوگا۔ اس کے علاوہ اور بھی بہت سے نوجوان لکھنے والے ہیں خصوصاً پنجاب میں، جنہوں نے ترقی پسند افسانے کو تقویت پہنچائی ہے۔ اردو کے بیشتر افسانہ نگار اس تحریک سے متاثر ہوئے لیکن عسکری کے بعض افسانوں میں اور ممتاز مفتی کے آخری مجموعے میں ہمیں جو میناکاری اور لاشعور کی مصوری ملتی ہے وہ ترکستان کی طرف لے جاتی ہے۔ لاشعور کی مصوری نشان راہ ہو سکتی ہے، منزل مقصود کبھی نہ ہونی چاہیے۔

اردو میں افسانہ اب بھی افسانہ کم ہے، مضمون یا مرقع یا وعظ زیادہ۔ افسانہ نگار اب بھی افسانوں میں ضرورت سے زیادہ جھانکتا ہے۔ تقلید اب بھی عام ہے، انشا پردازی کے جوہر دکھانے کا شوق اب بھی مرض کی حد تک ہے لیکن افسانے نے دس سال کے اندر

اس تحریک کے زیر اثر جو حیرت انگیز ترقی کی ہے وہ مسلم ہے۔

ترقی پسند ادب کی مخالفت مختلف حلقوں میں کی گئی۔ جو لوگ اتنے پرانے خیال کے ہیں کہ ہر نئی چیز انہیں زہر نظر آتی ہے۔ انہیں نظر انداز کرنا ہی بہتر ہے۔ جو لوگ اخلاق اور مذہب کے اجارے دار بن کر اس ادب کی بد اخلاقی پر اعتراض کرتے ہیں وہ مس میؤ کی طرح ہندوستان کے تاریک گوشے تلاش کر رہے ہیں، جو یقیناً وہاں ہیں، لیکن جو سب کچھ نہیں ہیں۔ بعض ترقی پسندوں کے یہاں عریانی بلکہ فحاشی ملتی ہے۔ لیکن اس گناہ میں شہر کے بہت سے لوگ شریک ہیں۔ اور یہ گناہ بعض اور گناہوں کے مقابلے میں سنگین نہیں رہتا۔ پھر ترقی پسندی اور عریانی مترادف الفاظ نہیں ہیں، نہ ترقی پسندی نراج یا ادبی بے راہ روی کی طرف لے جاتی ہے۔ ہاں کچھ لوگ بعض اصولی اعتراض کرتے ہیں جو قابلِ ذکر ہیں۔

پروفیسر بخاری کا خیال یہ ہے کہ نئے لکھنے والے دو لعنتوں میں گرفتار ہیں۔ وہ اپنے قدیم سرمایے سے پوری طرح واقف نہ ہونے کی وجہ سے زبان پر قدرت نہیں رکھتے۔ اور دوسرے اردو اور انگریزی دو مختلف اور ایک دوسرے سے اس قدر دور زبانیں جاننے یعنی Bilingualism کی وجہ سے ان کے یہاں ایک عجیب ذہنی انتشار رونما ہے۔ یہ دونوں اعتراض صحیح ہیں، مگر ان میں اس بات کو نظر انداز کیا گیا ہے کہ ایک مغربی زبان کے اثر سے ہمارے شاعروں اور ادیبوں کی ذہنی فضا کس قدر وسیع ہوئی ہے اور انہیں ایک بڑی تہذیبی تحریک میں کس طرح شرکت کا موقع ملا ہے۔

احمد علی کا خیال ہے کہ اشتراکیت کے پرچار کی خاطر ترقی پسندوں نے ادبیت اور انفرادیت کو پس پشت ڈال دیا ہے۔ اور سیاست کی رفتار سے بہت زیادہ ہم آہنگ ہونے کی کوشش سے یہ خرابی پیدا ہوئی ہے۔ یہ بات جیسا کہ میں نے اوپر کہا ہے، ترقی پسند

تحریک کے پہلے دور کے متعلق صحیح ہے، لیکن دوسرے دور میں اس رجحان سے آزادی مل گئی ہے اور ماضی کی اہم قدروں کا زیادہ فراخ دلی کے ساتھ اعتراف کیا گیا ہے۔

کلیم الدین احمد کے اعتراضات بھی اس سلسلے میں قابل ذکر ہیں۔ ان کا یہ کہنا یکسر غلط نہیں ہے کہ یہ تحریک ابھی تک نعروں اور اصطلاحوں کے چکر سے آزاد نہیں ہے۔ یہ بات بھی غلط نہیں ہے کہ ترقی پسندوں نے بعض اصولی بحثیں اٹھائی ہیں اور نظریاتی مسائل پیش کئے ہیں، ان میں عقلیت کے معنی مارکسی عقلیت اور تاریخی حقائق کے معنی اشتراکی تصورات کے ہو جاتے ہیں۔ مارکسی عقلیت کو اب تک جامد سمجھا گیا ہے۔ حقیقت نگاری کا جو تصور مارکسیت میں ہے وہ زولا کے نیچر لزم یا فطرت نگاری کا سانہیں، سماجی رشتوں اور ان کی اہمیت کا احساس ہے۔

آرٹ میں انفرادیت ضروری ہے اور حسن کو سستی اور کاروباری افادیت سے بلند سمجھنا چاہیے۔ افادیت کے لیے دراصل ایک ذہنی پیمانے کی ضرورت ہے اور روح انسانی کو گہرے تجربات سے آشنا کر کے اسے تازگی اور زندگی دینا بھی افادیت رکھتا ہے۔ مگر صرف انفرادیت یا جمالیات کی مالا جپنا ادب کی خدمت نہیں۔ ادب اس سے بلند ہے۔ یہ چیزیں ہر تحریک کی ابتدا میں ملتی ہیں اور غور سے دیکھئے تو اس تحریک کے شباب کی بہار ابھی ہمیں دیکھنا ہے۔

اب تک جو کچھ لکھا گیا ہے اس کے پیش نظر یہ بلاخوف تردید کہا جا سکتا ہے کہ ترقی پسند ادب نے جس طرح انسان کو زندگی اور ادب کے اسٹیج پر مرکزی جگہ دی ہے، جس طرح عام آدمیوں میں ہیرو کے صفات دیکھے اور دکھائے ہیں، جس طرح طبقاتی اور سماجی خلیجوں کو کم کیا ہے، جس طرح اصلاح بغاوت اور انقلاب کے لیے ولولہ پیدا کیا ہے، جس طرح ماضی پرستی کے بجائے ماضی کو عقل کی عینک سے دیکھنا سکھایا ہے، جس طرح ہیرو

پرستی کم کی ہے، جس طرح ادب کی زبان کو سائنس اور دوسرے علوم کی غذا سے تقویت پہنچائی ہے، جس طرح لوگوں میں اپنی پرانی مصیبت پر قناعت کرنے کے بجائے ایک نئی مسرت کو لبیک کہنے کا جذبہ پیدا کیا ہے، جس طرح زبان کو چند مخصوص لوگوں کا کھلونا بنانے کی بجائے سب کے دل کا آئینہ بنایا ہے، جس طرح اس سے سلانے یار لانے کے بجائے جگانے کا اور بادۂ و ساغر کے بجائے تلوار کا کام لیا ہے، جس طرح تنقیدی شعور کو ابھارا ہے اور تخلیقی جوہر کی ترتیب و تہذیب کا کام اپنے ذمہ لیا ہے، اس سے اس کی کامیابی اور بڑائی ظاہر ہو جاتی ہے۔

ادب کی دنیا میں نئی راہوں، تجربوں، دریافتوں کی بڑی اہمیت ہے۔ نئے راستوں میں لوگ بھٹکتے بھی ہیں لیکن انہیں لغزشوں سے راستے کی آبرو قائم ہے۔ کچھ لوگ صرف لغزشوں کو دیکھتے ہیں، کچھ لوگ راستے پر بھی نظر رکھتے ہیں۔ اردو ادب کے متعلق یہ خطرہ تھا کہ شاید وہ زندگی کے دوش بدوش نہ چل سکے۔ ترقی پسند تحریک نے اس خطرے کو بڑی حد تک دور کر دیا ہے اور آج رومین رولاں کے یہ الفاظ اردو کے ادیب پر بھی صادق آتے ہیں،

Where there is hope in the air

He hears it, where there is

Agony about the feels it .

جہاں کہیں فضا میں امید ہے وہ اس کی آواز سن لیتا ہے۔ جہاں دکھ ہے وہ اسے محسوس کر لیتا ہے۔

***

ادب میں جدیدیت کا مفہوم

جدیدیت کا ایک تاریخی تصور ہے، ایک فلسفیانہ تصور ہے اور ایک ادبی تصور ہے۔ مگر جدیدیت ایک اضافی چیز ہے، یہ مطلق نہیں ہے۔ ماضی میں ایسے لوگ ہوئے ہیں جو آج بھی جدید معلوم ہوتے ہیں۔ آج بھی ایسے لوگ ہیں جو در اصل ماضی کی قدروں کو سینے سے لگائے ہوئے ہیں اور آج کے زمانے میں رہتے ہوئے پرانے ذہن کے آئینہ دار ہیں۔

ہمارے ملک میں مجموعی طور پر جدیدیت انیسویں صدی سے شروع ہوتی ہے۔ یہ جدیدیت مغرب کے اثر سے آئی ہے۔ یورپ میں نشاۃ الثانیہ نے ازمنہ وسطیٰ کو ختم کر دیا۔ ہمارے یہاں نشاۃ الثانیہ مغرب کے اثر سے انیسویں صدی کے وسط میں رونما ہوا۔ یورپ میں جدیدیت کی تاریخ تین سو سال سے زیادہ کی ہے۔ ہمارے یہاں سو ڈیڑھ سو سال کی۔ اس لئے جدیدیت نے جو رنگ یورپ میں بدلے ہیں ان کے پیچھے کشمکش اور آویزش کی خاصی طویل تاریخ ہے۔ اس کے مقابلے میں ہندوستان میں جدیدیت نو عمر ہے اور ہندوستانی ذہن ابھی تک مجموعی طور پر، اور پورے طور پر جدید نہیں ہو سکا ہے۔ اس پر ازمنہ وسطیٰ کے ذہن کا اب بھی خاصا اثر ہے۔ اگر ذہن جدید بھی ہو گیا ہے تو قومی مزاج جو صدیوں کے اثرات کا نتیجہ ہوتا ہے، اب بھی ازمنہ وسطیٰ کے تصورات سے نکل نہیں سکا ہے مگر چونکہ بیسویں صدی میں صدیوں کی منزلیں دہائیوں میں طے ہوتی ہیں، اس لئے گزشتہ بیس پچیس سال میں جدیدیت کے ہر روپ اور رنگ کے اثرات ہمارے

یہاں ملنے لگے ہیں۔

اس صورت حال کی وجہ سے مجموعی طور پر جدیدیت کے ساتھ انصاف نہیں ہو پاتا۔ اس کا معروضی طور پر تصور نہیں ہوتا۔ ایک بڑا گروہ جو ابھی پرانے تصورات میں گرفتار ہے، اس جدیدیت کو مغرب کی نقالی اور اپنی تہذیب سے انحراف کہہ کر اس کی مخالفت کرتا ہے۔ ایک چھوٹا گروہ جو نسبتاً بیدار ذہن رکھتا ہے اور اپنی ناک سے آگے دیکھنے کی کوشش کرتا ہے، جدیدیت کو اپنانا چاہتا ہے۔ مگر اس گروہ میں بھی دو قسم کے لوگ ہیں۔ ایک وہ جو جدیدیت کی روح کو سمجھتا ہے اور اس کے ہر روپ کا تجزیہ کر کے اس سے مناسب توانائی اخذ کرتا ہے مگر دوسرا گروہ موجودہ آزادی خیال اور جدید نسل اور قدیم نسل میں خلیج سے فائدہ اٹھاتے ہوئے اپنے وجود کی اہمیت کو منوانے کے لئے اور اپنے مختلف ہونے کا جواز پیش کرنے کے لے جدیدیت کے نام پر ہر سماجی، اخلاقی اور تہذیبی ذمہ داری سے آزاد ہونا چاہتا ہے۔

اس لئے اس بات کی ضرورت ہے کہ جدیدیت کی اندھی پرستش یا اس پر سستے اور سطحی تبرے کے بجائے اس کا معروضی مطالعہ کیا جائے، اس کی خصوصیات متعین کی جائیں اور ان خصوصیات کی روشنی میں اس کی قدر و قیمت اور ضرورت کو واضح کیا جائے۔ پھر ادب میں اس کا ارتقا آسانی سے دیکھا جاسکے گا اور ہم طرف داری یا جانب داری کے بجائے سخن فہمی اور سنجیدہ شعور کا ثبوت دے سکیں گے۔

ادب میں جدیدیت کے واضح تصور کی ایک خاص اہمیت یہ ہے کہ پہلے جو کام مذہب یا فلسفہ بڑی حد تک انجام دیتا تھا، اب یہ دونوں کے بس کا نہیں رہا۔ ہاں ادب اس خلا کو پر کرنے کی کوشش کر رہا ہے جو مذہب یا فلسفیانہ نظاموں کی گرفت کے ڈھیلے ہونے سے پیدا ہوا ہے۔ ادب اس خلا کو پر کر سکتا ہے یا نہیں یہ ایک علیحدہ سوال ہے لیکن اس میں

شک نہیں کہ سائنس اور ٹیکنالوجی کی ترقی نے عقائد میں بڑے رخنے پیدا کئے ہیں اور جہاں اس نے بے پناہ علم، بے پناہ طاقت، بے پناہ تنظیم، خاصے بڑے پیمانے پر یکسانیت، نئے نئے ادارے، ایک عمومیت اور آفاقیت پیدا کی ہے، وہاں بہت سی نئی مشکلات، نئی الجھنیں، نئے خطرے اور نئے وسوسے بھی دیے ہیں۔

سائنس اور ٹیکنالوجی سے جو کلچر پیدا ہوا ہے، اس نے مشین سے کام لے کر انسان کو بہت طاقت اور بڑی دولت عطا کی لیکن اس نے انسان کے اندر جو جانور موجود ہے اس کو رام کرنے میں کوئی نمایاں کامیابی حاصل نہیں کی۔ یہ تمام تر سائنس اور ٹیکنالوجی کا قصور نہیں ہے کیونکہ سائنس اور ٹیکنالوجی اس معاملے میں غیر جانب دار ہے مگر جب اس نے پرانی بندشوں کو ڈھیلا کیا، پرانے عقائد اور نظریات پر ضرب لگائی تو نئے فتنوں کو بھی جنم دیا۔ پھر اس نے عقل کی پرستش ایک میکانکی انداز سے کی اور اس چیز کو نظر انداز کیا جسے بعض فلسفی حیات بخش عقل اور اقبال عشق کہتے ہیں۔ اس نے باطن اور اس کے اسرار کی اہمیت کو محسوس نہیں کیا۔ اس نے محنت کے ساتھ تفریح کے مواقع بھی پیدا کئے اور تفریح کو سستے ہیجان یا بے معنی مصروفیت کے لئے وقف کر دیا۔ جیسے جیسے تفریح کی ضرورت بڑھتی گئی ویسے ویسے تفریح ایک ایسا زہر بنتی گئی جو بالآخر ذہن کی صحت کو مجروح کر دیتا ہے۔

اس نے ہلاکت کے ایسے آلے ایجاد کئے جن کی وجہ سے انسانیت کا مستقبل ہی مشکوک نظر آنے لگا۔ اس نے جنگوں کو اور ہول ناک بنا دیا اور فوجوں کے علاوہ شہری آبادی کو بھی خطرے میں ڈال دیا۔ اس نے انسان سے فطرت کی آغوش چھین لی اور غدار شہروں کی ویرانی میں اسے تنہائی کا احساس دلایا۔ اس نے فرد پر جماعت کی آمریت لا دی اور ایک بے رنگ یکسانیت کی خاطر انفرادی صلاحیت اور میلانوں کو مجروح کیا۔ اس نے

جبلت کو پست اور عقل کو بلند سمجھا مگر جبلت نے اس سے اپنا انتقام لے لیا۔ چنانچہ سائنس اور ٹیکنالوجی کے پیدا کردہ مسائل کے حل کے لئے کچھ لوگوں نے ایک فلسفیانہ بشریت کا سہارا لیا، کچھ نے ایک طرح کی وجودیت کا اور کچھ نے ایک نئے ہیومنزم کا۔ مگر یہ سب نے محسوس کیا کہ انسانیت کے درد کا درماں صرف سائنس اور ٹیکنالوجی کے پاس نہیں ہے۔

انسان کو ایک عقیدے، ایک لنگر، ایک سمت اور میلان کی ضرورت ہے اور گو ایسا میلان مذہب یا فلسفہ اب بھی دے سکتا ہے مگر اس کو دلوں میں جاگزیں کرنے کے لئے، اس کے جذبات کو آسودگی اور روح کو شادابی عطا کرنے کے لئے ادب کے راستے فاقہ زدہ جذبات کو سیرابی کا سامان کر کے، لفظ کے علامتی استعمال سے اس کا جادو جگا کر، دو تہذیبوں کی خلیج کو پر کیا جاسکتا ہے اور انسانیت کے لئے نشہ اور نجات دونوں کا سامان بہم پہنچایا جاسکتا ہے۔

کہنا یہ ہے کہ ادب میں جدیدیت کے واضح تصور پر موجودہ دور میں ادب کے صالح رول کا انحصار ہے کیونکہ اس صالح رول پر انسانیت کی بقا کا دار و مدار ہے۔ انسانیت کی بقا صرف ادب میں نہیں سائنس میں بھی ہے مگر صرف سائنس اسے تباہی کی طرف لے جاسکتی ہے اور صرف ادب کے نتائج ہم پچھلے دوروں میں دیکھ چکے ہیں۔ اس لئے جدید ادب کے عرفان پر ادب کا ہی نہیں، انسانیت کا مستقبل بھی بڑی حد تک منحصر ہے۔ سائنس اور ادب دونوں اب حقیقت کی تلاش کے دو راستے مان لئے گئے ہیں اور دونوں کے درمیان بہت سی پگڈنڈیاں بھی ہیں اور پل بھی۔

جدید دور میں ادب کی اہمیت اور ادب کے راستے سے انسانیت کی نجات پر زور دینے کی ایک اور وجہ ہے اور وہ ہے سائنس اور ٹیکنالوجی کے دور میں زبان کے امکانات سے

ناواقفیت اور لفظ کے امکانات اور لفظ کے جادو اور لفظ اور ذہن کے تعلق اور لفظ کی وضاحت اور ذہن کی براقی اور ادب میں لفظ کے رمزی اور علامتی اور تخیلی اور تخلیقی استعمال کی وجہ سے اس کی شخصیت پر اثر اور پورے آدمی تک اس کی رسائی کی اہمیت۔ پھر یہ بات بھی فطری ہے کہ انسان جو روزی کی جستجو اور جینے کی مہم کے سر کرنے کی تلاش میں سرگرداں رہتا ہے بعض اوقات ان قدروں کو نظر انداز کر دیتا ہے جو اس کے وجود کو معنویت اور معیار عطا کرتی ہیں، جن سے آدمی انسان بنتا ہے اور جو تہذیب و اخلاق کو ایک قیمتی سرمایہ بناتی ہیں، اس لئے ادب کے ذریعہ سے ان قدروں کو جس طرح جاگزیں کیا جاسکتا ہے اور آئندہ کے لئے بھی نوائے سینہ تاب بنایا جاسکتا ہے، اس کا احساس بھی ضروری ہے۔ ہاں اپنے دور کے فیشن اور فارمولا کی وجہ سے اس کے سارے امکانات، پورے منظر اور پورے وجود کے متعلق غلط فہمی ممکن ہے جسے دور کرنا ہر لحاظ سے ضروری ہے۔

جدیدیت کسے کہتے ہیں؟ وہ کون سی آواز ہے جو اس دور کے ادیبوں اور شاعروں کے یہاں مشترک ہے۔ خواہ یہ شاعر اور ادیب ایک دوسرے سے کتنے ہی مختلف کیوں نہ ہوں۔ وہ کون سی خصوصیت ہے جو ہم کسی نہ کسی طرح پہچان لیتے ہیں اور جب کسی فن پارے میں اسے پاتے ہیں تو بے ساختہ اس سے محبت یا نفرت کرنے لگتے ہیں۔ اس خصوصیت، آواز، مزاج، یا روح کو ہم کیسے واضح کریں۔ کیا یہ الہام ہے۔ کیا یہ علامتی رنگ ہے۔ کیا یہ پرائیویٹ حوالہ (REFRENCE) ہے۔ کیا یہ مختلف اور متضاد آوازوں کے ٹکرانے کا دوسرا نام ہے؟ کیا یہ ابدی قدروں کے بجائے وقتی اور ہنگامی قدروں کی عکاسی ہے؟ کیا یہ تعمیم کے بجائے منفرد یا شخصی انداز کہی جاسکتی ہے؟

کیا اس کی روح طنزیاتی ہے یا کنایاتی اور بہ ظاہر ایک سنجیدگی اور اس سنجیدگی کے

پردے میں طنز جسے ہجو ملیح بھی کہہ سکتے ہیں؟ کیا یہ ہیرو پرستی کے خلاف اعلان جنگ کا نام ہے اور ہر ہیرو کے مٹی کے پاؤں دکھا کر سب کو ہیرو بنانے کا حیلہ؟ کیا بت شکنی کے پردے میں یہ ایک نئی بت پرستی ہے؟ کیا اس کا مقصد محض کسی شہرت کی سطحیت کو واضح کرنا اور کسی آئیڈیل ادارے یا شخصیت کے ساتھ جو جذباتی غلاف ہے اس کا پردہ چاک کرنا ہے؟ کیا یہ انسان کی بلندی کا رجز ہے، یا اس کی پستی کا المیہ؟ کیا یہ سائنس کا قصیدہ ہے یا اس کا مرثیہ؟ کیا یہ علوم کی روشنی سے ادب کے کاشانے کو منور کرنے کا دوسرا نام ہے یا ایک نوزائیدہ بچے کے حیرت، خوف اور جستجو کے جذبے کی مصوری؟

کیا یہ انسانی شعور کے ارتقا کی تازہ ترین کہانی کا باب ہے یا اس کے لاشعور کے تہہ در تہہ رازوں سے پردہ اٹھانے کی کوشش؟ کیا یہ روایت فن، قدیم سرمائے کی صدیوں کی کمائی سے محرومی اور اس پر ہٹ دھرمی کی آئینہ دار ہے یا یہ بے زاری ناواقفیت کی بنا پر نہیں بلکہ سچی بے اطمینانی اور تجربے کی آخری حدوں کو ضبط تحریر میں لانے کا نام ہے؟ یہ اور ایسے بہت سے سوالات ہیں جو کئے جاسکتے ہیں اور لطف یہ ہے کہ ان میں ہر سوال ایک جواب بھی رکھتا ہے جو اپنی جگہ غلط نہیں، مگر تعبیروں، توجیہوں، تصویروں کے اس جنگل میں ایک واضح اور جامع تصور آسان نہیں۔ پھر بھی یہ کوشش ضروری ہے۔

پہلے اس سلسلے میں کچھ شاعروں کی روح کی پکار سن لینا چاہیے۔ یہ طریقہ گو سائنس اور فلسفے کا نہ ہو لیکن اس سے بہت سے مسائل خود بہ خود حل ہو جائیں گے۔

بودیلیر اپنی ایک نظم میں دو آوازوں کا ذکر کرتا ہے۔ ایک کہتی ہے کہ زمین ایک میٹھا کیک ہے۔ اگر تم اسے کھالو تو بے پناہ مسرت ملے گی اور تمہاری بھوک بھی اسی زمین کے برابر کی ہو جائے گی۔ دوسری کہتی ہے آؤ خوابوں میں سفر کرو، جو معلوم ہے اس کے آگے۔ پھر وہ کہتا ہے کہ اس وقت سے میرے زخم، میرے مقدر کا آغاز ہوتا ہے۔ وجود

کی وسعت کے بعد، تاریک غار میں، میں عجیب دنیائیں دیکھتا ہوں اور اپنی غیر معمولی بصیرت کے جلوے کی سرشاری میں ایسے سانپ اپنے پیچھے گھسیٹتا پھرتا ہوں جو میرے جوتوں کو کاٹتے ہیں۔

ایک دوسری نظم میں وہ سستے اوزان کو ایک ایسے جوتے سے تشبیہ دیتا ہے جو بہت بڑا ہے اور اس قسم کا ہے کہ ہر پاؤں میں آسکتا ہے اور ہر پاؤں سے اتارا جاسکتا ہے۔ ایک اور جگہ کہتا ہے کہ خطابت کی گردن مار دو اور جب یہ کر رہے ہو تو قافیہ کی بھی کچھ اصلاح کرو کیونکہ اگر ہم اس پر کڑی نگاہ نہ رکھیں تو نہ معلوم یہ کیا گل کھلائے۔ ایک اور نظم میں کہتا ہے کہ یہ عجیب بات ہے کہ منزل ہمیشہ بدلتی رہتی ہے اور چونکہ یہ کہیں نہیں ہے اس لئے کسی جگہ بھی ہوسکتی ہے۔ انسان جس کی امیدیں کبھی مضمحل نہیں ہوتیں، ہمیشہ ایک پاگل کی طرح آرام کی تلاش میں دوڑتا رہتا ہے۔ مگر سچا مسافر جو نئے سفر کی خاطر نکلے، جس کے ساتھ سفر میں غبارے کی طرح ہلکا دل ہو، جو اپنی تقدیر سے گریز نہ کرے اور ہمیشہ کہے چلو بغیر جانے کہ کیوں۔

لارکا کی ایک نظم میں خانہ بدوشوں کی شہری محافظوں کے ایک دستہ سے لڑائی دیکھئے۔

جج محافظ دستے کے ساتھ زیتون کے درختوں سے ہو کر آتا ہے۔ خون جس میں پھسلن ہے، اپنی خاموش ناگ دھنی میں کراہتا ہے۔

والٹ وہٹمن خطاب کر رہا ہے،

ادوار اور گزرے ہوئے واقعات عرصے سے وہ مسالہ جمع کر رہے ہیں جس کو مناسب سانچہ نہیں ملا۔

امریکہ معمار لایا ہے اور اپنے مخصوص اسالیب۔

ایشیا اور یورپ کے غیر فانی شاعر اپنا کام کر چکے اور دوسرے کروں کو رخصت ہوئے ایک کام باقی ہے انہوں نے جو کچھ کیا ہے اس پر بازی لے جانے کا کام ایسٹ کوکر نظم میں ایلیٹ اپنی ابلاغ کی مشکلات اس طرح بیان کرتا ہے،

بس میں یہاں ہوں درمیانی راستے میں، بیس سال مجھے ملے۔
بیس سال جو زیادہ تر ضائع ہوئے
لفظوں کا استعمال سیکھنے کی کوشش کرتے ہوئے، اور ہر کوشش
ایک بالکل نیا آغاز ہے اور ایک مختلف قسم کی ہار
کیوں کہ آدمی صرف یہ سیکھ پایا ہے کہ لفظوں سے کس طرح بازی لے جائے
ان چیزوں کے لئے جو اسے اب کہنا نہیں ہیں یا اس طرح جس طرح
اب وہ انہیں کہنے کے لئے راضی نہیں ہے۔ پس ہر کوشش
ایک نیا آغاز ہے، واضح تلفظ پر ایک حملہ
میلے ساز وسامان سے جو برابر ناقص ہوتا جاتا ہے
جذبے کی غیر قطعیت کے عمومی ہجوم میں

ایک اور جگہ کہتا ہے،

مسافر آگے بڑھو، ماضی سے فرار نہ کرتے ہوئے
مختلف زندگیوں میں، یا کسی مستقبل میں
تم وہی نہیں ہو جنہوں نے اسٹیشن چھوڑا تھا
یا جو کسی ٹرئس تک پہنچ گئے

مایا کووسکی نعرہ لگاتا ہے،

جہاں آدمی سے اس کی نظر کاٹ دی گئی ہے

بھوکوں کے سروں کے قریب جو ابھرتے ہیں
انقلاب کے کانٹوں دار تاج میں
میں انیس سو سولہ کو طلوع ہوتے ہوئے دیکھتا ہوں
اور تمہارے ساتھ میں اس کا پیش گو ہوں

اور،

ہمارا سیارہ محبت کے لئے مناسب و موزوں نہیں ہے
ہمیں اپنی مسرت مستقبل میں سے چیز نکالنا ہے
اس زندگی میں مرنا مشکل نہیں ہے
زندگی کرنا یقیناً زیادہ مشکل ہے

آڈن 'پہلی ستمبر' میں کہتا ہے،

میرے پاس جو کچھ ہے ایک آواز میں ہے
جس سے بار بار لپٹے ہوئے جھوٹ کو کھول دوں
وہ رومانی جھوٹ جو سڑک پر چلنے والے شہوانی آدمی کے دماغ میں ہے
اور اقدار کا جھوٹ جس کی عمارتیں آسمان کو ڈھونڈتی ہیں
ریاست ایسی کوئی چیز نہیں ہے
اور کوئی تنہا وجود نہیں رکھتا
بھوک کوئی چارہ کار نہیں دیتی
نہ شہری کو اور نہ پولیس کو
ہمیں ایک دوسرے محبت کرنا ہے یا مر جانا ہے۔

کنگسلے امس ("KINGSLYAMIS" POETS OF 1950) میں کہتا

ہے۔ اب کوئی فلسفیوں، مصوروں، ناول نگاروں یا نگار خانوں یا دیومالا یا بیرونی ملکوں کے شہروں کے متعلق اور نظمیں نہیں چاہتا۔ کم سے کم میں توقع کرتا ہوں کہ کوئی نہیں چاہتا۔ اور فلپ لارکن کہتا ہے مجھے روایت پر کوئی اعتقاد نہیں، نہ ایک عام اساطیری زنبیل میں اور نہ نظموں میں۔ کبھی کبھار دوسری نظموں یا شاعروں کی طرف اشارے آڈن نے بہت پہلے اس شاعری کی طرف اشارہ کیا تھا جو ترس میں ہے۔ رابرٹ گریوز کہتا ہے کہ مایوسی سے ایک اسٹائل سیکھو، لارکن کہتا ہے "بدی میرے دوست صرف یہی ہے ایک سچ جسے ہم نہیں سمجھتے۔" ڈگلس کہتا ہے کہ آج جذباتی ہونا اپنے لئے اور دوسروں کے لئے خطرناک ہے۔

رومانی شاعر اپنے آپ کو ایک ہیرو سمجھتا تھا۔ سماج اسے کچھ سمجھے، اسے اپنے پر بھروسہ تھا۔ وہ اپنی مخصوص نظر کی مدد سے سماج کو فائدہ پہنچانا چاہتا تھا اور سیاسی لیڈر اور پیغمبر کا بار اٹھانے کے لئے بھی تیار تھا۔ جدید شاعر کو جو بصیرت ملی ہے وہ اسے اپنے کو سمجھنے کے لئے استعمال کرتا ہے۔ رومانی شاعر کے لئے بچپن روح کی آواز سننے کے لئے ایک کھوئی ہوئی معصوم جنت تھا۔ جدید شاعر کے لئے بچپن میں بلوغ کے قبل از وقت اشارے بھی ہیں۔ اب فنکار جس دنیا کو دیکھتا ہے نہ صرف اس دنیا کے متعلق بلکہ اپنے متعلق بھی، اس کے دل میں شکوک پیدا ہوتے ہیں۔ اس وجہ سے تخلیق کے متعلق اس کا تصور بدل گیا ہے۔

جدید شاعری سے پہلے نظم آئینے کی طرح شفاف ہوتی تھی۔ مواد جتنا پیچیدہ ہے اتنی ہی فن میں مہارت کی ضرورت ہے۔ کہتی ہے مری طبع تو ہوتی ہے رواں اور والی بات۔ جدید شاعر یہ دیکھتا ہے کہ مصرع خیال سے مطابقت رکھتا ہے یا نہیں اور ایک پیچیدہ بحث اتنی ہی الجھی ہوئی اور اکھڑی اکھڑی زبان میں بیان کرتا ہے تاکہ خیال کے موڑ، اس

کا ابہام اور اس کا تضاد سب آ جائے۔ گو اس کی وجہ سے جدید شاعری کے پڑھنے والے کم ضرور ہوئے مگر اس کا ابہام اور خطابت کے خلاف اس کا جہاد در اصل ذہن کی اس رو کو پکڑنے کی کوشش ظاہر کرتا ہے، جس کے لئے موجودہ الفاظ یا تو ناموزوں ہیں یا بے جان۔

دلچسپ بات یہ ہے کہ جدید یوروپی شاعر یونان کی دیومالا اور اس کے ادب اور اپنی ساری یونانی اور لاطینی میراث کو نظر انداز نہیں کرتا بلکہ اس سے اپنے حالات کی تعبیر کرنے اور اس کی ترجمانی کرنے کے لئے رمز، علامت اور اشارے لیتا ہے مگر ہمارے یہاں اکثر یہ لاعلمی ملتی ہے۔ پھر جدید شاعر ایک حس کو دوسری حس میں بیان کرتا۔ لارکا کے یہاں خون جو بہہ رہا ہے بولنے لگتا ہے اور زمین پر سرخ تقاطر اپنے رنگ سے نہیں بلکہ اپنی مفروضہ خاموش دھن سے محسوس کیا جاتا ہے۔ جدید شاعر بیان کے بجائے تبصرے پر زور دینے کی وجہ سے حسیات کے بیانوں کو ملا دیتا ہے۔ آواز بھی حسیات اور رشتوں کو ظاہر کرنے کے لئے استعمال کی جاتی ہے۔ غرض شاعر کا بٹا ہوا ذہن، سیاست کے فریب سے اس کا نکل آنا، ایک مخصوص بصیرت پر اصرار، ماضی کے متعلق بدلا ہوا رویہ، فن میں کمال کا مختلف تصور اور خود اس کے ذہن کی الجھنیں یہ سب اس کو پرانے شاعر سے علیحدہ کرتی ہیں۔

کلاسیکل ہیومنزم نے حسن کا جو تصور دیا تھا اس میں چونکہ اکتا دینے والی یکسانیت آگئی تھی اس لئے بدصورتی کے حسن کو دیکھنے کی سعی شروع ہوئی۔ ادب پر مذہب اور اخلاق اور سماج کی گرفت بہت سخت رہی تھی، اس لئے ان تینوں کے بارے میں آہستہ آہستہ آزاد خیالی آئی لیکن جدید شاعر کا زبان اور وقت کے متعلق جو تصور ہے وہ بنیادی تبدیلی ظاہر کرتا ہے۔

انگلستان کے رومانی شعرا نے ایک ایسی ڈکشن کی ضرورت محسوس کی جو عام بول

چال کے قریب ہو۔ ورڈس ورتھ نے اس کی وکالت کی مگر اسے نہ پاسکا۔ بائرن اسے پاگیا لیکن اس کی وکالت نہ کر سکا۔ ٹینی سن اور آرنلڈ گرینڈ اسٹائل کو واپس گئے۔ براؤننگ جہاں اپنی ایجاد کا ثبوت دیتا ہے وہاں بھی ادب کے آہنگ کو برتتا ہے نہ کہ بول چال کے۔ روایت کے فارم اس کے آہنگ اور اس کی زبان سے بھرپور بغاوت والٹ وہٹمن کے یہاں ملتی ہے۔ وہٹمن کی وجہ سے آزاد نظم کو مدد ملی جو جدید شاعری کا نمایاں میڈیم ہے۔ مگر وہٹمن کی تقلید وہی شاعر کر سکتا تھا جو اپنے پیام میں اتنا سرشار ہو کہ اس کی خطابت بھی اس پیام کی گرمی کی وجہ سے فطری معلوم ہوتی ہو۔ ہاں مایا کووسکی اور پابلو نرودا دونوں اس سے خاصے متاثر ہیں کیوں کہ وہ بھی وہٹمن کی طرح اپنے آپ کو آنے والے دور کا نقیب سمجھتے ہیں۔

نئی شعری زبان اور اس کا آہنگ لافورج (LAFORGUE) سے زیادہ متاثر ہیں۔ لافورج کے یہاں سنجیدہ لہجے میں طنز چھپی ہوئی ہے اور اسے شہروں کی مخصوص بولی، لوک گیت، عام موسیقی کی محفلوں کے ترنم کا خاصا احساس ہے۔ ایلیٹ نے پروفراک کی زبان اس سے سیکھی، لافورج نے وزن یا قافیہ دونوں کو چھوڑا نہیں مگر قافیے کی پابندی ایک مقررہ قاعدے کے مطابق ضروری نہیں سمجھی۔ لافورج کے یہاں وقت یا تصور تکرار کے ایک چکر کے مطابق ہے جس میں وہی واقعات جو ادب کی تاریخ میں ایسے ہی واقعہ کی یاد دلاتے ہیں یا بچپن یا کسی پریوں کی کہانی سے لئے گئے ہیں، بار بار آتے ہیں۔ اس سے مذہب کے متعلق نیا تصور نکلتا ہے۔ یہاں کسی دینیات یا مسلک کے بغیر خدا یا مذہبی عقیدے کا تجزیہ ہے، گو ایلیٹ جیسے شعرا کے یہاں رومن کیتھولک عقیدے کی طرف واپسی بھی مل جاتی ہے۔

جب شاعر کے پاس کوئی ایسا عقیدہ نہ رہا ہو جو اس کے پورے وجود کو معنی و مقصد

دے سکے۔ جب اسے کسی پیام سے دلچسپی نہ رہی، جب وہ فلسفے، سیاست، مذہب اور اخلاق کی گرفت سے آزاد ہونے کی کوشش کرنے لگا اور جب اس نے کائنات کو سمجھنے یا سمجھانے کی کوشش چھوڑ کر اپنی ذات کے عرفان کی کوشش کی اور اپنے تجربے کا تجزیہ بھی اسے عزیز ٹھیرا تو اسے ایسی زبان کی ضرورت نہ رہی جو اپنی ذات سے باہر دیکھنے والے شعرا کے واضح اظہار کے لئے کافی تھی مگر اس کے محشر جذبات کی ترجمانی سے قاصر تھی۔ اس کے لئے کبھی سرریلزم کے ذریعہ وجدان کے سرچشموں تک پہنچنے کی کوشش ہوئی، کبھی علامتی اظہار کی۔ یہاں پرانے قصوں، روایتوں، دیومالا سے بڑی مدد ملی جن کے پیرائے میں ان کیفیتوں کا اظہار ممکن ہو سکا جو صاف اور واضح اور براہ راست اظہار میں ممکن نہ تھا۔

علامتی اظہار بالواسطہ اظہار کا وہ طریقہ ہے جو اس دور میں اس لئے مقبول ہوا کہ یہ دور کوئی سبق دینے یا کسی قصے کی زیبائش کرنے کا قائل نہیں بلکہ ان ننگے لمحوں کی مصوری کا قائل ہے جو کبھی کبھار اور بڑی کاوش کے بعد یا بڑے ریاض کے بعد ہاتھ آتے ہیں۔ اس علامتی اظہار میں نہ صرف اساطیری سرمائے سے کام لیا گیا بلکہ نئے (MYTH) بھی ایجاد کئے گئے۔ یہی وجہ ہے کہ عام پڑھنے والوں میں یہ طرز مقبول نہ ہو سکا مگر جدید شاعری کا یہ نمایاں میلان اس لئے بن گیا کہ اس میں شاعر کی روح کے ریگستان میں سفر کی ہر منزل اور ہر موڑ کا اس طرح گہرا احساس دلانا ممکن ہو گیا اور پھر زبان کو بھی اس اظہار کے ذریعہ سے نئی وسعتیں، گہرائیاں اور امکانات ملے۔

غرض آزاد نظم کے فروغ اور اس میں علامتی اظہار کو ہم جدیدیت کا خاصا اظہار کہہ سکتے ہیں۔ ایلیٹ نے کسی جگہ کہا ہے کہ کسی قوم کی واردات میں کم چیزیں اتنی اہم ہیں جتنی شاعری کے ایک نئے فارم کی ایجاد۔ یہ نیا فارم نہ صرف بدلے ہوئے حالات سے وجود

میں آتا ہے اور تجربے اور اس کی تعبیر و تشریح کے لئے نئے امکانات دیتا ہے بلکہ ایک نئی ذہنی رو کو عام کرتا ہے جو بالآخر کسی نہ کسی طرح اس کے پورے حلقے کو متاثر کرتی ہے۔

شاعر اب اپنے سے باتیں کرتا ہے اور اس لئے اس کا لہجہ شخصی، دھیما اور کہیں کہیں بول چال کی زبان کی طرح اکھڑا اکھڑا ہے۔ اس لئے اب اسے مجمع کی ضرورت نہیں بلکہ ایسے پڑھنے والے کی ضرورت ہے جو اس شخصی لہجے پر کان دھرے اور اسے سمجھ سکے۔ یعنی شاعر سے یہ مطالبہ اب ضروری ہو گیا ہے کہ وہ اس ذہنی سفر میں شاعر کا ساتھ دے سکے، اس کے اشارے کنائے سمجھ سکے۔ آج کا شاعر ایسی زبان استعمال کرتا ہے جو بیسویں صدی کے ذہن، بول چال کے طریقے، آہنگ اور نمائندہ میلانات کا ساتھ دے سکے۔ بہت سے پڑھنے والے یہاں ابھی اٹھارہویں اور انیسویں صدی کی فضا یا مشہور اساتذہ کے اسلوب سے مناسبت ڈھونڈتے ہیں اور جب نہیں پاتے تو اس جدیدیت کو ہی کوئی مرض سمجھنے لگتے ہیں۔

ایزرا پاؤنڈ کے اس مشورے کو نئے شاعروں نے قبول کر لیا ہے کہ اپنی شاعری کو نیا بناؤ۔ آج شاعری ان مقاصد کے لئے استعمال نہیں ہوتی جو نثر میں زیادہ کامیابی سے یا بہتر طور پر پورے کئے جا سکتے ہیں۔ اگر شاعر کے پاس صرف خیالات ہیں جن کا وہ پرچار کرنا چاہتا ہے یا کسی ذاتی ضرورت کی وجہ سے جن کا تجزیہ کرنا چاہتا ہے تو وہ بھی وہ نثر میں کرتا ہے۔ شاعری میں خیالات صرف مجرد خیالات کی شکل میں نہیں آتے بلکہ شاعرانہ تجربے کی صورت میں آتے ہیں۔ یہ خیالات کی ایک دنیا کی طرف اشارہ کرتے ہیں۔ یہ ایک علامت ہیں جو دوسری علامتوں سے جڑی ہوئی ہیں اور ایک ایسی وحدت کا کام دیتے ہیں جس کی جڑیں شاعر کی زندگی اور اس کے قومی شعور میں دور تک پھیلی ہوئی ہیں۔

بہترین جدید شاعری میں جہاں خیالات ہیں، خواہ وہ سیاسی ہوں یا سماجی یا فلسفیانہ تو وہ

بہ قول ایلیٹ کے صرف یہ ظاہر کرتے ہیں کہ ان خیالات کے ہجوم میں گھر ا ہوا شاعر کیا محسوس کرتا ہے۔ جدیدیت خیالات کی آقائی میں ہے نہ کہ غلامی میں۔ جدید شاعر کو چونکہ موجودہ زندگی کے مختلف اور متضاد عناصر میں ایک ذہنی تنظیم پیدا کرنی ہوتی ہے، اس لئے اس تنظیم کے لئے اسے مجرد خیال سے مخصوص اور ٹھوس تجربے تک اور پھر مجرد خیال تک جست لگانی ہوتی ہے، اسے ذہن اور جذبے دونوں میں ایک نئی وحدت قائم کرنی ہوتی ہے اور ذہن کو اس صحت اور سادگی تک لانا پڑتا ہے جس میں مانگے کے یا دوسروں کے لادے ہوئے خیالات نہیں بلکہ فرد کے تجربے کی صداقت ہو۔ یہ صداقت سائنس کے نئے نئے انکشافات سے کم اہم نہیں ہے۔

ہماری زندگی بڑی پستی میں بسر ہو رہی ہے مگر ہماری دسترس خیالات تک ہے۔ آج فرد میں خلوص کی اور دیانت کی جو کمی ہے، جدید شاعری اس کی کمی کو پورا کرنے کی کوشش کر رہی ہے۔ جدید شاعری کچھ کہتی نہیں، کچھ کرتی ہے۔ اس کے نزدیک شاعری نثر سے زیادہ خوبصورت یا زیادہ زوردار پیرایہ اظہار نہیں ہے۔ جو لوگ روایتی شاعری کے عادی ہیں وہ اس بات پر خفا ہوتے ہیں کہ جدید شاعری سے ایک مرتب سلسلہ خیالات اور ایک مرکزی تصور انہیں نہیں ملتا۔ جدید شاعری ایک شخصی اور نجی اسرار بن گئی ہے۔ یہ فرد کی تنہائی کا عکس ہے۔ آج انسان اپنی کائنات میں کوئی اطمینان کا گوشہ نہیں بنا سکتا۔ ایسا معلوم ہوتا ہے کہ وہ اس نظام سے الگ ہے۔ وہ جب دیکھتا ہے کہ اس کے حلقے میں وہ پورا خیال نہیں ہے جو پہلے اس کے پاس تھا اور اس کے اپنے باطن میں ایسی پیچیدگیاں ہیں جن سے وہ بے خبر تھا تو وہ پریشان ہو جاتا ہے۔

سماج میں گروہ بندی، مذہب کی بندشوں اور روایت کے رشتہ کا ڈھیلا ہونا، تبدیلیوں کی تیز رفتاری، یہ سب باتیں شاعر کو اپنی دنیا اور گرد و پیش کی دنیا میں تعلق پیدا کرنے

سے روکتی ہیں۔ وہ اپنے آپ سے اپنا رشتہ قائم نہیں کر پاتا۔ تنہائی سے گھبرا کر وہ اور زیادہ تنہائی کی منزلیں طے کرتا ہے۔ وہ تعلیم سے گھبراتا ہے، نظریات اسے خوف زدہ کرتے ہیں۔ افادی، اخلاقی، سیاسی شاعری اسے زہر لگتی ہے۔ یہ خیالات سے بغاوت نہیں، دوسروں کے خیالات کا غلام ہونے سے بے زاری ہے۔ لیکن ان سب باتوں کے پیچھے ایک نئے عقیدے کی جستجو بھی ہے۔ یہ ہے ایک شخصی عقیدہ۔ اب نظم پر کوئی ڈیزائن لادا نہیں جاتا۔ یہ خیال کی رو ہے۔ زندہ، مانوس، محسوس کیا ہوا خیال جس نے نظم کو ایک تنظیم عطا کی ہے۔ بڑی شاعری بڑے خیالات سے وجود میں نہیں آتی۔ شاعری ترس میں بھی ہے، غصے میں بھی، فریب سے نکلنے میں بھی۔ یعنی شاعری اس ہیجان اس تخمیر میں ہے جو غم، غصہ، طنز، کوئی بھی کیفیت پیدا کر سکتا ہے۔ نثر میں آپ اپنی بات دوسروں تک پہنچاتے ہیں۔ نظم میں اپنے تک۔

ادب جس طرح فلسفے، سیاست، مذہب، اخلاق کی بندشوں سے شاعری میں آزاد ہو کر جدید ہوا ہے، اسی طرح ناول میں بھی اس نے اپنی آزادی کی کوشش کی ہے گو ناول کے ارتقا کو دیکھتے ہوئے یہاں چست قصے سے کردار نگاری تک اور کسی عہد کی تہذیب سے خاندانوں کے عروج وزوال کی داستان تک حقیقت نگاروی کے کئی رنگ ملتے ہیں۔ مگر لارنس، جوائس، ٹامس مان، کافکا، کامیو، گراہم گرین، ہیمنگ وے، سال بیلو تک یہ بات واضح ہوگئی کہ اب ناول ماضی کی تہذیب کی رد کرتا ہے اور اس لئے اس پر طنز کرنے پر مجبور ہے اور اس کا کھوکھلا پن دکھائے بغیر اسے چارہ نہیں۔

ناول اب فرد کی تنہائی، اس کی قنوطیت، اس کے احساس شکست کا آئینہ دار ہے۔ اس لئے اس کے گرد کوئی منظم اور مربوط قصہ نہیں بن سکتا۔

سرل کانولی نے غلط نہیں کہا تھا، "مغرب کے عام باغوں کے اب بند ہونے کا وقت

ہے اور آج سے ایک فن کار صرف اپنی تنہائی کی گونج اور اپنی مایوسی کی گہرائی سے پہچانا جائے گا۔" اس گہرائی کی وجہ سے جوائس کے تجربات جدیدیت رکھتے ہوئے زیادہ معنی خیز نہیں معلوم ہوتے۔ لارنس کی خون کی پکار سائنسی میکانیت کے خلاف رد عمل کی وجہ سے اہمیت رکھتے ہوئے اپنے فلسفے کی وجہ سے نہیں بلکہ انسانی جذبات کی تہہ تک پہنچنے کی کوشش کی وجہ سے قابل قدر رہے گی۔ مگر ابھی ایک عرصے تک کافکا کی معنویت پر غور کیا جائے گا جو کہتا ہے کہ "ہمارا فن صداقت کے سامنے خیرگی ہے۔ وہ روشنی جو چہرے کو مسخ کر رہی ہے سچ ہے، مگر اور کچھ سچ نہیں۔"

کافکا سے پہلے کسی نے اندھیرے کو اس قدر صفائی سے پیش نہیں کیا۔ نہ مایوسی کی دیوانگی کو اس قدر سنجیدگی اور ہوش سے۔ اس کی شکست وریخت میں ایک دیانت ہے۔ وہ ایک دھوکے باز دنیا کے نظام اخلاق کا ناپنے والا ہے۔ اسی طرح کامیو جو نراج کو تنظیم نہیں بلکہ نراج ہی کہتا ہے، وہ اس نسل کا ترجمان ہے جو دہشت کے اس عہد میں بھی جسے عام کساد بازاری، عالم گیر جنگ، آمریت سے سابقہ رہا اور جسے دوسری جنگ عظیم کے بعد حقیقی امن کے بجائے سرد جنگ کی اعصابی کیفیت ملی۔ کامیو نے یہ دیکھ لیا تھا کہ ہمارے دور کی دہشت اور بے چینی کی ذہنی بنیاد اٹھارہویں اور انیسویں صدی کے آئیڈیالوجیوں کی عطا کی ہوئی ہے۔ مغرب ذہن کے پیچھے بے تحاشا دوڑ رہا تھا۔ اس نے عقل کی فرعونیت کو جنم دیا جو بہت دن بعد ترقی کرتے کرتے جنگوں، جیل خانوں اور جلادوں کے تشدد میں ظاہر ہوئی۔

آئیڈیالوجی جس طرح انسان سے اس کی انسانیت چھین لیتی ہے اس پر کامیو نے بہت زور دیا۔ اس لئے اس کے نزدیک انسانیت کے ایک نئے احساس کی ضرورت ہے جس کے لئے کلاسیکی اعتدال خصوصاً یونانی شاعری کے ہیرولولیز کی مثال دی جاسکتی ہے جو

ٹرائے کے مہم بازوں میں سب سے زیادہ انسانیت رکھتا ہے۔ اس کے STATE OF SIEGE میں وہ ایکٹر جو پلیگ کی نمائندگی کرتا ہے جس سے مراد جدید دنیا ہے اور جو آمریت کی زندگی کی تنظیم کی طرف اشارہ کرتا ہے، ان لوگوں سے جنہیں اس نے ابھی زیر کیا ہے، کہتا ہے کہ ان کی موت بھی منطق اور STATISTICS کے مطابق ہو گی۔ مگر اس کے REBEL کی فریاد میں امید کی کرن ہے۔ کامیو کی یہ بات دلچسپ ہے کہ آج ہمیں خیر کے لئے صفائی پیش کرنی پڑتی ہے۔

یہ ایک معنی خیز بات ہے کہ آئیڈیلزم کے فلسفے نے جو جدیدیت نے قریب ترک کر دیا ہے ماضی میں بہت بڑا ادب پیدا کیا۔ مارکسزم نے ہمیں اتنی بڑا ادب نہیں دیا۔ ہاں وجودیت EXISTENTIALISM کے علم برداروں میں سارتر، اور کامیو کی عظمت سے انکار نہیں کیا جا سکتا۔ یہ بھی قابل توجہ بات ہے کہ مجموعی طور پر جدید فکر مارکسزم سے اس طرح متاثر نہیں ہے جس طرح آج سے تیس سال پہلے تھی۔ آج اس پر وجودیت کا اثر زیادہ گہرا ہے۔ مارکسزم کی سرد عقلیت کے مقابلے میں وجودیت کا محسوس کیا ہوا خیال (FELT TOUCH) ادیبوں کو زیادہ متاثر کرتا ہے۔ گو یہ بات واضح ہے کہ نظریہ شاعر یا ادیب پیدا نہیں کرتا بلکہ شاعر، ادیب اپنے مخصوص حالات اور مزاج کی افتاد کی بنا پر کسی نظریے سے متاثر ہوتے ہیں۔ جدیدیت نے اس لحاظ سے ایک اور بات واضح کی ہے وہ مجموعی طور پر آئیڈیالوجی کے خلاف ہے، فلسفے کے نہیں۔ آئیڈیالوجی کو وہ ایک پرچم سمجھتی ہے جو فرد اور جماعت کو عمل پر آمادہ کرے۔ فلسفہ بہر حال حریت فکر کو ظاہر کرتا ہے۔ ادیب اور فنکار اس کا پابند نہیں۔ ہاں اس سے اپنے طور پر کام لیتا ہے۔

اس دور کو ژید اخلاق اور خلوص کا مقابلہ کہتا ہے۔ موجودہ صنعتی ترقی نہ اخلاقی برتری کا نہ بہتر ذہنیت کا دعویٰ کر سکتی ہے۔ کامیو کہتا ہے کہ "ذہن اس لیے پراگندہ نہیں ہے کہ

ہمارے علم نے دنیا کو اتھل پتھل کر دیا ہے بلکہ اس لئے کہ ذہن ابھی اس حشر کو ہضم نہیں کر سکا ہے۔"

پھر بھی جدیدیت صرف انسان کی تنہائی، مایوسی، اس کی اعصاب زدگی کی داستان نہیں ہے۔ اس میں انسانیت کی عظمت کے ترانے بھی ہیں۔ اس میں فرد اور سماج کے رشتے کو بھی خوبی سے بیان کیا گیا ہے، اس میں انسان دوستی کا جذبہ بھی ہے مگر جدیدیت کا نمایاں روپ آج آئیڈیالوجی سے بے زاری، فرد پر توجہ، اس کی نفسیات کی تحقیق، ذات کے عرفان، اس کی تنہائی اور اس کی موت کے تصور سے خاص دلچسپی ہے۔ اس کے لئے اسے شعر و ادب کی پرانی روایت کو بدلنا پڑا ہے۔ زبان کے رائج تصور سے نپٹنا پڑا ہے، اسے نیا رنگ و آہنگ دینا پڑا ہے، اس کے اظہار کے لئے اسے علامتوں کا زیادہ سہارا لینا پڑا ہے۔

سوسن لینگر نے غلط نہیں کہا ہے، آرٹ ایسے فارم کی تخلیق ہے جو انسانی جذبات کی نقالی نہیں کرتے ان کی علامت ہوتے ہیں۔ اردو ادب کے طالب علموں کو جدیدیت کے ہر روپ کا معروضی طور پر مطالعہ کرنا چاہئے اور فیشن یا فارمولا کے چکر سے نکل کر اپنے ذہن کو جدیدیت کی روح سے آشنا کرنا چاہئے۔ وہ از منہ وسطی کے ذہن کو لے کر جدید دور کی بھول بھلیاں میں اپنا راستہ تلاش نہیں کر سکتے۔ جدیدیت غالب کے الفاظ میں یہ دعویٰ کر سکتی ہے۔

بہ دادی کہ در آں خضر را عصا خفت است
بہ سینہ می سپرم راہ گر چہ پا خفت است

***

لکھنؤ اور اردو ادب

ہر دور کا ادب اس دور کی تہذیب کا آئینہ ہوتا ہے، لکھنؤ کو اٹھارویں صدی کے وسط سے لے کر انیسویں صدی کے آخر تک شمالی ہند کی تہذیب میں ایک نمایاں درجہ حاصل رہا ہے۔ اورنگ زیب کی وفات کے بعد دہلی کی مرکزی حیثیت کمزور ہو گئی مگر اس کے باوجود اس مرکز میں ایک تہذیبی شمع جلتی رہی۔ یہ شمع اور جلتی مگر سیاسی حالات نے ایک اور مرکز پیدا کر دیا اور بعض اقتصادی مجبوریوں نے شعر و ادب کے پروانوں کو لکھنؤ کی نئی ادبی انجمن میں پہنچا دیا۔ سوداؔ اور میرؔ جانا نہ چاہتے تھے مگر انھیں جانا پڑا۔ دردؔ کی درویشی نے انھیں ایک ہی آستانے پر جبہ سائی سکھائی مگر دوسرے شعرا کیا کرتے۔ قدر دانی، تحسین، ادبی سرپرستی اور خوشحالی کی کشش بالآخر انھیں بہا لے گئی۔ اس طرح دہلی کی خزاں سے لکھنؤ کی بہار آراستہ ہوئی۔

دہلی اور لکھنؤ میں بہت فرق تھا۔ دہلی میں اردو شاعری محض دربار کی رونق نہیں تھی۔ اسے ایک زمین، بنیاد اور فضا حاصل تھی۔ دہلی کا حلقہ لسانی اعتبار سے کھڑی بولی کا حلقہ تھا۔ اردو زبان کھڑی بولی کی ترقی یافتہ شکل تھی۔ اردو شاعری نے فارسی کا تتبع کیا تھا مگر زبان کی بنیادی خصوصیات کو باقی رکھا تھا۔ دہلی کا شاعر، جس تہذیب کا آئینہ دار تھا، اس میں ایک عوامی رنگ بھی تھا۔ تصوف اس تہذیب کے خمیر میں تھا مگر یہ ہندوستانی تصوف تھا۔ اسے مغل تہذیب کی شاندار خصوصیات ورثے میں ملی تھیں۔ اس کی فارسی

ہندوستانی تھی۔ یہ ہندی کی ایہام گوئی سے بہت متاثر تھی۔

مظہرؔ کی فارسیت کو قبول کرنے کے باوجود میرؔ اور سوداؔ کی شاعری اپنی تہذیبی بنیادوں سے بیگانہ نہیں ہے۔ یہ جامع مسجد کی سیڑھیوں اور اس کے محاورے کو نظر انداز نہیں کرتی۔ اس میں شہریت ہے مگر یہ شہریت رئیسانہ شان نہیں رکھتی۔ اس کا جذبہ سچا اور سادا ہے۔ اس کا عشق فطری اور نیچرل ہے۔ اس کی ناکامی اور محرومی میں درد و خستگی ہے۔ تلخی و مردم بیزاری نہیں۔ اس کی شاعری سرپرستی سے فائدہ اٹھاتی ہے مگر سرپرستی کی مرہون منت نہیں ہے، اس کا آب و رنگ خونِ جگر کی سرخی رکھتا ہے اور یہ خونِ جگر محبوب کے حسن سے کم رعنائی نہیں رکھتا۔ اس کی صنعت اسے فطرت سے بہت دور نہیں لے جاتی۔

میرؔ کی عشقیہ شاعری محض عشقیہ شاعری نہیں ہے اور اسی لیے بڑی شاعری ہے۔ سوداؔ کے ہجویات اس کے قصیدوں سے زیادہ اہم ہیں۔ ان میں ایک سماجی احساس ملتا ہے جو ہمارے ادب کی بہت بڑی دولت ہے۔ اس شاعری کی اپیل محدود نہیں، وسیع ہے، اس کا فنی شعور جامد نہیں سیال ہے، یہ لفظ کا پرستار نہیں جذبے کا پرستار ہے، اس جذبے میں ماتمیت سی ہے مگر یہ ماتم چونکہ اپنی انجمن کے درہم برہم ہونے، اپنی بساط کے الٹنے اور اپنے نگر کے لٹنے کا ماتم ہے، اس لیے واقعیت اور عظمت رکھتا ہے۔

لکھنؤ آکر یہ کیفیت بدل گئی۔ دربار کی سرپرستی، ایک محدود طبقے کی خوشحالی، شعراء کی قدر و منزلت اور فنونِ لطیفہ کی مقبولیت نے لوگوں کو فریب میں مبتلا کر دیا۔ زمانے کی رفتار پر ان کی نظر نہ رہی۔ تاریخی حقائق کا احساس کم ہوتا گیا۔ اس بدلی ہوئی ذہنیت نے مصحفیؔ، انشاؔ اور جرأت کے رنگ کو بدل دیا اور ناسخؔ و آتشؔ کی شاعری کو رواج دیا۔ لکھنؤ

نے دہلی کے تعلق کو ایک زنجیر سمجھا اور اس زنجیر کو توڑ کر اپنے آپ کو حقیقت سے علاحدہ کر کے مکمل فریب میں مبتلا کر دیا۔ اسی وجہ سے لکھنؤ کا ادب دہلی کی ادبی روایت سے الگ ہو گیا اور اس نے اپنی روایات، اپنے فنی اصول اور اپنے معیار جدا مقرر کیے۔ دیکھنا یہ ہے کہ یہ ادبی خود مختاری جو اس زمانے میں چاہے کتنی ہی فطری معلوم ہوتی ہو، صحیح تھی یا غلط اور اس خود مختاری کا اردو ادب کی عام رفتار پر کیا اثر ہوا۔

لکھنؤ کے گرد جو زبان بولی جاتی تھی، وہ کھڑی بولی نہیں تھی بلکہ اودھی تھی، لکھنؤ کے حکمرانوں اور ان کے اثر سے اونچے طبقے میں فارسی اور پھر اردو کا رواج ہوا۔ اردو کو شہر میں ایک مرکز مل گیا مگر اس شہریت میں جو تہذیب پروان چڑھی، وہ روز بروز پر تکلف، مصنوعی اور محدود ہوتی گئی۔ اس تہذیب نے لکھنؤ کی شاعری کو بھی اسی رنگ میں رنگ دیا۔

تہذیب کیا ہے؟ یہ محض شائستگی، نزاکت، لطافت، تکلف اور تصنع کا نام نہیں، اس میں ایک انسانی اور سماجی تصور ضروری ہے۔ ہر تہذیب میں ایک فارغ البال طبقہ ہوتا ہے جو اس کی حفاظت بھی کرتا ہے اور اشاعت بھی۔ یہ طبقہ مالی پریشانیوں سے بے نیاز ہوتا ہے مگر اس کا ایک اقتصادی نظام بھی ہوتا ہے۔ جاگیر داری کے زمانہ میں تہذیبی قدریں دربار سے، یا کسی نہ کسی امیر یا رئیس سے وابستہ تھیں۔ امیر یا رئیس جب قصبوں یا دیہات میں ہوتا تھا تو اس کی دنیا میں فطرت، عوام اور زندگی کے بعض مسائل آ ہی جاتے تھے۔ دربار میں پہنچ کر وہ اس سے محروم ہو جاتا تھا۔ اس لیے دربار کا ادب اس پچھلے ادب کے مقابلے میں زیادہ پر تکلف اور رنگین اور اسی اعتبار سے مصنوعی ہونے لگتا تھا۔

اردو شاعری دہلی میں دراصل دربار کی دنیا میں محدود نہیں تھی۔ دربار کی قوت

ضعیف ہو چکی تھی۔ شعراء امیروں اور رئیسوں کی تلاش میں ادھر ادھر پھر رہے تھے۔ ان شاعروں کا مزاج درباری مزاج نہیں ہوتا تھا۔ لکھنؤ میں جو تہذیبی بساط بنی وہ درباری بساط تھی۔ اسے جو قدریں ملیں وہ دربار سے ملیں۔ آصف الدولہ نے جب تک اسے پایۂ تخت نہ بنایا تھا لکھنؤ کی کوئی تاریخی حیثیت نہ تھی۔ صفدر جنگ اور شجاع الدولہ نے فیض آباد کو چار چاند لگا دیے مگر آصف الدولہ کے ساتھ یہ رونق لکھنؤ میں منتقل ہو گئی۔ لکھنؤ کو تقریباً سو سال تک مرکزیت حاصل رہی اور اس مدت میں "شمشیر و سناں" سے طاؤس و رباب "تک کے سارے مراحل طے ہو گئے۔

یہ ایک دلچسپ بات کہ لکھنؤ کی شاعری میں درویشی کی روایات جنھیں مصحفیؔ شاعری کے لیے لازمی سمجھتے تھے، بہت ضعیف رہیں۔ صرف آتشؔ کے یہاں اس کی آن بان ملتی ہے۔ تصوف بھی اس سرزمین میں پھل پھول نہ سکا۔ علمی رنگ اور حکیمانہ نظر کو بھی یہاں زیادہ ترقی نہ ہوئی۔ ایک مذہبی جذبہ ضرور تھا لیکن اس جذبے میں رسمی انداز زیادہ تھا۔ اس کی مذہبی شاعری میں بھی گہرا مذہبی احساس خال خال ملتا ہے۔ زیادہ تر مذہبی رسوم کا ذکر ہے، جہاں سچا احساس ہے، مثلاً محسنؔ کی گہری عقیدت میں، وہاں بھی اس کے لیے صنایع بدایع سے آراستہ ہونا ضروری ہے۔

دہلی کے میر امن جب باغ و بہار لکھتے ہیں تو اگرچہ خیالی دنیا کی تصویروں سے اپنی دکان سجاتے ہیں مگر جا بجا جزئیات و واقعات کے آب و رنگ سے تصور کو دل کش بنا دیتے ہیں۔ لکھنؤ کے قصہ گو عبارت آرائی اور رنگین بیانی سے مسحور کرنا چاہتے ہیں۔ خلاصہ یہ ہے کہ لکھنؤ کا ادب، بہت جلد دہلی کی روایات کو چھوڑ دیتا ہے۔ میرؔ کی عشقیہ شاعری، جرأت کی معاملہ بندی میں تبدیل ہو جاتی ہے۔ مصحفیؔ جو میرؔ کے بڑے اچھے پیرو تھے،

انشاؔ اور جرأتؔ کی مقبولیت کو دیکھ کر ان کے ساتھ رسوا ہوتے ہیں۔ عشق میں لذتیت، ہوس پرستی اور کامرانی کے جذبات آ جاتے ہیں۔ ریختی ایجاد ہوتی ہے۔ ناسخؔ جیسے ثقہ لوگ جب زبان کی حفاظت کی طرف متوجہ ہوتے ہیں تو زبان کو فارسی کی لونڈی بنا دیتے ہیں۔ عوام سے ہمارا سارا رشتہ قطع کر دیتے ہیں۔ چن چن کر ہندی کے الفاظ نکالتے ہیں۔ وہ شعریت کی پرستش کے بجائے فن کی پرستش کا آغاز کرتے ہیں۔

قاعدہ ہے کہ جب تہذیب کا دائرہ چھوٹا ہو جائے گا اور فطرت، عوام یا تاریخی حقایق سے لوگ بے نیاز ہونے لگیں گے تو یا تو فن کو بت بنا کر لوگ پرستش کرنے لگیں گے یا اعصاب پر عورت کی حکمرانی ہو گی۔ لکھنؤ میں یہ دونوں باتیں ہوئیں۔ ناسخ کی سنجیدگی، ان کی ادبی آمریت، ان کا زبان اور فن پر عبور، ضبط و نظم کی یہ خواہش اور ضبط و نظم پر یہ اصرار، بظاہر بہت اچھا معلوم ہوتا ہے لیکن غور سے دیکھا جائے تو ناسخؔ کی شاعری میں کوئی گہرا جذبہ، کوئی بلند تصور، کوئی والہانہ احساس نہیں ہے۔ وہ شاعر نہیں استاد ہیں اور ان کی استادی سے بھی زبان کو فائدہ کم پہنچا، نقصان زیادہ ہوا۔

آزادؔ اور حالیؔ دونوں نے اس بات کو محسوس کر لیا تھا۔ دونوں نے اس بات پر زور دیا ہے کہ ناسخؔ قدرتی پھولوں کے بجائے کاغذی پھولوں سے اپنی دکان سجاتے ہیں۔ ناسخؔ نے جہاں اپنے پر فخر کیا ہے وہاں جذبۂ احساس، تاثیر، جادو پر نہیں، مضمون آفرینی، شوکتِ الفاظ، قدرتِ بیان پر۔ وہ غزل کے شاعر ہیں اور سوداؔ کے پیرو، حالانکہ غزل کی اصلی روایت میرؔ کی ہے۔ میر کو وہ خراج تحسین ادا کرتے ہیں مگر میرؔ کی پیروی ضروری نہیں سمجھتے۔

کب ہماری فکر سے ہوتا ہے سوداؔ کا جواب

ہاں تتبع کرتے ہیں ناسخ ہم اس مغفور کا

پہلے اپنے عہد سے افسوس سودا اٹھ گیا

کس سے مانگیں جا کے ناسخؔ اس غزل کی داد ہم

طمع ہے انصافِ دوستاں سے کہ اتنا فرمائیں سب زباں سے

کیا ہے ناسخؔ نے آسماں سے بلند تر رتبہ اس زمیں کا

ناسخؔ کو خوش قسمتی سے زمانہ بہت اچھا ملا تھا۔ اس عہد میں شاعری کی بڑی قدر و منزلت تھی، لکھنؤ کا کاروبار اپنی عظمت اسی میں سمجھتا تھا کہ شاعری جیسے فن کی سرپرستی کرے، شاعر ہونا ایک خوبی تھی اور تہذیب کی نشانی، اسی ہوا میں شاعری مقبول ہوئی۔ شاعروں کی تعداد میں اضافہ ہوا۔ مشاعروں کی کثرت ہوئی، فن کی نمایش ہونے لگی مگر شعر و ادب ایسے کافر ہیں کہ محض قدر و منزلت سے ترقی نہیں کرتے، بلکہ بعض انسانی قدروں کی وجہ سے جب ادب کو محض ادب کی خاطر پسند کیا گیا ہے وہ ادب بڑا ادب نہیں رہا۔ جیسا کہ ایلیٹؔ نے کہا ہے کہ "اگرچہ ادب کے پرکھنے کے لیے ادبی معیار ضروری ہیں، مگر صرف ادبی معیار کافی نہیں۔ اس ادب میں بعض انسانی اور سماجی قدروں کا احساس ضروری ہے۔"

ناسخؔ کے اثر سے جو شاعری مقبول ہوئی، اس میں سماجی احساس بہت سطحی اور انسانی قدروں کا شعور بہت ناقص ہے۔ اس کا اخلاق دراصل ایک بے روح اور خشک اخلاق ہے جس میں نہ گرمی ہے نہ روشنی۔ اس کی فکر معمولی ہے۔ اس کی کاوش زیادہ تر فن یا الفاظ پر صرف ہوتی ہے۔ فن میں بھی جس چیز کو حسن سمجھا گیا ہے وہ حسن نہیں تکلف یا آورد ہے۔ فصاحت و بلاغت کا معیار، صنعتوں کا التزام، تشبیہات و استعارات کا ذوق، دراصل

اس عورت کی یاد دلاتا ہے جو زیور کی شوقین ہے، اپنا حسن کم رکھتی ہے۔

غالبؔ کو آتشؔ کے یہاں بیش تر اور ناسخؔ کے یہاں کم تر نشتر ملے تھے۔ وہ دہلی کے مضمون اور لکھنؤ کی زبان کو مستند سمجھتے تھے، حالانکہ دونوں جگہ غالبؔ نے مروت سے کام لیا ہے۔ ناسخ کی شاعری میں نشتریت سرے سے نہیں۔ وہ جس طرح باقاعدہ ورزش کرتے ہیں، اسی طرح باقاعدہ ڈھلے ڈھلائے شعر کہتے ہیں۔ ناسخؔ خود دار انسان تھے۔ انہوں نے کبھی اپنے آپ کو ذلیل نہیں کیا۔ اس کی وجہ سے شاعری اور شعراء دونوں کی سوسائٹی میں عزت بڑھی مگر شاعر وہ معمولی تھے۔ آتشؔ کے یہاں جذبہ بھی ہے، گرمی بھی ہے اور گداز بھی۔ وہ دربار سے اس طرح متعلق نہیں تھے جس طرح ناسخؔ تھے، اسی نسبت سے وہ شعریت سے قریب تھے، مگر انھوں نے بھی شاعری کو نگوں کا جڑنا سمجھا اور شاعر کو مرصع ساز قرار دیا۔

شاعری میں مضمون اور زبان دونوں کی الگ الگ حیثیت نہیں ہے۔ اچھی شاعری میں مضمون اور زبان دونوں سے مدد ملتی ہے مگر صرف ایک پر شاعری کا انحصار نہیں ہے۔۔ ناسخؔ کے اثر سے زبان کو ضرورت سے زیادہ اہمیت حاصل ہو گئی، وہ بھی زندہ احساس سے تھرتھراتی ہوئی، تازہ بول چال کو نہیں، بلکہ پر تکلف، رئیسانہ، مصنوعی، مہذب زبان کو۔ ناسخؔ کی شخصیت میں جو آمریت ملتی ہے، اس کی وجہ سے انھیں اپنے اصول کے منوانے میں آسانی ہوئی۔ یہ اصول وہ اس وجہ سے منوا سکے کہ ان کا حلقہ دربار کے ذریعے سے فارغ البالی حاصل کرتا تھا اور اس کا مرہون منت تھا اور دربار کو قائم رکھنے یا اسے خوش رکھنے کے لیے عوام اور دربار کے درمیان تہذیبی خلیج کو پاٹنے کے بجائے اسے ویسا ہی رکھنا چاہتا تھا۔

غالبؔ جب کہتے ہیں کہ دہلی کا مضمون مستند ہے تو ان کا مطلب یہ ہوتا ہے کہ دہلی کی شاعری گہرا فکری سرمایہ رکھتی ہے۔ یہ گہرائی اسے بعض سماجی حقایق سے ملی ہے، اور اس گہرائی میں جانے کے لیے اس نے اپنا رشتہ خاصی وسیع دنیا سے رکھا ہے، لکھنؤ کی زبان یقیناً دہلی کی زبان سے زیادہ شائستہ، مہذب اور نرم و نازک ہے مگر یہ شائستگی، تہذیب اور نزاکت ایک بڑی قیمت پر حاصل کی گئی ہے اور بہت مہنگی پڑی ہے۔ اس نے غزل میں حسن کی مصوری کو لباس اور آرایش کی فہرست بنا دیا ہے۔ اس نے رعایت کی پٹری سے شاعری کو کبھی ادھر ادھر نہیں ہونے دیا۔ اس نے جو ہمواری حاصل کی اس میں اکتا دینے والی یکسانیت آگئی۔ اس نے تشبیہ کو مقصود بالذات سمجھا اور ہر بات کو کسی اور پردے میں بیان کیا۔ یہاں تک کہ حسن یار کے بجائے پردہ حسن بن گیا۔ اس نے یونانی تنقید کے اس اصول کو کہ تشبیہ کلام کا زیور ہے، برتا، مگر تشبیہ کی روح تک نہیں گئی۔

ناسخؔ کی تشبیہیں مرعوب کن ہیں یا چست، مگر ان میں جادو نہیں ہے اور وہ ایک اسلوب کی شہید ہیں۔ غالبؔ کی تشبیہوں کی مثال سے یہ بات واضح ہو جائے گی۔ غالبؔ کے یہاں تشبیہات ایک نئی کیفیت، اپنے اسلوب فکر یعنی ایک نئی زبان کی طرف رہنمائی کرتی ہیں۔ وہ شیکسپیئر کی ذہنی پرچھائیوں کا لباس ہیں کہ دیکھنے والا لباس پر رک نہیں جاتا، وہ ایک موزوں پیکر کو دیکھتا ہے۔ ناسخؔ کے اثر سے عام طور پر لباس بہت کچھ ہو گیا۔ شاعری قافیہ پیمائی ہوگئی۔ معنی آفرینی نہیں رہی۔ پیتر اسب کچھ ہوگیا۔

ناسخؔ کے متعلق اس قدر تفصیل اس لیے ضروری ہے کہ ناسخؔ لکھنؤ اسکول کی ادبی قدروں کے خالق اور لکھنؤ کی ادبی شعریت کے نافذ کرنے والے ہیں۔ ناسخؔ لکھنؤ کی خود

مختاری کا اعلان کرتے ہیں۔ آتشؔ اس کے مقابلے میں مصحفیؔ کے اثر سے بالکل آزاد نہیں ہو سکے اور میر حسنؔ کا خاندان بھی اس وجہ سے لکھنؤ کے ادبی رنگ کو پوری طرح جذب نہیں کر سکا۔ یہی وجہ ہے کہ میر حسنؔ اور انیسؔ کے یہاں دہلی اور لکھنؤ دونوں کے اثرات ملتے ہیں۔

انیسؔ کی عظمت کا راز یہ ہے کہ انھوں نے لکھنؤ کی خود مختاری کو کبھی پوری طرح نہ مانا اور اپنے خاندان کے بعض محاوروں کو کبھی نظر انداز نہیں کیا۔ میں واضح کر چکا ہوں کہ ناسخؔ کے یہاں لکھنؤ کی پہلی ادبی شخصیت ملتی ہے، ان کی وجہ سے لکھنؤ کی غزل حقیقی تغزل سے دور ہوتی گئی۔ میرؔ کی عظمت کو مانتے ہوئے میرؔ کو نظر انداز کرتی گئی۔ مختصر ہونے کے بجائے طویل بن گئی اور قافیہ پیمائی کو زیادہ ضروری سمجھتی گئی۔ وزیرؔ، بحرؔ، مہرؔ، امانتؔ، امیرؔ کے یہاں یہ سامان آرایش ہے اور رند و تعشق (جو ناسخؔ کے شاگرد تھے) شوقؔ اور صباؔ کی چنگاریوں کے باوجود اس میں خس و خاشاک زیادہ ہے، لیکن مرثیے اور مثنوی میں اس نے جو اضافے کیے ہیں ان کا جائزہ لینا ضروری ہے۔

ناسخؔ کے بعد لکھنؤ کی دوسری بڑی شخصیت انیسؔ کی ہے۔ گو اردو شاعری میں انیسؔ کا درجہ ناسخؔ تو کیا بڑے بڑے شاعروں میں بھی بہت بڑا ہے۔ لکھنؤ کی تہذیب کا تکلف ناسخؔ کے یہاں اور اس کی مذہبیت انیسؔ کے یہاں اور اس کا لوچ اور اس کی نزاکت شوقؔ لکھنوی کے یہاں ہے۔ انیسؔ نے مرثیے میں کوئی ایجاد نہیں کی۔ انھوں نے مرثیے کی مقبولیت سے فائدہ اٹھایا اور اس کی صنف میں اپنا سارا ادبی شعور صرف کر دیا۔ مرثیہ سوداؔ کے وقت تک زیادہ تر بین کے لیے تھا۔ اس میں ادبی رنگ سوداؔ کے وقت سے ملتا ہے اور ضمیرؔ سے اس کا وہ سانچہ بنتا ہے جو انیسؔ تک پہنچا۔ ضمیرؔ اور فصیحؔ کے مرثیے کو دیکھیے تو

دونوں کا فرق واضح ہو جائے گا۔ ضمیرؔ نے بظاہر مرثیے میں اضافے کیے مگر غور سے دیکھیے تو مرثیت کو ختم کر کے اس سے ایک مجلسی اور تہذیبی کام لیا۔ انھوں نے قصیدے کی تشبیب سے سراپا اور مدح کے مضامین سے گھوڑے اور تلوار کی تعریف کی۔ انھوں نے مرثیے کو شہدائے کربلا کے مصائب کے بیان سے زیادہ ایک رزمیہ بنادیا جو دبیرؔ کے یہاں پہنچتے پہنچتے آتشؔ کے الفاظ میں لندھور بن سعد ان کی داستان بن گیا۔

لکھنؤ کی سوسائٹی اپنے ہیرو، اپنے تاریخی کارنامے، اپنے افسانہ و افسوں نہ رکھتی تھی۔ یہ چیز اسے ماضی میں اور وہ بھی مذہبی قصوں میں مل گئی۔ لکھنؤ کے مذہبی ماحول کے لیے مرثیہ بہت سازگار ثابت ہوا مگر جیسا کہ حالی نے مقدمۂ شعر وشاعری میں کہا ہے،

"مرثیے میں رزم و بزم اور فخر وخودستائی اور سراپا وغیرہ کو داخل کرنا، لمبی لمبی تمہیدیں اور تورے باندھنے، گھوڑے اور تلواروں وغیرہ کی تعریف میں نازک خیالیاں اور بلند پروازیاں کرنی اور شاعرانہ ہنر دکھانے، مرثیہ کے موضوع کے بالکل خلاف ہیں اور بعینہ ایسی بات ہے کہ کوئی شخص اپنے باپ یا بھائی کے مرنے پر اظہار حزن و ملال کے لیے سوچ سوچ کر رنگین اور مسجع فقرے انشا کرے اور بجائے حزن و ملال کے اپنی فصاحت وبلاغت کا اظہار کرے۔" چنانچہ ضمیرؔ کے بعد سے مرثیہ محض شہدائے کربلا کے مصائب کی داستان نہیں رہا بلکہ لکھنؤ کی شاعری کی تمام خصوصیات اس میں جمع ہو گئیں۔ اس میں نہ صرف قصیدے کی مضمون آفرینی اور نازک خیالی ہے اور مثنوی کا بیانیہ رنگ اور واقعہ نگاری، بلکہ اس میں غزل کا انداز بھی ہے۔

انیسؔ کے یہاں تلوار محض تلوار نہیں معشوق ہے۔ گھوڑے میں بھی شان محبوبی ہے اور غزل کا ذوق اس طرح مرثیہ میں بھی اپنے لیے میدان تلاش کر لیتا ہے۔ مرثیے

کے متعلق بہت کچھ لکھا گیا ہے اور بعض لوگوں نے المیہ اور رزمیہ کے اعلیٰ معیاروں سے جانچا ہے۔ اس بحث میں پڑنے کا یہ موقع نہیں۔ یہاں صرف اس بات پر زور دینا ہے کہ مرثیہ انیسؔ کے دور میں نظم بن گیا ہے اور مرثیہ کی مجلس ایک ادبی مجلس۔ مرثیہ گو بھی دوسرے شعرا کی طرح اپنے فن پر ناز کرتا ہے۔ وہ رزم و بزم دونوں کا کمال دکھانا چاہتا ہے۔ انیسؔ جانتے ہیں مگر کہتے ہیں،

بزم کا رنگ جدا، رزم کا میداں ہے جدا
یہ چمن اور ہے زخموں کا گلستاں ہے جدا
فہم کامل ہو تو ہر نامہ کا عنواں ہے جدا
مختصر پڑھ کے رلا دینے کا ساماں ہے جدا
دبدبہ بھی ہو، مصائب بھی ہوں توصیف بھی ہو
دل بھی محظوظ ہوں رقت بھی ہو تعریف بھی ہو

یعنی ایک تو مرثیہ کا مذہبی فریضہ ہے یعنی شہدائے کربلا کے مصائب پر اظہار غم اور ان کی یاد تازہ کر کے ثواب حاصل کرنا، دوسرا فریضہ ادبی ہے یعنی سراپا نظم کر کے، گھوڑے، تلوار کے مضمون کو نبھا کر، گرمی کی شدت کے لیے یا صبح کے منظر کے لیے مناسب تشبیہات استعمال کر کے سننے والوں کو محظوظ کرنا۔ لکھنؤ کا مرثیہ گو شروع سے اس دوسرے فرض کو بھی انجام دیتا آیا ہے۔ چونکہ اس میں تعمیری صلاحیت نہیں ہے، اس لیے وہ پورے ڈرامے کا بہ یک وقت تصور مشکل سے کر سکتا ہے۔ زیادہ تر وہ ایک ہی واقعہ کو لیتا ہے یا ایک کردار، یا ایک موقع کو، وہ ہر چیز کے مخصوص عنوان بنا لیتا ہے۔ رزمیہ کے معنی اس کے نزدیک لڑائی کے نہیں، گھوڑے اور تلوار کی تعریف کے ہیں۔ مناظر

فطرت میں صبح کا سماں اور گرمی کی شدت کا بیان ہے اور چونکہ ان میں سے کسی چیز کو شاعر نے اپنی آنکھ سے نہیں دیکھا بلکہ تخیل اور عقیدے کی مدد سے خلق کیا ہے، اس لیے کہیں وہ زندہ نہیں ہے۔ نظر فریب ضرور ہے۔

انیسؔ سے پہلے مرثیے کی دنیا ایک طور پر "طلسم ہوش ربا" کی دنیا تھی۔ اس کا مقصد بعض خیالوں اور خوابوں کی مدد سے حال کی زندگی کو بھلانا تھا اور ماضی کی عظمت میں شریک ہو کر حال کی پستی کے احساس کو کم کرنا تھا۔ ان میں ان اخلاقی قدروں کی پرستش کر کے جو امام کی شخصیت میں ملتی ہیں، ان قدروں کو طاق پر رکھ دینا تھا۔ غزل اس دور کو بہلاتی تھی، مرثیہ اسے بھلا دیتا تھا مگر عجیب اتفاق یہ ہوا ہے کہ انیسؔ کی شخصیت میں مرثیہ کو ایک حقیقی شاعر مل گیا جس نے مرثیہ کی فوقِ فطری فضا کو بدل کر اس میں انسانوں کے جذبات کی دھڑکن پیش کی اور جذبات کے بیان میں اپنے گرد و پیش کے رنگ سے کام لے کر اسے زندہ کر دیا۔ انیسؔ کے مرثیوں میں نام، کردار، واقعات عربی ہیں مگر جذبات عام انسانی جذبات ہیں، جو لکھنؤ کی زبان یا لب و لہجہ میں پیش کیے گئے ہیں۔ بہ ظاہر انیسؔ نے یہاں واقعیت کا خون کیا ہے مگر غور سے دیکھیے تو ایک اور واقعیت برتی ہے۔

انیسؔ کے مرثیے محض کربلا کے سانحے کا شاعرانہ بیان نہیں ہیں۔ ان کی تاریخی حیثیت پر اعتراض کیا جا سکتا ہے مگر شاعر یہاں مؤرخ نہیں داستان گو ہے۔ اس نے لکھنؤ کی سوسائٹی کے سامنے ایک خیالی منظر پیش کیا ہے مگر اس منظر میں اس سوسائٹی کی تہذیب جا بہ جا جھلکتی ہے۔ میں اس لکھنوی رنگ کو انیسؔ کی خامی نہیں سمجھتا۔ انھوں نے اپنے تخیل کی وجہ سے صدیوں پہلے کے واقعے کو اس طرح زندہ کر دیا اور اپنے مرثیوں

میں محفوظ کر دیا کہ اس کی آب و تاب کو وقت کبھی ماند نہیں کر سکے گا۔

ان کا کمال ہے کہ انھوں نے مرثیہ کو زندگی دو طرح عطا کی۔ اول تو کربلا کے ڈرامے میں حصہ لینے والوں کو انسانوں کے جذبات عطا کر کے، دوسرے اس کے پس منظر میں اپنے گرد وپیش کی معاشرت اور وضع کے نقوش بھر کر۔ انیسؔ کی جذبات نگاری کا کمال میدان جنگ میں بہادروں کے جوش و خروش میں نہیں، باپ بیٹی کی محبت، ماں کی ممتا، بہن کی بھائی سے عقیدت، بھائی کی وفاداری کو اس طرح بیان کرتے ہیں کہ پڑھنے والا ان کی عام انسانی عظمت کا قائل ہو جاتا ہے۔ وہ ایپک کے اصولوں سے واقف نہیں تھے۔ انھوں نے نہ کوئی مسلسل اور مکمل تصویر کھینچی ہے اور نہ صحیح معنی میں کردار نگاری کی کوشش کی ہے۔

انھوں نے جہاں معرکہ آرائی کا نقشہ پیش کیا ہے وہ حسن بیان کی وجہ سے زندہ ہو جاتا ہے۔ پڑھنے والا انیسؔ کی خطابت، ان کی جادو بیانی، ان کی عقیدت کے سیلاب میں بہہ جاتا ہے۔ وہ عون و محمد اور امام حسین کی تلوار کے فرق کو ملحوظ نہیں رکھتا، وہ یہ نہیں دیکھتا کہ وہ کس طرح میدانِ جنگ میں ہر وار کی داد پانے پر تسلیم کر سکتا ہے۔ وہ عورتوں کے ماتم کے لکھنوی انداز پر زیادہ دھیان نہیں دیتا کیوں کہ اس پر انیسؔ کے بے مثل آرٹ کا جادو چل چکا ہے اور انیسؔ کے بے مثل آرٹ کا جادو، محض فن پر قدرت، ان کی فصاحت اور شیرینی میں نہیں، ان کی جذبات نگاری اور مصوری میں ہے۔ ان کی واقعہ نگاری مکمل، عظیم الشان اور رفیع نہیں، نازک، نفیس اور روشن ہے اور مثلاً جب تلوار چلنے کا منظر دکھاتے ہیں تو شروع سے اس پر ایک سنہرا پردہ ڈال دیتے ہیں اور پھر پڑھنے والا تلوار کے بجائے ناگن محبوبہ یا موج خون کو دیکھتا ہے۔ اس سیلاب میں ڈوبتا اچھلتا ہے۔ اس میں

اپنے لیے ایک ذہنی تسکین پاتا ہے اور اس کی گرفت سے نکلتا ہے تو اس منظر کے بجائے اس کی ایک حسین یاد رہ جاتی ہے۔

انیسؔ کے مرثیے میں حسین یادیں ایک مذہبی مقصد رکھتی ہیں۔ ان سے ایک مذہبی جذبہ کی تسکین ہو جاتی ہے۔ یہ تسکین اپنا مقصد آپ ہے۔ اس کا اور کوئی مقصد نہیں۔ انیسؔ کے یہاں ایسے مقامات بھی ملتے ہیں جن سے معلوم ہوتا ہے کہ وہ اس مصوری کو بڑے مقاصد کو ایک گرمی دے سکتے ہیں۔ ان کی وہ تلوار جو ناگن کی طرح یا محبوب کے قد کی طرح لچک رکھتی ہے، "برقِ قہر الٰہی" بھی ہے، امام کی جنگ محض ایک فوق بشری چیز نہیں، ایک قابل تقلید کارنامہ بھی ہے مگر زیادہ تر ماحول کے اثر سے حالیؔ کے الفاظ میں یہ اعتقاد کہ (جو کچھ صبر و استقلال، شجاعت و ہمدردی و وفاداری و غیرت و حمیت و عزم بالجزم و دیگر اخلاق فاضلہ خود امام ہمام اور ان کے عزیزوں اور دوستوں سے معرکۂ کربلا میں ظاہر ہوئے وہ مافوق طاقت بشری اور خوارق عادات سے تھے) کبھی ان کی پیروی اور اقتدا کرنے کا تصور بھی دل میں آنے نہیں دیتا اور انیسؔ بھی محض مصوری پر قانع ہو جاتے ہیں۔

اس مصوری کے لیے ایسی قدروں کا انتخاب نہیں کرتے جو زندگی میں ایک نشتر بن جائیں اور سماج میں وہ عزم و استقامت و حق پرستی، وہ مجاہدانہ اسپرٹ، بے باک صداقت، وہ مصیبت میں صبر اور مخالفت میں استقلال دکھائیں۔ ایسا ہو سکتا تھا مگر کیوں نہیں ہوا۔ اس کی وجہ یہ ہے کہ انیسؔ بھی آخر اپنے ماحول کے ایک فرد تھے۔ ان کی خودداری انھیں "شہ کی ثنا خوانی کے بعد" غیر کی مدح سے باز رکھتی تھی مگر وہ "شہ کی ثنا" کو کافی سمجھتے تھے۔ یہ ثنا خوانی ان کے لیے نجات اور ذہنی تسکین کا باعث تھی، جس طرح محسنؔ کی

نعتیہ شاعری ان کی تسکین کا باعث تھی مگر وہ اپنی صلاحیت سے پورا پورا کام نہیں لیتے، اسے دبیرؔ کی فضول اور بے کار تقلید میں ضائع کرتے ہیں اور شاعری سے اس میں زیادہ کچھ نہیں چاہتے تھے اور اس سے ان کی شاعری میں بڑی اخلاقی قدروں کے احساس کے باوجود گرمی اور رفعت نہیں ہے۔ وہ الفاظ کے جوہری ہیں اور جوہری بھی شاید اس طرح موتی نہیں پرو سکتا۔

وہ بڑے اچھے انسان ہیں اور ان کا کلام اچھی اور سچی انسانی قدریں رکھتا ہے۔ لکھنؤ کی اس سوسائٹی کے لیے انیسؔ کا کلام کئی وجوہ سے دل کشی رکھتا تھا۔ وہ اچھے اخلاقی جذبات کا احساس دلاتا تھا مگر ان جذبات کے احساس کو کافی سمجھتا تھا۔ وہ اسے ایک خیالی دنیا میں لے جاتا تھا اور وہاں کی دنیا کی سیر کے بعد جو ایک طور پر طلسماتی دنیا تھی، وہاں ٹھہرنے پر زیادہ اصرار نہیں کرتا تھا۔ وہ ماضی کی اس لڑائی میں ان لوگوں کو جو اس کش مکش سے بہت دور تھے، ذہنی طور پر خود تلوار چلاتے، بھوک پیاس کی تکلیفیں جھیلتے اور حق کی خاطر باطل سے مقابلہ کرتے دیکھتا اور وہ اس بات پر خاص طور سے مطمئن تھا کہ صرف تصویریں دیکھ لینا اس کے لیے کافی تھا۔ اس سے صرف سیر کا مطالبہ کیا تھا۔ صرف ذہنی پرواز کا تقاضا تھا۔ اس کی اپنی جانی پہچانی دنیا میں اس سے کوئی ہرج واقع نہ ہوتا تھا، وہ اس ذہنی سفر کے بعد اور بھی دل کش اور مزے دار معلوم ہوتی۔ حالیؔ اور اقبالؔ کی شاعری بھی سیر کراتی ہے مگر وہ اس سیر کی قیمت وصول کرنے پر مصر ہے۔ دونوں میں یہی بڑا فرق ہے۔

اس وجہ سے میں نے کہا تھا کہ لکھنؤ کے تمام اصناف نے فارغ البال طبقے کی عام تہذیبی قدروں کو ہر طرح باقی رکھنے اور مستحکم کرنے کی سعی کی۔ غزل کے ذریعے سے

ذہن کو بہلا کر، مرثیہ کے ذریعہ خواب دکھا کر اور اچھی اخلاقی قدروں سے زبانی ہمدردی کر کے پھر دونوں میں نفیس، دل کش، مرصع، چست اور رچی ہوئی زبان استعمال کر کے عام لوگوں کو اس نزاکت اور لطافت کا عادی اور شیدائی بنایا۔ اس نزاکت، لطافت اور حسن کاری کا شیدائی بنا کر عوام کی گرمی، ان کے بڑھتے ہوئے سماجی شعور، ان کی روزمرہ زندگی کی تلخیوں، ان کے اپنے حقائق کے کڑوے کسیلے احساس کو ان کی نظروں سے گرادیا۔ ان میں ایک مٹتی ہوئی، بکھرتی ہوئی، زوال آمادہ تہذیب سے عشق پیدا کر دیا۔ اس کا نام وضع داری، مشرقیت، شرافت رکھا، ماضی سے زبانی ہمدردی کو مذہب کا نام دے کر اس نے اپنی جنت پکی کر لی اور دنیا میں امیروں اور رئیسوں میں رسوخ پیدا کر کے اس نے اسی دنیا کو بھی اس طبقے سے وابستہ کر لیا۔

یہ بات مثنوی میں اور زیادہ واضح ہے اور یہاں بھی حالیؔ کی ہمہ گیر اور دور بین نظر ہماری رہ نمائی کرتی ہے۔ حالیؔ نے کہا تھا کہ جس طرح پتیلی والے باورچیوں سے دیگ نہیں پکتی، اسی طرح غزل کے شیدائی مثنوی کی ضروریات کا التزام نہیں کر پاتے۔ مثنوی میں مسلسل قصہ ضروری ہے۔ اس میں ایک تعمیری احساس لازمی ہے۔ لکھنؤ کا قصہ گو نہ تو قصہ نگاری کے فرائض سے اچھی طرح عہدہ برآ ہوتا ہے، نہ وہ فطرت کے موافق مصوری کرتا ہے۔ وہ تشبیہات کی کثرت اور مبالغے کے زور سے ذہن کو مسحور کرنا چاہتا ہے۔ وہ فطرت، روزمرہ زندگی، تاریخی واقعات، دیومالا کی دنیا میں بھی پوری طرح سیر نہیں کر سکتا، صرف اپنے رنگین ماحول پر عاشق ہے۔ وہ فطرت کے حسن یا تاریخی واقعات کے جادو کے حوالے اپنے آپ کو نہیں کر سکتا۔ اپنی زبان، اپنے محاوروں پر فریفتہ ہے۔

چنانچہ لکھنؤ کی بیشتر مثنویوں میں قصے ایران، توران، چین، مازندان کے ہیں مگر جذبۂ عشق، لب و لہجہ اور فلسفہ اپنا۔ لکھنؤ کا مثنوی گو نسیمؔ کمالِ فن میں بھی اختصار، چستی، فنکاری میں مصروف ہے، کوئی فضا زندہ نہیں کر سکتا۔ وہ عورتوں کی نفسیات کو سمجھتا ہے اور اسی لیے نسیمؔ کے یہاں بکاؤلی کا حوض پر آنا خوبی رکھتا ہے مگر عورت کو اس نے خاص خاص حالتوں میں دیکھا ہے۔ لکھنؤ کی بہترین مثنوی گلزار نسیم بتائی جاتی ہے مگر میرے خیال میں شوقؔ کی "زہر عشق" کو یہ درجہ دینا چاہیے۔ مجھے یہاں اس سے بحث نہیں کہ حالیؔ کے الفاظ میں یہاں روشنی کے فرشتے سے تاریکی فرشتے کا کام لیا گیا ہے۔

مجھے تو یہ دیکھنا ہے لکھنؤ کی ساری مثنویوں میں سب سے زندہ اور روشن اور تھرتھراتی ہوئی تصویریں شوقؔ کی مثنویوں میں ملتی ہیں مگر ذرا یہ دیکھیے کہ زہر عشق میں عشق کا معیار کیا ہے تو آپ کو یہ اندازہ ہو جائے گا کہ لکھنؤ کی تہذیب میں کیا کیا عناصر داخل ہو چکے تھے۔ زہر عشق میں عشق کو کوئی اہمیت حاصل نہیں۔ وہ محض ایک پرچھائیں معلوم ہوتا ہے۔ جو کچھ آب و تاب ہے اس کی ہیروئن میں ہے، جو بہ یک وقت عاشق بھی ہے اور معشوق بھی ہے، جو حسن کی رعنائی کے ساتھ عشق کی گرمی اور ہڈیوں تک کو پگھلا دینے والی آنچ بھی رکھتی ہے، جو عشق کی خاطر اپنی بساط ہنس کر الٹ سکتی ہے اور بہ قول مجنوںؔ کے منیزہ اور اپنا کسر نینا کی یاد دلاتی ہے۔

"زہر عشق" اور شوقؔ کی دوسری مثنویوں سے واضح ہوتا ہے کہ لکھنؤ کی تہذیب میں عورت خاصی آسانی سے حاصل ہو جاتی تھی اور یہی نہیں مردوں کی زندگی میں ضرورت سے زیادہ دخیل اور اثرانداز ہو گئی تھی۔ زندگی کے معرکوں میں نہیں، رفیقِ زندگی کی حیثیت سے نہیں، بلکہ مردوں کو حقائق سے علاحدہ لے جانے اور اپنی رنگینیوں

میں اسیر کرنے کے لیے۔ اس تہذیب پر نسائیت کا جو الزام لگایا جاتا ہے اس کی یہی وجہ ہے۔

اس تہذیب نے طوائف کو ایک مرکزی حیثیت دی اور یہ انصاف ہے کہ طوائف نے اس تہذیب کے رنگ و روغن کو چمکانے میں بہت حصہ لیا مگر اس کے اثر سے گفتار، کردار، خیال اور عمل میں عورتوں کے جذبات ضرور آئے ورنہ واجد علی شاہ لکھنؤ کے ہیرو نہ ہو سکتے تھے۔ پورا لکھنؤ ایک عورت تھا جس کے پیا جانِ عالم واجد علی شاہ تھے جنھوں نے اپنی سلطنت کو باقی رکھنے کے لیے ہاتھ بھی نہ ہلایا مگر اپنی رنگ رلیوں میں آخر وقت تک مصروف رہے۔

یعنی مثنوی میں جو خارجی شاعری کے لیے بہت موزوں ہے اور جس میں شاعر مسلسل قصہ بیان کرکے، حقیقی مصوری کرے، موزوں اور مناسب فضا پیش کر کے جزئیات کی سچی اور منہ بولتی تصویریں پیش کر کے اپنا فرض ادا کر سکتا ہے، لکھنؤ کے بیشتر شاعر ایک مقررہ سانچے کی پابندی کرتے ہیں۔ اس سانچے میں بھی سراپا، ہجر و صال کے مناظر، بادشاہ کے عدل و انصاف، شادی کی دھوم دھام، فطری عناصر، اپنی اپنی جگہ اس طرح آتے ہیں کہ سارے نقشوں میں بے حد یکسانیت ہے۔ انفرادیت بہت کم۔ صرف شوقؔ کے یہاں زندگی ہے اور وہ بھی اس وجہ سے کہ شوقؔ نے جو قصے، افراد، ماحول اور تصویریں لی ہیں، ان سے اچھی طرح واقف ہیں اور اس ماحول سے نکلنے کی انھیں مطلق خواہش نہیں ہے۔

سحر البیان میں بھی لکھنؤ ہے اور لکھنؤ کی معاشرت مگر بیان کرنے والا دہلی کا ہے۔ اس کی نظر، اسلوب، ساخت سب دیسی ہی ہے۔ قصہ فوقِ فطری ہے مگر جزئیات زندہ،

جیتی جاگتی اور حقیقی۔ اس وجہ سے بدرِ منیر، بے نظیر، نجم النساء، وغیرہ زندہ ہیں۔ بکاؤلی بھی کبھی زندہ ہوتی ہے مگر نسیم جا بہ جا اس کا گلا گھونٹ دیتے ہیں۔ لکھنؤ کی شاعری دوسرے الفاظ میں ایک ذہنی قلعے میں بند ہو جاتی ہے۔ اس کا تخیل اسے ماضی کی دنیا میں لے بھی جاتا ہے تو وہ ماضی کو زندہ نہیں کر سکتی۔

اس کا مشاہدہ جب اسے حال پر نظر ڈالنے کی دعوت دیتا ہے تو وہ حال کی ایسی تصویریں پیش کرتی ہے جن میں ایک مخصوص شہری بلکہ درباری ماحول ہے۔ اس کا عشق زیادہ تر کامیاب یعنی سستا عشق ہے۔ اس کا حسن نظر فریب ہے، دل گداز نہیں۔ اس کے ادب میں عوام کا گزر بہت کم ہے۔ اس کا سرمایہ بہت ہے مگر نہ وزنی ہے نہ وقیع، مگر اس میں ایک عجیب قسم کا سکون و اطمینان ہے، نہ کوئی ذہنی الجھن ہے نہ کوئی نفسیاتی گرہ، نہ عشق ماضی ہے نہ فکر فردا۔ نہ وہ اپنے حال میں مگن ہے۔ اس میں ایک دل کش رندی ہے، ایک تفریحی ولولہ ہے، ایک لطف سخن ہے۔ اس میں ایک چیز کا احترام، اس کی خاطر ریاض اور خون پانی ایک کرنے والا ولولہ ہے اور وہ ہے اس کا فن۔ یہ ہر شاعر سے کم سے کم ایک مقررہ معیار کا مطالبہ کر کے اس فن کو فن کی طرح سیکھنے کا ولولہ عطا کرتا ہے۔ یہ فن پر ہر چیز کو قربان کر سکتا ہے لیکن اس کی علمیت اسے وہ گہرا حکیمانہ احساس نہیں دیتی جو علم کو زندگی کی بڑی قدروں کے تحت رکھتا ہے بلکہ اس کی برہمنیت کو نمایاں کرتی ہے۔ اسے تنگ جبیں یا High Brow بناتی ہے۔

اس کی وجہ سے میر یا نظیر کی بعض عظمتوں سے منہ موڑ کر بیٹھ جانا سکھاتی ہے اور اردو کو فارسی شاعری کا غلام بنا دیتی ہے۔ یہ تجربوں کا قائل نہیں، روایات کا پرستار ہے، یہ روحانیت یا جذبہ کو شبہ کی نظر سے دیکھتا ہے۔ ضبط و نظم یا کلاسیکل شان کو عزیز رکھتا ہے

اور نثر میں اس کا کیا کارنامہ ہے؟ شروع شروع میں تو اس نے نثر کو منھ ہی نہیں لگایا اور جب نثر کو اس کے دربار میں باریابی کی اجازت ہوئی تو اسے شاعری کی انگلی پکڑ کر آگے آنا پڑا۔

لکھنؤ کی نثر کا پہلا بڑا کارنامہ فسانۂ عجائب ہے مگر کیسا کارنامہ؟ اردو کے نقادوں نے اس کی کس کس چیز کو نہیں سراہا اور بشن نراین در، چکبستؔ، عسکریؔ اور دوسرے اشخاص نے اس کے متعلق کیسے کیسے تعریفی الفاظ نہیں استعمال کیے، حالانکہ نہ اس میں طلسم ہوش ربا کا سا پھیلاؤ اور جادو ہے، نہ باغ و بہار جیسی دل کشی اور دل آویزی۔ سرور طلسم ہوش ربا کے جادوگروں کے مقابلے میں بالکل مداری معلوم ہوتے ہیں۔ ان کے قصے کی ایک خوبی یہ بتائی جاتی ہے کہ وہ طبع زاد ہے مگر اس میں نہ تخیل کا جادو ہے نہ تخلیق کی عظمت، قصہ لنگڑا لنگڑا کر چلتا ہے، اشخاص بالکل بے جان ہیں۔ جادوگر بونے معلوم ہوتے ہیں، نہ ہیرو میں عظمت ہے نہ ہیروئن میں دل کشی۔

انجمن آرا میں ایک چمک دمک اور آن باقی ہے مگر ایک معمولی عورت کی۔ اس میں کوئی ایسی بات نہیں پیدا ہوتی جس کی خاطر انسان جان دے دے یا زمین و آسمان تہہ و بالا کر دے۔ بے ثباتی دنیا پر تقریریں جو بہ ظاہر بڑی پر اثر معلوم ہوتی ہیں قصے کا صحیح معنوں میں جزو نہیں بن پاتیں۔ سرورؔ جادو اور طلسم کا ذکر کرتے ہیں مگر ان کا فن جادو اور طلسم میں انھیں کھونے نہیں دیتا، اسی لیے اس میں تاثیر نہیں۔ وہ محض لکیر کے فقیر ہیں۔ طلسم ہوش ربا کی بات دوسری ہے۔ اس کا ڈھانچا پرانا ہے۔ اس کے اولین نقاش وہ تھے جن کے آبا و اجداد نے لڑائیوں میں حصہ لیا تھا اور رزم و بزم کے سیکڑوں مناظر ان کے سامنے سے گزرے تھے۔ لکھنؤ میں اس نقش پر خوب رنگ آمیزی ہوئی اور کتاب میں

ایک ادبی حسن، روانی اور دل کشی آ گئی مگر اس کی عظمت اسے لکھنؤ سے نہیں اصل قصے سے ملی۔

فسانۂ عجائب میں نہ صرف قصہ معمولی اور بے جان ہے۔ اس میں انداز بیان سرے سے نثر کا نہیں۔ اس کی مقفیٰ عبارت پر تکلف، نثر جا بجا تشبیہات و استعارات سے آراستہ، زبان اردو نثر پر ایک دھبہ ہے۔ نثر وضاحت و صراحت چاہتی ہے۔ رواں اور سادہ ہوتی ہے، خیال کو ادا کرنا اس کا سب سے بڑا فرض ہوتا ہے، بیان واقعہ، اس کا سب سے بڑا حسن۔ فسانۂ عجائب کی نثر کچھ کہنے سننے، کچھ بتانے یا دکھانے کے لیے نہیں وجد میں لانے کے لیے ہے اور جب تخیل یا مشاہدہ سے وجد میں نہیں لا سکتی تو پینترے یا آرائش کے ذریعے سے مرعوب کرنا چاہتی ہے۔ لکھنؤ کی تہذیب میں نثر اگر عملی ہے تو اصطلاحات کے چکر میں گرفتار ہے۔ اگر تفریحی ہے تو محض سر دھننے اور وجد کرنے کے لیے، اس میں اچھی نثر کم ہے بری شاعری کی آرایش زیادہ۔ اس کی زندہ دلی اودھ پنچ میں نمایاں ہوتی ہے اور باوجود اس کے کہ اودھ پنچ کی نثر میں اعلیٰ ظرافت کی پھوار کم ہے، چھیڑ چھاڑ ہنسی اور قہقہے کی بوچھار زیادہ، پھر بھی یہ سرورؔ کی مقلد ہوتے ہوئے بھی سرورؔ سے زیادہ زندگی رکھتی ہے۔

لکھنؤ کی نثر کی عظمت صرف سرشارؔ کے یہاں حاصل ہوئی اور اس کی وجہ یہ ہے کہ سرشار ایک عاشق کا دل رکھتے ہوئے بھی حکیمانہ شعور رکھتے ہیں اور جس تہذیب میں انھوں نے آنکھیں کھولی ہیں، اس سے محبت رکھنے کے باوجود اس پر تنقیدی نظر ڈال سکتے ہیں۔ یہاں نثر سے وہ کام لیا گیا ہے جس کے لیے وہ موزوں ہے۔ بڑا ادب اسی طرح وجود میں آتا ہے۔ یوں دیکھیے تو سرشارؔ کے یہاں بہت سی خرابیاں موجود ہیں۔ وہ داستانوں سے

بہت متاثر ہیں۔ مقفیٰ عبارتیں لکھنے کا بھی انھیں شوق ہے۔ ان کے قصوں میں کوئی تنظیم نہیں ہے اور وہ اس گہرائی میں جانے سے گھبراتے ہیں جس کے بغیر کردار میں آب و رنگ نہیں آتا۔ ان کا ہنسنا، ہنسانا بے ضرورت معلوم ہوتا ہے۔ وہ بیچ بیچ میں پند و نصیحت بھی شروع کر دیتے ہیں مگر یہ چیزیں ان کی نثر کی تخلیقی شان، ان کی فضا، ان کی مصوری، ان کے شوخ رنگوں، ان کی طنز اور اس طنز کی تیزی و دل آویزی کے مقابلے میں زیادہ اہمیت نہیں رکھتیں۔ سرشارؔ کا ہیرو ہر شہر و دیار میں جاتا اور وہاں کی بیہودہ رسموں پر جھلّاتا ہے۔

لیکن دراصل وہ لکھنؤ ہی میں رہتا ہے اور جس تہذیب کی ہنسی اڑاتا ہے اس کا عاشق بھی ہے۔ سرشارؔ میں یہ بڑائی ہے کہ وہ اپنے ہی حصے پر طنز کر سکتے ہیں اور اپنے جگر پاروں کی قربانی دے سکتے ہیں۔ سرشارؔ کی نثر میں جان ان کی بے پناہ واقفیت، ان کی اپنے ماحول کی رگ رگ سے واقفیت، ان کے مکالموں کی ہنستی مہکتی فضا، ان کی ظرافت کے طوفانی سیلاب سے آتی ہے۔ وہ نثر کے کسی اچھے اسلوب کے مالک نہیں۔ اس کے لیے جو ضبط و نظم ضروری ہے وہ ان کے بس کا نہیں۔ نثر بول چال کی زبان کی ترقی یافتہ صورت ہے۔ یہاں جذبے کو برانگیختہ کرنا نہیں، ذہن میں روشنی کرنا مقصود ہوتا ہے۔ یہ دلیل یا منطقی استدلال سے کام لیتی ہے۔ خیال کے بہ جائے مثال سے وجود میں آتی ہے۔

شاعری میں مبالغہ حسن ہے۔ شاعری خطابت سے کام لیتی ہے، نثر اس سے بچتی ہے۔ شاعری میں موسیقی کا لطف اور کھنک ہے اور نثر اس کھنک اور جھنکار سے دور رہتی ہے۔ شعر کو ریاضی سے ازلی بیر ہے۔ نثر ریاضی کی قطعیت اور وضاحت سے کام لیتی ہے۔ شاعری میں علمی مسائل اور سماجی حقائق کو اشاروں میں بیان کیا جاتا ہے۔ نثر میں

اس کی تفصیل اور تشریح ہوتی ہے۔ شعر سے بھی آپ کام لے سکتے ہیں مگر ایک حد تک، نثر عام زندگی، بڑھتی ہوئی ضروریات، یعنی موجودہ دور کی روز افزوں پیچیدگیوں کو سلجھانے کے لیے زیادہ موزوں ہے۔ سرشار سے پہلے لکھنؤ والوں میں یہ نظر پیدا نہ ہوئی تھی کہ وہ اپنی زندگی پر تنقید کر سکیں۔ اسی لیے ان کے یہاں صحیح معنی میں نثر نہیں تھی۔

سرشارؔ کی نثر بھی شاعرانہ اور رنگین ہے مگر وہ لکھنؤ کی پہلی بڑی کوشش ہے جو بول چال سے زیادہ قریب اور قافیے کی موسیقی سے بے نیاز ہے۔ ان کی نثر چست نہیں مگر آزاد افسانے کے لیے موزوں ہے۔ لکھنؤ کی تہذیب کا نقشہ، لکھنؤ کی زبان اس کے اصل لب ولہجہ میں ہی زیب دیتا ہے۔ اس کی وجہ سے اس میں درس اور حس ہے اور اس کی وجہ سے اس کی اہمیت مستقل ہے۔ سرشارؔ جاگیر دارانہ تہذیب کے فرد ہوتے ہوئے، اس تہذیب کو مٹتے ہوئے دیکھ رہے تھے۔ یہ مٹنا ان کے لیے تھوڑے سے افسوس کا باعث تھا مگر وہ اسے قدرتی سمجھتے تھے۔ وہ نئی سرمایہ دارانہ تہذیب سے بیگانہ نہیں تھے۔ اس کی بعض قدروں کے حامی تھے۔ وہ ماضی کی طرف نہ تو لوٹنا چاہتے نہ ماضی میں ٹھہرنا انہیں پسند تھا۔ انھوں نے جو کچھ دیکھا تھا وہ اسے اوروں کو دکھانے پر قانع تھے، یہ بھی بڑی بات ہے۔

لکھنؤ کی نثر میں شررؔ اور رسواؔ کی بھی اہمیت ہے، جس طرح لکھنؤ کی شاعری میں شوقؔ قدوائی اور چکبست کی شاعری کی اہمیت ہے۔ ان کے زمانے میں لکھنؤ کے ذہنی قلعے میں کچھ شگاف ہو گئے۔ جاگیر دارانہ تہذیب جسے شرافت، وضع داری اور مشرقیت کا خوش نما نام دے دیا گیا تھا، اس قدر پرانی ہو گئی تھی کہ اس کی چاک دامانی نظر آنے لگی۔ اس دور کے لوگوں نے بعض نئی باتوں کو قبول کر لیا مگر دل سے نہیں دماغ سے۔ تہذیب

الاخلاقؔ اور اودھ پنچ کی وجہ سے رسالوں اور اخباروں میں اصولی اختلافات، مباحثوں اور طنز کے تیروں کا سلسلہ شروع ہو گیا تھا یعنی لکھنے والوں کا ایک گروہ ادب کو ایک طرف لے جانا چاہتا تھا۔ دوسرا دوسری طرف۔

اودھ پنچ نے جب بہ قول چکبستؔ، ۱۸۷۷ء میں زبان اور ظرافت کے چہرے سے نقاب اٹھائی تو یہ لکھنؤ اسکول کی اپنی ادبی فضیلت کو برقرار رکھنے کی آخری بڑی کوشش تھی اور یہ کوشش ہر لحاظ سے ناکام رہی۔ شررؔ اور رسواؔ بھی لکھنؤ کی تہذیب کی مصوری کرتے ہیں مگر وہ بھی اس صف میں شامل ہو چکے ہیں جو لکھنؤ اور دہلی کی آمریت سے ادب کو آزاد کر رہی ہے۔ سرشارؔ بھی نئی صف کے قریب ہیں مگر وہ اس قدر جدید نہیں جتنے شررؔ اور رسواؔ۔ شررؔ نے ایک طرف علی گڑھ تحریک کی ذہنی قیادت کو قبول کیا اور دوسری طرف بعض لکھنوی خصوصیات کو کلیجے سے لگائے رکھا۔

رسواؔ ذہنی اعتبار سے جدید ہیں۔ امراؤ جانؔ ادا ایک جدید ناول ہے۔ اس کا نظم و ضبط، اس کی مصوری، اس کی واقعیت، اس کا فن جدید ہے۔ رسواؔ معلم اخلاق نہیں بننا چاہتے اور جہاں وہ اخلاقیات بگھارنے لگتے ہیں، وہاں فن کار نہیں رہتے۔ یعنی نظم میں شوقؔ قدوائی اور چکبست کے وقت سے اور نثر میں شررؔ اور رسواؔ کے زمانے سے لکھنؤ اسکول کی آمریت ختم ہو جاتی ہے۔ اس کے بعد لکھنؤ کے شاعر صفیؔ، ثاقبؔ عزیزؔ، اثرؔ، میر و غالبؔ کو لکھنؤ کے زبان دانوں سے بڑا درجہ دیتے ہیں اور لکھنؤ کے نثر نگار، مضامین، رسالوں، کتابوں اور اخباروں کے ذریعے سے دوسروں کی طرح ایک پڑھے لکھے حلقے کو اپنا ہمنوا بنانا چاہتے ہیں یعنی ادب سے ایک کام لینا شروع کر دیتے ہیں۔

لکھنؤ جغرافیائی اعتبار سے ہندوستان کے وسطی حصے سے تعلق رکھتا ہے۔ اپنی تاریخ

اور تہذیب کی وجہ سے نئی ہواؤں، نئے خیالات، نئی تحریکات کو جلد قبول نہیں کر سکتا۔ یہ روایات کا پرستار ہے اور روایات بھی جاگیرداری کے زمانے کی۔ سرمایہ دارانہ تہذیب دم توڑ رہی ہے اور بورژوا طبقے کو ایک نیا غم اور نیا کرب ملا ہے جس کی وجہ سے اس کی سمجھ میں نہیں آتا کہ وہ جیے یا مر جائے۔ لکھنؤ میں ابھی یہ دور بھی صحیح معنوں میں پوری طرح گزرا نہیں۔ لکھنؤ والوں نے اپنے جزیرے تک کسی طوفان کو آنے نہ دیا۔ اقبالؔ کی آواز بھی یہاں ابھی بالکل نئی ہے۔ عشقؔ اور ان کے شاگردوں کے سخت گلا گھونٹنے والے اصول اب بھی دبی زبان سے سراہے جاتے ہیں۔ لکھنویت کو کچھ لوگ، ماتم، کفن، میت اور موت کی پرستش سمجھتے ہیں۔ یہ صحیح نہیں۔ در اصل لکھنؤ کے شباب میں یہ چیز نہیں تھی۔ اس میں ایک زندہ دلی، ایک تفریحی لے، ایک مخصوص ظرافت ایک سستارندانہ انداز تھا۔

یہ ماتمی لے امیرؔ و جلالؔ تک بہت ادبی ہوتی تھی، مگر لکھنؤ کی رہی سہی رونق کے رخصت ہو جانے پر، لکھنویت کے طنزیاتی تیروں کے بے کار ہو جانے پر جاگیردارانہ تہذیب کا ماتم، میرؔ کی یاسیت کی آڑ لے کر الفاظ میں اتر آیا۔ عزیزؔ اور ثاقبؔ، غالبؔ کے خیال کو میرؔ کی زبان میں ادا کرنا چاہتے تھے۔ وہ یہ نہیں جانتے تھے کہ میرؔ کی زبان کے لیے میرؔ کا ساجذبہ اور غالبؔ کے خیال کے لیے ویسا ہی ذہن چاہیے، جو تاریخی اعتبار سے انہیں حاصل نہیں ہو سکتا تھا۔ اس ماتمی لے میں ایک اور بات بھی پوشیدہ ہے۔ انیسؔ نے مرثیہ کو جس درجے تک پہنچا دیا تھا، اس کے بعد اس کی نقالی ہی ممکن تھی۔ ان کے جانشینوں نے ایک حد تک یہ فرض انجام دیا مگر مرثیے کی مقبولیت کے محرکات اودھ کی سلطنت کے بعد کم ہوتے جا رہے تھے، اور مرثیہ سننے اور ان میں ایک آسودگی اور ذہنی تسکین

ڈھونڈنے کا جذبہ باقی تھا۔ یہ تسکین اسے ماتمی لے میں مل گئی۔

عزیزؔ و ثاقبؔ کی شاعری اس لے میں بالکل ڈوبی ہوئی ہے۔ صفیؔ اور اثرؔ کے یہاں یہ رنگ کم ہے۔ صفیؔ شروع سے قومی تحریکوں سے وابستہ رہے۔ اس تعلق نے انھیں نئی امیدوں اور آرزوؤں سے آشنا ہونا سکھایا۔ اس کی وجہ سے چکبستؔ میں وطنی اور قومی اور سیاسی شاعری کی عظمت ملتی ہے۔ اثرؔ کے مزاج میں لطافت انھیں عزیزؔ کے رنگ میں غرق نہ کرسکی۔ ان کی تعلیم اور ملازمت نے انھیں لچکدار ذہن دیا۔ فیضان (Inspiration) کے لیے وہ میرؔ ہی کی طرف واپس گئے۔

دہلی کی شاعری جذبے کی شاعری ہے، وہاں جذبہ خود حسن رکھتا ہے۔ لکھنؤ کی شاعری جذبے کو فن پر قربان کردیتی ہے۔ اس میں تکلف، امیرانہ شان اور ایک نسائیت اس کی تہذیب سے آتی ہے۔ یہ جاگیرداری کی قدروں کو اس کا زمانہ گزر جانے کے بعد بھی باقی رکھنے کا نتیجہ ہے۔ شروع میں اس میں ماتمی لے نہیں تھی۔ مرثیے کے زوال کے بعد یہ قدرتی طور پر آگئی۔ اس نے بول چال کی زبانوں کو بہت دیر میں منہ لگایا۔ احساسِ برتری نے اسے ایک طنزیاتی لہجہ دیا تھا جسے اس نے اودھ پنچ میں خوب استعمال کیا۔

اس کے یہاں وہ ظرافت ہے جسے wit کہا جاسکتا ہے مگر Humour کی بلندی اسے نصیب نہیں۔ اس میں جو اطمینان و سکون کی لہر ملتی ہے وہ اس کی سطحیت کو واضح کرتی ہے۔ اسے وہ خلش کبھی نصیب نہیں ہوئی جو بڑے خوابوں اور سخت حقیقتوں کے ٹکرانے سے پیدا ہوتی ہے۔ اس نے رومانیت یا بغاوت کو ہمیشہ شبہ کی نظر سے دیکھا۔ اس نے زبان کو شستہ اور مہذب کیا مگر مقید اور محدود بھی۔ اس نے دہلی کی روایات کو ٹھکرا کر اپنا نقصان کیا۔ اس نے زبان اور ادب کی بڑی خدمت کی مگر زبان اور ادب کو بڑی چیزوں کی

وفاداری کے بہ جائے چھوٹی چیزوں کی وفاداری سکھائی۔ لکھنؤ میں ہر پرانی اور فرسودہ روایت کو اپنا گھر مل گیا اور ہر نئی تحریک کو اس نے شبہ کی نظر سے دیکھا۔ نثر میں اس کا علمی سرمایہ بہت کم ہے اور اس کا تفریحی لٹریچر باغ و بہار کی سی ابدی دل کشی نہیں رکھتا۔ اس کا مزاحیہ لٹریچر ضرور قابل قدر ہے مگر اس میں بھی رعایت لفظی بہت زیادہ ہے۔

ادب میں ہیرو پرستی کی طرح "دبستان پرستی" بھی بری چیز ہے۔ لکھنؤ میں یہ دونوں چیزیں بہت نمایاں رہیں اور یہ دونوں ایک حد سے بڑھنی نہیں چاہئیں۔ لکھنؤ اسکول کے سارے ادبی کارنامے پر نظر ڈالنے کے بعد احساس ہوتا ہے کہ ادب میں بڑائی صرف فن پر جلا کرنے سے نہیں آتی، فن کو زندگی کی بڑی صالح اور ترقی پذیر قوتوں کا خادم بنانے سے آتی ہے۔ فن پر زیادہ توجہ زندگی سے بڑی حد تک گریز کا نتیجہ ہے اور جب فن پر یہ توجہ، وسعت، عمومیت، توانائی، زور، جوش اور جذبہ پیدا کرنے کے لیے نہیں، نرمی، نزاکت، نفاست، لوچ اور مناسبت پیدا کرنے کے لیے ہو تو یہ فن کی پرستش اور بھی خطرناک ہو جاتی ہے۔ دوسری بات یہ ہے کہ ادب کو محض شاعری یا ساحری بنانا ادب کے بحرِ بے کراں کو جوئے کم آب میں تبدیل کرنا ہے۔ اسے تعلیم اور سیاست، تاریخ اور سوانح عمری، تنقید اور تبصرے سے لے کر سائنس، اقتصادیات اور نفسیات تک سے اپنا مواد لینا چاہیے اور اپنے طور پر 'پیمبری' بھی کرنا چاہیے۔

***